후기 근대국어 통사의 연구

저자 소개

홍종선 : 고려대학교 국어국문학과 교수
성지연 : 고려대 한국어문화교육센터 강사
김현주 : 고려대 대학원 국어국문학과 박사과정
김혜영 : 고려대 대학원 국어국문학과 박사과정 수료
박상진 : 단국대학교 동양학연구소 연구원
박미영 : 서울여자대학교 강사

후기 근대국어 통사의 연구

인 쇄   2006년 1월 10일
발 행   2006년 1월 17일
저 자   홍종선 · 성지연 · 김현주 · 김혜영 · 박상진 · 박미영
펴낸이   이대현
편 집   이은희 · 변나영
펴낸곳   도서출판 **역락**

　　　　서울 성동구 성수2가 3동 301-80 (주)지시코 별관 3층

　　　　전화 3409-2058, 3409-2060 / FAX 3409-2059
　　　　홈페이지 http://www.youkrack.com
　　　　이메일 youkrack@hanmail.net
　　　　등록 1999년 4월 19일 제303-2002-000014호
ISBN   89-5556-442-2-93710
정가   10,000원

* 잘못된 책은 교환해 드립니다.

후기 근대국어 통사의 연구

홍종선 · 성지연 · 김현주 · 김혜영 · 박상진 · 박미영

도서출판 역락

머리말

　근대국어는 현대국어의 바로 앞에 놓인, 그리하여 오늘날 우리가 결코 무심할 수 없는 시기의 우리말이다. 이 책은 근대국어 가운데에서도 현대국어에 그대로 닿아 있는 후기 근대국어의 문법을 여럿이 분담하여 깊이 있게 살핀 결과물이다. 첫 권은 형태 부문을, 둘째 권은 통사 부문을 통시적 변천이라는 시각에서 고찰한 것이다. 책의 이름은 각기 달라 『후기 근대국어 형태의 연구』와 『후기 근대국어 통사의 연구』라고 하였지만, 이 두 권은 원래 '후기 근대국어 문법의 형성과 변천'이라는 책명을 가진 제1권(형태편)과 제2권(통사편)으로 간행할 예정이었다. 따라서 이 두 책은 일관된 하나의 체계와 내용성으로 묶일 수 있다.

　우리는 현대국어에 바로 앞에 닿는 근대국어의 문법을 본격적으로 접근한 『근대국어 문법의 이해』라는 책을 간행한 바 있다. 당시에 근대국어에 대하여 너무나 관심이 적은 학계에 근대국어를 알리고자 하는 뜻이 있었다. 그 후 우리는 현대국어 100년 동안의 통시적인 변화를 『현대국어의 형성과 변천』이라는 세 권의 책으로 나누어 고찰하였다. 현대국어가 시작되고 100여 년의 세월이 흘러 그 동안 국어에 변화가 적지 않음에도 불구하고 아직도 학계에서는 무심하게 '현대국어'라는 말을 두루 사용하는 경우가 많은데, 이는 시정되어야 할 것이다.

　이제 우리는 각 시대별로 문법의 형성과 변천을 살피되 그 고찰 시대의 범위는 가급적 좁혀서 그만큼 심도 높은 연구를 하기로 하였다. 그 첫 시대는 이전의 '근대국어'를 좀더 나누어 다시금 천착하기로 하여 '후기 근대국어'로 잡았다. 2004년 대학원 수업을 연이어 이 과제와 관

련하여 진행하였고, 각 연구자들은 각각의 주제를 정하여 탐색을 계속
하였다.

어떠한 사실을 제대로 파악하기 위해서는 파악되는 범위보다 훨씬
더 넓고 깊게 탐구해 들어가는 힘든 과정이 필요하다. 국어학을 공부하
는 우리는, 현대국어에 대한 올바른 이해를 위해서라도 그 이전 시대의
국어를 가능한 한 철저히 고찰하고자 노력하였다. 어느 정도의 성과를
얻는 것도 매우 많은 노력을 전제해야 함을 알고 출발하였지만, 예상
이상으로 어려움이 있었다. 하지만 그 결과를 이 책으로 내보일 수 있
게 된 지금, 우리는 아쉬움도 크지만 보람도 적지 않다. 함께 연구를 진
행한 동료 가운데에 몇몇은 마지막 결실에 참여하지 못하여 또한 아쉽
다. '선어말 어미, 격, 피동, 시제, 접속, 내포' 등의 연구가 이 책에 실
리지 못한 것이다.

앞으로 우리는 계속 전기 근대국어의 문법, 그리고 그 이전 시기의
국어 문법 등으로 연구를 이어나갈 예정이다. 이번 결과물에서 나타나
는 모자람을 지적해 주신다면 이는 앞으로의 연구에 큰 도움이 될 것이
다. 이번에 새로 큰 힘이 되어준 역락 출판사의 정성에 고개가 숙여진
다. 이같이 미더운 이웃을 만났으니 우리는 공부만 하면 된다는 생각이
다. 정말 고마운 일이다.

2006년 벽두에
저자들이 다함께

●●. 차례

박미영

후기 근대국어의 문체 193
-역학서와 훈계서 자료를 중심으로-

후기 근대국어의 통사

|홍종선|

1. 머리말

근대국어 문법은 18세기 후반을 경계로 전기와 후기로 나눌 수 있다. 정연하고 복잡한 중세국어 문법의 특성을 계승하면서 단순화하는 새로운 근대국어 문법의 성격을 갖기 시작한 전기 근대국어에 비해, 후기 근대국어는 근대국어 문법으로서의 특성을 완연히 갖추면서 현대국어 문법의 요소를 예비하는 기간이었다.

일반적으로 언어의 통사 현상은 어휘나 형태 등에 비해 통시적인 변천을 크게 겪지 않는 것으로 알려져 있다. 즉 몇 백 년의 기간 동안이라면 통사 구조나 체계에는 큰 변화가 생기지 않는 것이 보통이다. 근대국어가 약 300년간의 기간이며, 이 가운데에서도 후기 근대국어는 150년도 채 안 되는 짧은 기간이다. 그러나 후기 근대국어에서는 이 짧은 기간 동안 통사 체계에 적지 않은 변화가 있었다.

후기 근대국어는 현대국어에 바로 앞에 놓이는 시기임에도 불구하고 아직 이 시기의 문법에 관한 연구는 너무나 적다. 그리하여 후기 근대국어의 문법에 관한 이해가 15세기 중세국어의 문법보다 더 나은 점이 별로 없다. 요즘 들어 개화기의 국어에 대해서는 어휘나 문체 등 제한적이나마 접근이 시도되고 있으나, 기간 범위에 비해 변화의 폭이 큰 후기 근대국어에 관한 관심은 아직도 매우 소원한 상태이다.

이 글에서는 후기 근대국어의 문법 가운데 통사적인 내용을 체계성에 유의하면서 개관한 후에, 이 기간 동안의 통시적인 통사 변화에서 나타난 특징을 고찰하기로 한다. 현대국어의 바로 앞에 위치한 후기 근대국어는 오늘날 우리가 사용하고 있는 현대국어를 이루기 위한 과정을 일관되게 진행해 온 기간이었다. 이제 우리는 그 과정을 찾아서 그 변화의 특징과 경향성을 파악하고자 한다. 이는 그 자체로서의 의미는 물론, 현대국어를 역사적인 결과물로 이해하는 근거를 마련하는 일이기도 하다.

2. 후기 근대국어의 통사 양상

여기에서는 후기 근대국어의 통사적인 내용을 위주로 당시의 문법 체계를 살핀다. 후기 근대국어의 문장 종결법 양상에 대한 설명은 형태 부문의 기술에서 간략히 언급하였으므로 여기에서는 생략하고, 다만 체계상으로도 변화가 심했던 의문문 종결법에 관해서만 그 변화 모습을 간단히 본다.

중세국어에서 복잡한 체계를 보이던 의문문 표현은 전기 근대국어를 거치면서 점차 단순화하는데, 후기 근대국어에 들어서는 이러한 변화가 완전히 자리를 잡아 현대국어의 단순 체계를 마련한다. 체언 의문문은 '-가'와 '-고'라는 의문 보조사가 명사 뒤에 결합하는 방식이, 후기 근대국어에 들어서 용언 의문문과의 분별이 약화되면서도 계속 유지되어 오다가 19세기에 이르러 사라진다. 또 내용 의문문 형태인 '-뇨, -료'도 점차 판정 의문형 '-냐, -랴'와 형태 대립이 줄다가 19세기엔 변별이 거의 없이 '-냐, -랴'로 통합된다. 2인칭 의문법의 구분도 거의 사라져 후기 근대국어 초기엔 어느 정도 쓰이던 '-ㄴ다, -ㄹ다'가 '-뇨, -료'를 거쳐 '-냐, -랴' 또는 '-ㄴ가, -ㄹ까'로 쓰인다. 간접 의문문에는 이전부터 쓰이던 '-ㄴ가, -ㄹ까' 계열과 후기 근대국어 이후에 발달한 '-ㄴ지, -ㄹ지' 계열이 있으며, 19세기부터 나타나는 '-나'도 있다. 수사 의문 어미 '-ᄯᅡ녀'는 후기 근대국어에 와선 '-녀 > -냐' 또는 '-리오' 등에 통합된다.

이러한 변화들은 인칭에 따른 구분, 내용 의문과 판정 의문에 따른 분별 등 중세국어에서 보이던 복잡한 체계가 모두 없어지고 다른 종결법과 마찬가지로 의문법 표현도 아주 단순화하는 것이다. 또한 의문문의 문말 형태가 '명사구 + 첨사'의 구성에서 의문형 종결 어미를 갖는 구성으로 바뀌면서, 국어의 모든 문장에서 명사문이 동사문화하는 변화를 완성하는 것이기도 하다.

다른 종결법에서 나타나는 대표적인 현상으로는, 대개 평서법 종결 어미에서 비롯한 '-오, -지, -어, -게' 등이 평서문 외의 다른 문장의 종결형 어미로 기능이 확대되는 것을 지적할 수 있다. 이들은 어조를 달리함으로써 각각의 종결법을 나타낼 수 있는 것이다. 이와 같이 한 가지 형태의 종결 어미가 여러 종결법에 두루 쓰이는 방식은 18세기 이후에 늘어나기 시작하고 19세기에 이르러는 일반화하여 오늘날에도 이어지고 있다.

두 개 이상의 절이 결합하여 하나의 문장을 이루는 확대문의 구성은 접속이나 내포에 의해 만들어진다. 접속은 일반적으로 대등 접속과 종속 접속으로 나뉜다. 대등 접속 구문은 중세국어에서와 크게 변한 것이 없이, 선행절 서술어 어미에 '-고, -며, -니' 등을 붙이거나 명사에 공동

격 조사를 붙여 이루어진다. 특히 '-니'에 의한 대등 접속은 근대국어 말기까지도 널리 선호되지만 현대국어에서는 잘 쓰이지 않는다.

> (1) 몸을 팔아 영당ᄒ고 사룸의 고공이 <u>되엿더니</u> 샹졔 어엿비 너기샤 직녀 룰 나리워 그 쳐룰 삼으시고 날마다 비단 흔 필 식 ᄣ 그 몸을 속냥케 ᄒ시고 귀ᄌ룰 두게 <u>ᄒ시니</u> 이 곳 동즁셔라 <태상 1.2b>

(1)에서 밑줄 친 '-니' 표현 가운데 'ᄒ시니'는 현대국어에서도 쓰이는 용법이지만, '되엿더니'는 오늘날엔 '되었는데'나 종결형 '되었다'로 쓴 다. 19세기 중엽에도 오늘날보다 '-니'의 용법이 크게 넓었음을 알 수 있다.

내포문 구성은 관계절, 보문절, 명사절, 부사절, 서술어절 등의 문장 이 상위절에 내포되는 구조를 갖는다. 이들의 구조는 대부분 중세국어 에서와 큰 변화가 없이 매우 널리 쓰이고 있다. 다만 후기 근대국어에 들어 인용구 보문화 구문에서 인용의 보문소가 문장 표면에 나타나기 시작한다. 아래의 예문 (2)는 모두 18세기 후반의 문헌에 나오는 인용 보문이다.

> (2) ㄱ. 그 샹소의 굴오되 회인야반은 노의죵무 ᄀᆞᆺ고 식듕힝독은 한의긔현 ᄀᆞᆺ다 ᄒ고 ᄯᅩ 굴오디 <천의 2.20b>
> ㄴ. 디현을 ᄒ야실졔 도적이 제 쇼의 혀룰 베힌 쟤 잇다고 ᄒ리 잇거눌 <종덕 하57a>

(2ㄱ)에서는 피인용 내포문 '회인야반은 ~ ᄀᆞᆺ다'에 인용 보문소가 없지 만, (2ㄴ)에서는 '도적이 ~ 잇다'라는 피인용문에 '-고'라는 인용 보문소 가 있다. 그러나 이러한 인용 보문소는 개화기 문헌에 가서야 널리 나 타난다.

명사화 내포문에서는 '-음' 명사화는 크게 축소되면서 이 자리를 대개 '~ 것' 구성의 명사구 보문화 표현이 대신한다. 더불어 '-기' 명사화 표현이 매우 활발하여 어떤 경우에는 현대국어에서보다 더 널리 쓰이기도 하는데, 당시의 구어에서는 문헌보다 훨씬 더 '-기' 명사화나 '~ 것' 보문화 표현이 많이 쓰였을 것으로 보인다. 근대국어 이후 명사화에서 '-음'은 현실성을 갖는 구체적인 표현에, '-기'는 행위의 일반화 또는 추상적인 개념화의 영역에 상보적으로 분포가 정립되어 가면서 오늘날에 이른다.

후기 근대국어의 피동 표현에서는, 접미사에 의한 피동 표현의 범위가 줄어들고 통사적 절차에 의한 '-어 디-' 형태의 표현이 늘어나는 전기 근대국어에서의 현상이 더욱 뚜렷해진다. 이러한 현상은 현대국어에서도 지속되고 있으며, '되다'를 사용하여 피동적인 의미를 다소 갖기도 하는 표현은 개화기 이래로 크게 늘어나고 있다.

(3) 두 손과 발이 펴이여고 닷거나 或 줌 쥐며 굽음과 손은 줌 쥐고 다리와 풀은 굽단 말이라 <무원 1.24a>

(3)에서 '닷거나'는 피동사 '펴이여고'와 대등한 서술어인데 피동 접사가 없는 능동사 형태를 보인다. 이는 '닷/닫-'(閉)이 타동사 외에 피동성을 가진 자동사로 쓰인 것인데, 이러한 용법을 보이는 능격성 동사들이 중세국어에서는 여럿 있었으나 후기 근대국어에 들어서는 거의 없어지게 된다.

사동 표현에서도 접미사에 의한 사동은 줄어들고 대신에 '-게 ᄒ-' 형태의 통사적 절차에 의한 사동이 계속 늘어나, 피동 표현과 변화의 궤를 같이하고 있다. 중세국어에서 통사적인 간접 사동 표현은 접미사 사동 형태를 갖지 못한 어휘에서 많이 나타났지만, 근대국어 이후에는 접미 사동과 통사적 사동 표현이 모두 공존하는 동사 어휘를 조금씩 늘려 오고 있다. 자·타동사의 기능을 다 갖는 능격성 동사(예 : '박다')가 무표지로 피동 표현을 하듯, 일반 타동사와 사동사의 기능을 다 갖는 능격성 동사(예 : '거힝ㅎ다')들이 역시 무표지로 사동 표현을 하기도 한다. 그러나 이러한 어휘들은 중세국어 이래로 줄어들어 현대국어에서는 거의 사라졌다.

　높임법은 근대국어에서 큰 변화를 겪는다. 중세국어에서 정립되어 있던 '주체 높임, 객체 높임, 상대 높임' 가운데 객체 높임이 축소되는 것이다. 후기 근대국어에서 계속 축소되는 객체 높임 표현은 19세기에 이르면 문법적인 범주보다는 '뵙다, 드리다……' 등과 같은 몇 개의 특수한 단어에 의한 어휘적인 의미 표현 정도에 그치게 된다. 이에 따라 객체 높임을 나타내던 형태소 '-숩-'은 주체 높임에도 일부 가담하지만 주로 상대 높임에 참여한다. 예문 (4)는 모두 근대국어의 문장이다.

　　　(4) ㄱ. 뭇히 또 꿀ㅇ샤터 우러러 져 하놀의 뭇줍ㄴ니 <명의, 하 44>
　　　　　ㄴ. 그 후의 영정대왕 업亽오시니 <동신, 효 3.82>
　　　　　ㄷ. 본더 먹디 못ㅎ옵것마ᄂ 다 먹숩ㄴ이다 <첩해, 3.6a>

18세기 후반의 (4ㄱ)에서 '뭇줍ㄴ니'는 '-숩-'이 아직 객체 높임으로도 쓰임을 보이는 용례이기는 하지만 이미 '-숩-'은 근대국어 초기부터 주체 높임이나 상대 높임에서 정도를 더하는 기능으로 쓰이기 시작한다. 전기 근대국어인 (4ㄴ)에서 '업亽오시니'는 '-숩-'이 이미 주체 높임에 쓰였음을 보이며, 역시 전기 근대국어의 (4ㄷ)에서 '못ㅎ옵것마ᄂ, 먹숩ㄴ이다'는 '-숩-'이 이 당시에 벌써 상대 높임으로 쓰였음을 말해 준다. 주체 높임과 상대 높임에 쓰인 '-숩-'은 각각 주체나 상대에 대해 대체로 높임의 정도를 더하는 기능을 갖는다.

상대 높임법은 근대국어의 전기에 '호쇼셔, 호소, 호라'라는 세 등급의 위계를 가졌는데, 후기에 와서는 '호쇼셔, 호소, 호게, 호라'라는 네 등급으로 발전하여 현대국어에 이어진다. 여기에 더하여 '-이'형으로 끝나는 '-쇠, -새, -리, -니, -데' 등의 문말 어미들이 있다[1]. 이들은 전기 근대국어 때부터 쓰이던 어미들로, 비격식적인 반말체를 이루게 된다. 18세기에 발달한 높임의 '-요'는 반말체 어미 뒤에 편리하게 두루 붙여서 쓸 수 있어, 이후에 구어에서 비격식체 사용이 매우 활발해진다.

시제 체계에도 많은 변화가 있다. 고대국어 이래로 서법과 긴밀하게 관련을 가지며 나타나는 국어의 시제 범주는, 중세국어와 전기 근대국어를 지내는 동안에 점차 서법과 분리되면서 독자적인 문법 범주를 이루어 나간다. 물론 현대국어에서도 시제는 서법과 어느 정도의 관련성을 갖고 있지만, 근대국어에 이르러서는 시제를 충분히 독립된 문법 범주로 세울 만하다고 할 것이다.

이미 16세기부터 내포 문장에서는 현재 시제 형태로 '호ᄂ다' 형이 '혼다' 형으로 바뀌기 시작하여 17세기에는 주절에서도 이러한 형태 변화가 보이고, 18세기 이후엔 '-ᄂ다/ㄴ다'형이 '-ᄂ다'형보다 훨씬 더 많이 쓰인다. 또한 중세국어에서 상태 지속의 의미를 가지던 '-아/어 잇-'의 축약형 '-앗/엇-'이 16세기를 지나면서 과거 시제를 나타내는 선어말 어미로 서서히 정착한다. 여기에 더하여 18세기 말기에는 미래 시제를 나타내는 '-겟-'이 출현하여 점차 세력을 넓혀 간다. 이들 세 종류의 문법소는 국어에서 시제가 독자적인 문법 범주가 되어가는 과정에서 필요에 의해 도입된 선어말 어미들이다. 중세국어나 전기 근대국어에서는 과거 시제에 '-니-, -더-', 현재 시제에 '-ᄂ-', 미래 시제에 '-리-'가 서법

---

1) 이들은 각각 '-소이다, -사이다, -리이다, -ᄂ이다, -더이다'에서 '-다'가 절단된 형태로 보인다. 이들 어말형에 대해 원래부터 '-이'라는 종결형을 설정하기도 하나 '-이'의 출처를 찾기가 어렵다.

적인 요소를 지닌 채 사용되었는데²⁾, '-니, -더-'와 '-리-'는 새로운 시제 형태소가 정립된 후기 근대국어 이후에는 서법 범주로서의 기능에 더욱 충실하게 된다.

시제와 긴밀하게 관련되어 발달해 온 국어의 서법 범주는 시제가 점차 독립적인 범주화를 이루어 나가게 되면서 차츰 그 기능이나 범위가 위축된다. 확인법을 보이던 '-거-'는 '-거든, -거니와 …' 등과 같이 어미 재구조화를 경험한다. 이밖에 '-니-'는 단정법을, '-더-'는 회상법을, '-리-'는 추측법을, '-도-'는 감동법을 나타내는데, 이들에게서 시제적인 요소는 계속 희석되어 간다.

동작상은 주로 보조적 연결어미와 보조 용언의 결합으로 나타내는데, 대체로 이전 시대의 용법이 이어지고 있다. 다만 중세국어에서는 동작성이 큰 동사기 '-아 잇-' 형태로써 진행상을 보이는 표현이 많았으나, 근대국어에서는 점차 '-고 잇-'으로 바뀐다.

부정법 표현에는 큰 변화가 없지만 부정 표현의 다양성이 줄어드는 추세를 보인다. 중세국어에서는 단형 부정 '아니 ㅎ-' 외에 다양한 'NP + 아니 ㅎ-'의 장형 부정 표현이 있었다. NP 자리에 명사나 어간만이 오거나, '-옴/움, -기, -디, -어, -긔, -둘' 등이 동사 어간 뒤에 결합하기도 하고, 어간에 조사 '도'가 결합한 형태 등도 가능하여, 여러 가지 유형의 명사 상당 어구가 놓일 수 있었다. 이러한 표현들은 근대국어의 전기에서도 종종 쓰였으나 후기를 지나면서 차츰 줄어든다. 그러나 단형에 비해 장형 부정의 사용이 늘어나는 추세를 보인다.

---

2) 중세국어에서 과거 시제가 부정법으로 실현된다는 견해가 있으나(고영근, 1997 등), 'ㅎ니라'에서 '-니-'를 순수하게 서법만을 나타내는 형태소가 아니라 시제와 서법의 성격을 다 가지는 선어말 어미로 이해하는 게 좋을 것이다.

3. 후기 근대국어 통사의 통시적 경향

앞에서 후기 근대국어에서 나타나는 통사의 변화를 간략히 살펴었다. 그런데 이러한 통사 구조상의 변화와 언어 사용의 통시적인 양상은 대체로 일관된 경향성을 보이는 경우가 많다. 여기에서는 이들에 나타난 언어 현상과 언어 사용의 변화 양상에 나타난 통시적인 경향성을 논의하기로 한다.

중세국어에서 국어의 문법은 어느 정도 복잡성을 띠기는 하지만 매우 정연한 체계를 보였다. 이러한 체계는 근대국어에 들어서면서 비교적 간단하고 편의적인 사용 체계를 갖추어 나간다. 문법 범주나 표현에 따라서 변화의 폭과 속도에 차이를 가지기는 하지만 적지 않은 변화들이 근대국어 시기에 이루어지고, 이들 중 상당수는 현대국어에서도 같은 방향으로의 변화가 지속되고 있다.

근대국어 또는 후기 근대국어 시기에 들어 국어 문법에 나타난 큰 변화 가운데 하나는 의문법 체계가 단순해졌다는 것이다. 중세국어에서는 내용 의문과 판단 의문에 따라서 의문법 첨사가 달라, 전자는 '-o' 계열, 후자는 '-a' 계열의 종결형을 가졌다. 또한 체언 뒤에 오는 의문 첨사와 용언 뒤에 오는 의문형 어미에도 구별이 있었다. 2인칭 주어의 의문문에서는 다른 인칭의 의문문과 달리 '-ㄴ다' 또는 '-ㄹ다' 형태의 종결형을 보였다. 그러나 근대국어 이후에는 우선 2인칭 의문 종결형이 사라져 다른 인칭과의 차이가 없어진다. 내용 의문문과 판정 의문문의 종결형 구분도 사라지고, 체언 의문형과 용언 의문형도 용언형에 통합된다. 그리하여 후기 근대국어 후반에 오면 모든 의문문의 종결형이 '-냐, -랴' 형으로 귀결하게 된다. 불과 4세기만에 이처럼 커다란 단순화 변화가 이루어진 것이다.

단순화의 변화는 높임법에서도 나타난다. 중세국어에서는 주체 높임, 객체 높임, 상대 높임이라는 정연한 높임법 체계를 보였다. 이 가운데 객체 높임은 중고 국어 이래로 발전해 왔지만, 아무래도 언어 행위에서 기능 부담이 다른 높임법에 비해 너무 적으므로 근대국어 이후 점차 위축된다. 대신에 대화에서 가장 중요한 상대 높임법은 더욱 세분되면서 뚜렷해지고, 주체 높임도 이전보다 강화된다. 이는 사회생활 양상의 변화에 따라 바뀌어진 구어의 표현이 국어 전체에 확산된 결과로 보인다.

물론 언어 표현이 통시적으로 단순화 변화만 겪는 것은 아니다. 전통적으로 내포와 접속 등으로 복합문이 많던 국어의 문장들이 근대국어에 들면서 일부 단순문으로 변화하는 경우도 적지 않지만, 한편으로는 '-니, -어' 등 몇 가지의 접속 어미들이 담당하는 수많은 의미 기능들을 새로운 어미들이 분담함으로써 좀더 뚜렷한 의미 표현을 이룰 수 있게 바뀌기도 하는 것이다. 복합문이 단순문으로 바뀌거나 장문이 단문으로 변화하는 현상이 본격화하는 시기는 서구 근대화가 어느 정도 진행된 19세기 후반 이후부터이다.

중세국어에서부터도 생기기 시작한 현상이지만, 일부의 동사가 조사로 문법화하는 과정에서 초기에 나타나던 격지배가 없어지면서 복합문이 단순문화하는 변화도 잇따른다.

> (5) ㄱ. 다시 오매 빗 니퍼 블그니 녜롤 브터 댓 수프리 프르도다 <두중, 3.36a>
> ㄴ. 委蛇ᄒ며 委蛇ᄒ니 公으로브터 退ᄒ야 食ᄒ놋다 <시경, 1.19a>
> ㄷ. 신의 집이 젼년브터 역적의 집이 되야 <속명, 2.9a>

(5ㄱ)에서 '브터'는 목적격 '롤'을 취하는 서술어 성격을 어느 정도 가졌으나, (5ㄴ)의 '브터'는 '으로'라는 조사와 더불어 합성 조사가 되고, (5ㄷ)의 '브터'는 혼자서 부사격 조사로 쓰였다. 이처럼 조사로 문법화하

는 예는 '드려, 더브러, 모즈, 조차, 보다' 등 많이 있는데, 근대국어 후
기에 들면서 이렇게 변화한 쓰임이 늘면서 단순문으로의 진전에 한 역
할을 한다.

　이 시기의 문법적 변화의 경향으로 또 하나 꼽을 수 있는 것은, 형태
적 절차에 의한 문법 범주의 전환이 약화되고 이들이 통사적 절차에 의
해서 이루어지는 경우가 많아진다는 점이다. 피동법과 사동법에서 '-이-,
-히-, -리-, -기- …' 등 접미사에 의한 표현이 줄어들고 '-어 지-' 또는
'-게 ㅎ-'라는 통사적 구조에 의한 표현이 늘어나는 것이다. 이들은 분
포나 출현 빈도 모두에서 나타나는 현상이다. 각 어휘별로 달리 나타나
는 피동·사동 접미사를 개별적으로 적용하기보다 두루 통할 수 있는
통사적 구조의 피동과 사동 표현이 언어 수행에서 복잡함을 덜 수 있
을 것이다.

　이러한 현상은 내포문에서도 나타난다. 명사화 내포문은 '-음'과 '-기'
라는 명사화 어미를 근거로 이루어지는데, 근대국어에 들어와 '-기'의
사용이 늘어나면서 명사절 표현을 위하여 '-음'과 '-기' 가운데 적절한
명사화 어미를 택해야 하는 문제가 생겼다. 이때 명사화 내포문과 거의
같은 의미값을 갖는 명사구 보문화 표현은 좀더 손쉽게 이러한 문제를
해결해 줄 수 있을 것이다. 여기에서도 형태론적 어미 선택보다 통사론
적 구조 변화가 좀더 쉽게 다가온 것이다. 따라서 후기 근대국어 이후
현대국어에 이르기까지 명사화 내포문 표현은 위축되지만 '-은/는/을/던
것'이라는 명사구 보문화 표현은 급격히 늘어나고 있다.

　비슷한 현상이 부정법 표현에서도 보인다. 단형 부정이 장형 부정보
다 일찍이 형성되었고, 중세국어에서도 부정문에서 단형이 장형보다 더
널리 쓰였으나, 근대국어 이후에는 장형의 쓰임이 계속 늘어나고 있다.
선행어가 동사나 형용사, 명사 등을 가리지 않고 '-디 아니 ㅎ-'라는 획
일된 통사 구조로 나타내는 장형 부정 표현이, 단형 부정보다 좀더 손

쉽고 뚜렷하게 부정 명제를 표현해 낼 수 있을 것이다.

구어에서 어떤 문법 범주를 표현할 때, 청자가 청각적으로 잘못 인식하거나 미처 인식하지 못하고 지나가는 경우를 피하고 화자의 표현 내용을 좀더 뚜렷하게 전달할 수 있는 방식으로는, 형태론적 문법 형태소를 접미하는 구조보다 통사적인 구조로 실현하는 것이 훨씬 더 효율적일 것이다. 이는 전달 효과를 높이기 위한 것으로, 근대국어 이후 국어의 문법 변화는 대체로 이러한 원리에 부합하는 방향성을 갖는다고 할 것이다.

4. 마무리

후기 근대국어에 나타난 문법 가운데 통사 현상을 통시적 변천의 측면에서 간략히 살펴보았다. 특히 근대국어 이후에 나타나는 문법 변화 양상의 경향성을 가급적 단순화하여 해석해 보았는데 논의 전개에서 무리함이 없지 않으리라 생각한다. 국어사 서술이 단순히 현상과 사실만을 기술할 수도 있겠지만, 현상 외에 관찰자의 해석도 때로는 필요하다고 본 것이다. 이에 따라 근대국어 이후 국어 문법 변화의 경향성을 크게 두 가지로 요약하였다. 첫째, 국어 문법이 단순화하는 경향을 보이며, 둘째, 형태적 절차에 의한 문법 범주의 전환이 약화되고 이들이 통사적 절차에 의해서 이루어지는 경우가 많아진다는 점이다.

후기 근대국어는 18세기 후·말에서 19세기 말까지 100여 년이라는 그리 길지 않은 기간이지만 통사 체계나 현상에서 변화가 적지 않았다. 국어사에서 일찍이 이 정도의 짧은 기간 안에 문법의 변화가 이토록 넓고 크게 있어본 적이 없다. 그러나 국어사에서 이 기간에 대한 관심은 아직도 너무 적은 편이다. 이제는 중세국어에서 현대국어 또는 개화기 국어로 곧바로 뛰어넘는 서술이 더 이상 없어져야 할 것이다.

참고문헌

고영근. 1997. 「표준 중세국어 문법론」 집문당.

권인영. 1992. "18세기 국어의 형태 통어적 연구." 연세대 박사논문.

권재일. 1998. 「한국어문법사」 박이정.

김정수. 1984. 「17세기 한국말의 높임법과 그 15세기로부터의 변천」. 정음사.

렴종률. 1992. 「조선말력사문법」 평양 : 김일성종합대학출판사.

류 렬. 1990. 「조선말력사(1)」 평양 : 사회과학출판사.

류 렬. 1992. 「조선말력사(2)」 평양 : 사회과학출판사.

박영준. 1994. 「명령문의 국어사적 연구」 국학자료원.

서정목 1993. "국어 경어법의 변천." 「한국어문」(한국정신문화연구원) 2.

안병희 · 이광호. 1990. 「중세국어문법론」 학연사.

안주호. 1991. "후기 근대국어의 인용문 연구." 「자하어문논집」 8.

유경종. 1995. "근대국어 피동과 사동 표현의 연구." 한양대 박사논문.

유성기. 1995. "국어 사동사에 관한 통시적 연구." 전주대 박사논문.

이광호. 2004. 「근대국어 문법론」 태학사.

이기갑. 1981. "씨끝 '-아'와 '-고'의 역사적 교체." 「어학연구」 17-2.

이기문. 1998. 「신정판 국어사개설」 태학사.

이남순. 1997. "시상의 변화." 「국어사연구」 태학사.

이숭녕. 1981. 「중세국어 문법」 을유문화사.

이정택. 2001. "국어 피동에 관한 역사적 연구." 「한글」 254.

이현희. 1994. "19세기 국어의 문법사적 고찰." 「한국문화」 15.

이현희. 1994. 「중세국어 구문 연구」 신구문화사.

전광현. 1991. "근대국어연구의 현황과 과제." 제21회 동양학학술회의강연초록. 단국대 동양학연구소

정길남. 1997. 「개화기 교과서의 우리말 연구」 박이정.

최동주. 1996. "중세국어 문법." 「국어의 시대별 변천 · 실태 연구 1」 국립국어 연구원.

최석재. 2000. "개화기 시대 이후 단문화의 과정." 「현대국어의 형성과 변천 3」 박이정.

한동완. 1986. "과거시제 '었'의 통시론적 고찰." 「국어학」 15.

한재영. 1996. 「16세기 국어구문의 연구」 신구문화사.

허 웅. 1975. 「우리옛말본」 샘문화사.

허 웅. 1987. 「국어 때매김법의 변천」 샘문화사.

허 웅. 1989. 「16세기 우리 옛말본」 샘문화사.

홍윤표. 1991. "근대국어의 통사론." 제21회 동양학학술회의 강연초록. 단국대
    동양학연구소

홍윤표·송기중·정광·송철의 1995. 「17세기 국어사전」 태학사.

홍종선. 1990. 「국어 체언화 구문의 연구」 고려대 민족문화연구소

홍종선 엮음. 1998. 「근대국어 문법의 이해」 박이정.

홍종선 외. 2000. 「현대국어의 형성과 변천」 박이정.

후기 근대국어 시기의 사동 표현 연구

|성지연|

1. 서론

본고는 후기 근대국어를 대상으로 하여 국어 사동 표현의 제 양상을 밝히는 데 목적을 두고 있다. 후기 근대국어 시기는 18세기 후반에서 19세기 말에 이르는 약 150년간이다. 이 시기에는 급격한 사회 변화와 함께 천주교로 대표되는 서양 종교 및 신문물의 유입도 활발하게 진행되었고, 그러한 변화는 언어적인 면에도 영향을 끼쳐 사동에서도 새로운 어휘 및 표현으로 문헌에 반영되어 있다.

사동 표현의 경우 중세국어 시기에는 본동사에 {-이-} 또는 {-우-}가 결합하여 사동사를 만드는 것이 생산적이었으며 또한 '주동사'와 '주동사 + {-이-}/{-우-}' 형태의 대응은 주동과 사동이라는 의미 관계를 비교적 규칙적으로 나타내었다. 그러나 현대국어에서는 비록 '주동사 + {-이-}/{-우-}'가 사동사로 불리고 있지만 사동사의 기능을 하고 있는지가 확실하지 않다. 사동사에 대응되는 주동사의 소멸이 그 판단을 더욱 어렵게 하고 있는데 주동사의 소멸과 사동사의 사동 기능 상실이 근대국어에서는 어떤 양상으로 진행되고 있었는지를 알아볼 필요가 있으며, 사동 표현의 또 다른 방법인 '-게 하다'에 의한 통사적 사동의 경우 후기 근대국어의 용법이 현대국어에서의 용법과 같았는지도 세밀하게 관찰해야 한다. 또한 후기 근대국어 시기까지 존재하고 있었던 무표지 사동도 그 시기의 중요한 사동 표현의 하나로서 자리매김을 해 주어야 한다.

따라서 본고에서는 현대국어의 사동 표현이 후기 근대국어 시기에 어떠한 변천을 겪은 뒤 제한적인 형태적 사동과 생산적인 통사적 사동을 사용하는 지금의 모습으로 자리 잡았는가를 밝히기 위하여 2장에서는 사동의 개념과 범위를 정한 뒤 후기 근대국어 시기의 사동 표현 체계를 살펴 볼 것이며 3장에서는 사동성 소멸과 관련된 형태적 사동의 양상을 보고, 4장에서는 '-(으)로 ᄒ여곰'을 중심으로 본 통사적 사동의 용법을 논의할 것이며 5장에서는 후기 근대국어 시기의 무표지 사동에 대한 논의를 할 것이다.

2. 사동의 개념과 범위 및 체계

2.1 사동의 개념과 범위

사동이란 다른 사람에게 어떤 동작을 하게 하는 행위를 말하는 것이고, 국어에서 사동을 전달하는 표현으로는 다음과 같은 종류가 있다.

　① 사동 접사를 이용한 형태적 사동
　② 용언과 보조 동사의 결합에 의한 통사적 사동
　③ 본래 사동의 의미를 지닌 동사가 사동 표현의 기능을 수행하는 어휘적 사동

형태적 사동이라는 것은 사동사를 사용하여 사동을 나타내는 표현법
이다. 사동사는 주동사에 '{-이-}'계 접사 '-이-, -하-, -라-, -가' 등과 '-우-'
계 접사 '-오/우-, -고/구-, -초/추-' 등이 붙어서 이루어진 것이다.[1]

> (1) ㄱ. 아이가 젖을 먹는다.
>   ㄴ. 어머니가 아이를(에게) 젖을 먹인다.

(1)에서 '먹다'라는 동사에 접사 '-이-'가 결합되어 사동사가 되면 (1ㄴ)
에서처럼 새로운 사동주가 등장하여 아이가 먹도록 만드는 상황을 나타
낼 수 있다. 이들 접사들은 결합하여 사동의 의미를 나타내기 때문에
사동 접사라고 부른다.

　그러나 형태적 사동문의 피사동주가 사물인 경우 피사동주를 주어로
하는 주동문을 상정하는 것이 부자연스러울 때가 있는데 이런 경우는
타동문으로 인식될 가능성이 높다.

> (2) ㄱ. 내가 돌을 옮겼다. (←돌이 옮았다?)
>   ㄴ. 영희는 두 사람의 싸움을 말렸다. (← ？)

　특히, (2ㄴ)의 경우는 주동사 '말다'에서 파생된 '말리다'임이 분명하
지만 주동문을 상정하는 것이 어려울 정도이므로 사전에서도 타동사로
처리되고 있다.

　즉, 전형적인 사동문으로 인식되려면 피사동주의 존재를 중심으로

---

[1] 이들 각각을 '-이-'계 접사다 또는 '-우-'계 접사다 라고 묶어서 말할 수 있는 것
은 후기 근대국어 시기까지 이들 이형태들이 동시에 쓰이는 것을 많이 발견할
수 있기 때문이고(예 : 더러이다/더러히다, 삐오다/삐우다 등), 개별 접사들과 주동
사 사이에 특별한 결합 규칙을 발견할 수 없으며, 앞에 오는 어간 환경에 따라
'-키-'나 '-후'까지 다양하게 실현될 수 있기 때문이다.

하는 주동사문을 상정하는 것이 가능해야 한다.

주동사문의 성립 여부와 함께 또 한 가지 형태적 사동문에서 고려할 점은 사동 접미사와의 결합 이후 원래 주동사로부터의 사동 의미가 유지되고 있는지의 여부이다.

  (3) ㄱ. 3개월짜리 내 조카는 혼자서도 잘 논다.
      ㄴ. 옆집 아줌마는 아이들 공부는 안 시키고 놀린다.
      ㄷ. 아이들이 철수를 놀린다.

(3)은 '놀다'에서 파생된 형태임이 분명한 (3ㄴ)과 (3ㄷ)을 같은 사동사로 볼 수 없는 경우이다. 본동사 '놀다'의 기본적인 의미는 '유희'이다. '조롱'에 관한 의미는 없는 데에다가, (3ㄴ)과 같이 일차적으로 '놀리다'라는 기본적인 의미의 사동사로 파생된 후에 의미가 확대된 것이 아닌지를 고려해 보아도 (3ㄷ)은 역시 의미상으로 너무 멀어졌기 때문에 '조롱하다'는 의미를 갖는 독립적인 주동사로 보아야 할 것이다. 즉, 사동사로 인정되려면 주동사와의 의미적 유연성을 잃지 않아야 한다. 그러나 이것은 주관적인 해석을 가능하게 할 수도 있으므로 그것과 함께 격틀과 관련된 동질성을 고려해야 한다.

  (4) ㄱ. 김씨가 소한테 여물을 먹인다.
      ㄴ. 김씨네 집에서는 소를 다섯 마리를 먹인다.
  (5) ㄱ. 아이들이 잠자리를 날렸다.
      ㄴ. 놀음꾼이 재산을 다 날렸다.

(4ㄴ) 역시 일반적으로 '가축을 기르다'라는 의미의 새로운 주동사로 받아들여지고 있다. 일차적인 사동사 '먹이다'에서 의미가 확대되면 위와 같이 '가축을 치다'는 의미가 나올 수도 있을 텐데 이러한 주관적인 해

석을 걸러낼 수 있는 방법은 무엇인가? 그것은 기본 사동사의 격틀과 동일한지를 보면 된다. (4ㄱ)와 같은 '먹다'의 기본 사동사는 "X에게 Y를 먹이다"인데, (4ㄴ)를 보면 "Y를 먹인다"와 같은 격틀을 가지므로 기본 사동사와 일치하지 않는다. 그러나 아래 (5)에서의 '날리다'는 (5ㄴ)이 역시 이것이 새로운 주동사인지 기본 사동사의 확대된 의미인지가 약간은 모호한 면이 있으나 (5ㄱ)와 (5ㄴ)는 기본 사동사의 격틀 "X를 날리다"를 공유하고 있기 때문에 둘 다 기본 동사 '날다'에서 나온 사동사라고 할 수 있는 것이다.[2]

지금까지 논의를 정리하여 보면 형태적 사동은 {이} 또는 {우}계 사동 접사가 결합하여 피사동주 논항을 추가한 것으로, 피사동주를 중심으로 하는 주동문을 설정해 볼 수 있으며, 주동사 또는 기본 사동사와의 의미적인 연관을 잃지 않은 것이며, 그러한 판단이 모호할 경우 기본 사동사의 격틀과 같은 사동사가 있는 사동문을 말한다.

이와 같은 사동 접사를 이용한 형태적 사동과 함께 보조 동사를 이용한 통사적 사동도 국어의 대표적인 사동 표현이다.

> (6) ㄱ. 아이가 글씨를 쓴다.
> ㄴ. 엄마가 아이를 글씨를 쓰게 한다.

(6ㄱ)에서는 글씨를 쓰는 행위가 적어도 문장 안에서는 아이 자신의 의지에 의한 것으로 해석된다. 그러나 (6ㄴ)에서는 '쓰다'라는 동사에 보조동사 '-게 하다'가 붙음으로써 또 다른 사동주 '엄마'를 문장 안에 불러

---

2) (5ㄴ)의 '(재산을)날리다'는 불리한 상황을 의미하기 때문에 목적어가 있는 피동사로 인식할 수도 있겠으나 '팔을[이] 잘렸다'류의 피동사와는 달라서 '재산이 날렸다(??)'는 될 수가 없는 반면에 '잠자리를 날리다'와는 같은 동사로서 다만 날리는 대상이 '잠자리'와 '재산'이라는 차이가 있을 뿐이므로 사동사로 보는 것이 옳으며 실제로 『표준국어대사전』에서도 사동사로 처리되고 있다.

오고 아이의 쓰는 행동은 '엄마'가 시킨 것임이 문장 내에서 드러난다.

일반적으로 알려진 국어의 세 번째 사동 표현은 어휘적 사동이다. 어휘적 사동이란 어휘 자체가 사동 의미를 갖고 있는 '시키다, 보내다, 부리다' 등이 문장 안에 나타나서 사동으로 해석될 때를 지칭하는 것이다.

> (7) ㄱ. 주인이 하인에게 그 일을 시켰다.
> ㄴ. 어머니가 동생을 심부름을 보냈다.
> ㄷ. 그는 사람을 부리는 재주가 있다.

(7)의 예문에서 '시키다'는 '하게 하다', '보내다'는 '가게 하다', '부리다'는 '일을 하게 하다'로 해석 되어 모두 사동의 의미를 지니고 있는 어휘들이다. 그러나 문장 안에 사동의 의미를 지닌 어휘로 인하여 사동의 의미를 전달할 수 있을 때일지라도 '시키다', '보내다' 등의 어휘를 사동 표현이라고 부르는 것은 명확하지 않은 면이 있다.

사동법이라는 것은 사동 관련의 문법적인 절차를 거친 것을 가리키는 것인데, (7)의 문장들에서는 접미사나 '-게 하다'와 같은 문법 요소와 관련된 어떠한 과정도 상정해 볼 수 없다. '먹이다', '재우다' 등의 사동사도 결국 어휘이기는 하지만 이들 어휘는 사동 접사와의 결합이라는 문법적인 절차를 거친 결과물로서의 어휘이다. 그러나 (7)에서 사동 해석을 가능하게 하는 '시키다', '보내다', '부리다' 등의 어휘는 사동 절차를 거치지 않은 본래의 한 단어로서 주동과 사동의 문법적인 관련성을 논의할 수가 없는 것들이다. 즉, '시키다-하다', '보내다-가다', '부리다-(일을)하다' 사이에는 문법적인 관계를 찾을 수 없기 때문에 의미적으로는 사동을 전달할 수 있을지라도 문법적인 의미에서의 사동 표현은 될 수 없다.[3]

---

3) 최현배(1971)에서는 '하다'류 동사에서 '하다' 대신에 '시키다'가 접사처럼 쓰여

요컨대, 국어에서 문법적인 의미의 사동 표현은 본동사에 사동 접사를 결합한 결과 피사동주를 중심으로 하는 주동문의 상정이 가능하고, 일차적 사동사와 의미적 연관성을 잃지 않는 등의 조건을 만족하는 형태적 사동과 '-게 하다'를 결합하여 사동주가 피사동주에게 무엇을 하도록 시키는 통사적 사동의 두 가지가 있는 것으로 이해된다.

2.2 후기 근대국어 사동 표현의 체계

현대국어를 기준으로 한 국어 사동 표현의 체계는 앞에서 밝힌 바와 같다. 과연 후기 근대국어 시기에도 같은 체계를 가졌었는지는 이 시기의 자료를 통해 확인해 볼 수 있다. 다음은 후기 근대국어 시기의 문헌들에서 보이는 사동문들이다.

> (8) ㄱ. 그 말을 빙쟈ᄒᆞ야 사ᄅᆞᆷ의 듯ᄂᆞᆫ 거슬 어리우고 의혹게 ᄒᆞ고뎌 ᄒᆞ미러라 <천의, 2 : 25a>
>
> ㄴ. 대신이 그 대략을 듯ᄌᆞᆸ기ᄅᆞᆯ 쳥ᄒᆞᆫ대 샹이 굴ᄋᆞ샤ᄃᆡ 만지 댱황ᄒᆞᆫ 거시 음참파측ᄒᆞ야 ᄎᆞᆷ아 바로 보디 못홀 ᄲᅡᆫ 아니라 ᄆᆞᄋᆞᆷ이 ᄶᅥ러디ᄂᆞᆫ 돗ᄒᆞ니 ᄉᆞ연히 휘롤 ᄲᅥ시니 엇디 죡히 니ᄅᆞ리오 ᄌᆞ 샹남지셜야ᄂᆞᆫ 샹이 블너 ᄡᅳ이시다 <천의, 4 : 48a>
>
> ㄷ. 샹이 녕샹의 알외ᄂᆞᆫ 말슴을 드르시고 지게를 닷치시고 소리를 놉히샤 대신의게 하교ᄒᆞ야 굴ᄋᆞ샤ᄃᆡ 경등은 ᄲᅡᆯ니 믈너가라 <명의, 하,

---

사동문으로 만들어 준다고 하면서 사동의 한 종류로서 제시한 바가 있다. 다음은 최현배(1961)에서 제시한 사동사의 예들이다. 예) 일시키다, 말시키다, 가을시키다, 걱정시키다, 공부시키다, 복종시키다, 확신시키다, 타파시키다, 연구시키다, 개척시키다, 운동시키다, 검속시키다, 감금시키다, 주의시키다, 주목시키다, 발견시키다, 협박시키다, 게재시키다, 권유시키다, 선동시키다, 증명시키다, 반박시키다, 구성시키다, 조직시키다(최현배, 1961 : 416) 그러나 '-시키다'의 구조를 가진 어휘에서 '-시키-'는 타동사 '시키다'와 의미에 있어서 차이가 없으므로 접사로 보는 것은 무리가 있는 듯하다.

존현각일긔, 23b>

ㄹ. 내 누의 닉인이 이시니 맛당히 위ᄒᆞ야 쥬션ᄒᆞ야 반드시 네 령감으로
ᄒᆞ여곰 노히여 도라오게 ᄒᆞ리니 <속명, 1 : 21b>

ㅁ. 그 덕을 닐코 판즉 겸양ᄒᆞ여 불감당ᄒᆞ고 항상 모든 아젼을 권ᄒᆞ여
법을 직희게 ᄒᆞ고 사ᄅᆞᆷ을 희티 말나 ᄒᆞ며 <태상, 1 : 13a>

ㅂ. 말이라 이륜을 발켜 뻐 사ᄅᆞᆷ의 벼리ᄅᆞᆯ 세오시고 도혹을 노펴 뻐 나
라 풍쇽을 바르게 ᄒᆞ샤 셩즈와 신손이 경계ᄒᆞᄆᆞᆯ 게을니 아니ᄒᆞ샤
<윤음-즁외, 2a>

ㅅ. 예수 ᄯᅥᆨ 다ᄉᆞᆺ과 고기 두 기ᄅᆞᆯ 가지고 하날올 우러러 축슈ᄒᆞ고 ᄯᅥᆨ올
ᄶᅦ여 뎨자게 부텨 ᄒᆞ여곰 뭇 사ᄅᆞᆷ의 압페 놋코 고기 두 기로써 모
단 사ᄅᆞᆷ의게 논으니 <셩교, 막, 6 : 41>

(8)의 ㄱ~ㄹ은 사동사가 나타난 형태적 사동문이다. 이 경우 접사의 생
산성이 현대국어에 비해 높기 때문에 위에서 보이는 '어리우다', '닷치
시다', '쁘이시다', '노히다' 등과 같이 현대국어에는 없는 사동사가 있
다는 특징이 있으며, 피사동주 표시로는 목적격 '-를'을 포함하여 '-ᄒᆞ여
곰'등이 현대국어와 큰 차이 없이 사용되고 있다.

  (8ㅁ)과 (8ㅂ)은 보조 동사 '게 하다'에 의한 통사적 사동인데 현대국
어의 용법과 역시 다름이 없다. 그러나 (8ㅅ)의 경우는 제자로 하여금
떡을 뭇 사람들의 앞에 '놓게 하였다'는 의미로 '놋코'가 쓰여서 사동문
으로 해석이 되나 동사가 사동 접사가 없는 일반 주동사로 표현되었다
는 특징이 있다. 이어지는 '논으니'의 경우도 예수가 직접 한 것인지 또
는 'ᄒᆞ여곰'의 영역이 여기까지도 미치기 때문에 제자를 시켜서 한 일인
지는 확실하지 않지만 후자라면 역시 일반 주동사가 사동의 의미를 나
타내고 있는 경우가 된다.

  이것으로 미루어 보면 사동 표지 없이 무표지 일반 주동사로도 사동
문 표현이 충분히 가능한 무표지 사동문이 후기 근대국어 시기에 있었다
는 것을 알 수 있다.[4] 아래의 예문도 이와 같은 무표지 사동의 예이다.

(9) ㄱ. 지샹지인이 널니 효유ᄒᆞ야 빅셩으로 ᄒᆞ야곰 밧 가의 나무 잇는 ᄃᆡ는
　　　더 심으고 나무 업는 ᄃᆡ는 만히 심으면 <이언, 1 : 54a>
　　ㄴ. 일노 ᄡᅥ 님텬대롤 주어 ᄒᆞ여곰 거러 인심을 동요ᄒᆞ고 쟝ᄎᆞᆺ 모역ᄒᆞ려
　　　ᄒᆞ니 <천의, 4 : 4a>
　　ㄷ. 헌뷔 계ᄉᆞᄒᆞ야 봉휘 태구 취샹 수샹과 진유 명의 희셩시 죵하 등 노
　　　륙 디뎐을 ᄲᅵ니 왕부로 ᄒᆞ야곰 거힝ᄒᆞᆷ믈 쳥ᄒᆞ온대 샹이 처음은 죳디
　　　아니ᄒᆞ시다가 후의 윤죵ᄒᆞ시다 <천의, 4 : 30b>

(9)의 예문들은 피사동주의 존재가 확실하고 의미 해석이 '-게 하다'로
대치했을 때와 같은 값을 갖는 사동문이다. 그렇지만 사동사를 사용하
지 않고 각각 타동사 '심다', '거힝ᄒᆞ다'와 자동사 '걷다', '동요ᄒᆞ다'만
으로 사동의 의미를 충분히 표현하고 있으며 이러한 양상의 사동문은
중기국어의 자료 뿐 아니라 후기 근대국어 자료에서도 꾸준히 보이는
것이었다.

　　요컨대, 후기 근대국어 시기의 사동문은 다음의 세 가지 방법으로 표
현되었다고 할 수 있다.

　　① 사동 접사에 의한 형태적 사동법
　　② 보조 동사에 의한 통사적 사동법
　　③ 일반 주동사로 표현하는 무표지 사동법

　　즉, 후기 근대국어 시기의 사동 체계는 사동사에 의한 형태적 사동
과 보조 용언에 의한 통사적 사동법의 영역이 각각 축소 및 확대를 거
쳐 자리를 잡아 가고 있는 상황에서, 피사동주가 명확하게 실현되는 문

---

4) 근대국어의 무표지 사동문에 대해 언급한 논문은 송창선(1994, 1996), 유경종
　(1993, 1995) 등이 있다. 전자는 사동의 상황을 나타내지만 사동 표현으로 인정
　할 수 없다는 입장이고, 후자는 근대국어 사동 표현의 한 유형으로 설정해야
　한다는 입장인데, 이에 대해서는 후술하도록 하겠다.

맥에서는 일반 자동사 및 타동사만으로도 사동의 의미를 전달하는 세 가지 사동 표현이 있었던 것이다.

3. 후기 근대국어 사동 표현 1 : 형태적 사동

형태적 사동법은 사동 접사가 자동사 및 타동사 또는 형용사와 결합하여 사동사를 이루는 것을 말하며 이렇게 생성된 사동사가 문장에 나타나면 사동문으로서의 기능을 하게 된다. 그러나 현대로 올수록 형태적 사동의 생산성은 약화되어 현대국어에 이르면 형태적 사동에 의한 사동문보다는 통사적 사동에 의한 사동문이 일반적인 것이 된다. 그러나 18세기 후반에서 19세기에 이르는 후기 근대국어 시기에는 현대국어보다는 비교적 많은 사동사가 쓰였는데, 이것은 후기 근대국어의 형태적 사동의 역할이 현대국어에 비해 컸다는 것을 의미한다. 또한 이 시기의 형태적 사동은 통사적 사동법에 그 역할을 내 주는 과정과 관련된 다음과 같은 여러 가지 특징들을 보이고 있다.

3.1 사동 접사의 사동 기능 상실과 사용상의 혼란

사동 접사 중 '-우-'계 접사 '-오/우-'의 경우에는 사동의 의미가 전혀 없이 결합되어 쓰이는 경우가 자주 보인다.

> (10) 가것과 샹호 것술 섯거 속이지 말며 셩호 거슬 경히 헐우지 말며 망녕되이 공교호고 음샤호 것술 민들지 말며 남의 지료 무엇 민들 가음 롤 도적호고 허비 말며 남의 물건부치롤 앗기며 빈 미는 말독을 길거리의 노치 말고 말독 굼글 며여 남이 너머지고 째지가 넘리호며 <경신, 66b>

(11) 술위 통부리에 테 메여 박은 쇠 술위 통안히 달치 아니케 끼조치로 박
    은 쇠 술위 앏 괴오는 나모 술위 뒤 괴오는 나모 술위 두녁 난간 술위
    채 바들이 다 죠타 집지은 술위 잡은 것 넛는 술위 나귀 노새 메오는
    큰 술위와 다 못 져 샹히 튼는 술위롤 다 집의 너허두고 兩雪에 젓게
    말라 <노걸-중, 하, 35a>
(12) ㄱ. 감남산에 나가 예수 데자게 갈아샤터 너희 뭇 사롬이 나롤 써리끼우
    믄 글에 흐여스되<셩교, 막, 14 : 27>
    ㄴ. 마리암의 아달과 야곱과 요시와 유다와 시몬의 동싱이 안이냐 그 누
    히가 여긔셔 우리과 함끠 오느냐 흐고 이여 써리끼니 <셩교, 막, 6
    : 4>

(10)의 '헐우다'는 당시에 공존하던 타동사 '헐다'와 비교해 볼 때 사동
의 의미가 특별히 더해져 있다고 볼 수가 없다.[5] 원래 타동사 '헐다'에
대한 사동사는 '헐우다'와 '헐이다'가 있었으나 '헐우다'는 18세기에는
타동사 '헐다'와 쓰임이 같아졌고, '헐이다'는 피동사 '헐니다'와 공존하
다가 19세기부터는 '헐니다'만 자료에 나타날 뿐 보이지 않아 후기 근대
국어 시기 이후로 현대국어와 같이 '헐다'와 '헐리다'가 남게 된 것이다.

같은 문장의 '며여'는 '塡' 또는 '充'를 의미한다. 원래 자동사로는
'며이다, 메다'가 있고 타동사로는 '메우다, 메오다'가 있는데 자동사
'며이다'를 타동사와 혼동해서 쓰고 있다.

(11)에서는 '메다'와 '메우다'가 한 문장에 나타나지만 '메우다'가 '메
다'에 비해 사동의 의미가 첨가 되지 않은 채 타동사로서 쓰이고 있고
'괴오다' 역시 당시에 존재하던 '괴다'와 비교해 보았을 때 사동의 의미

---

5) 타동사 '헐다'의 예) 법 무던니 너기며 フ르팀 업슈이 너기는 니을 만나던 악도
에 기리 쳐홀 보을 니르고 블유 허러 쓰는니을 만나던 엉겁에 디옥에 뉸회홀
보을 니르고 조흔힝덕 더러히며 즁 소기는니을 만나던 튝싱에 기리 이실 보을
니르고 탕화흐며 버히며 산 것 샹흐는 니을 만나던 윤회흐야 서로 가풀 보을
니르고 계을 헐며 지올 범흐느니을 만나던 금슈 되야 주으릴 보을 니으고
<1752지장해, 샹, 032a>

를 첨가하지 못하고 있다. (12ㄱ)과 (12ㄴ)은 '쩌리쩌다' 와 '쩌리쩌우다' 가 한 문헌에서 같이 쓰이는 것을 보이는 예이다.

이렇듯 후기 근대국어 시기에 사동의 뜻이 없이도 기존의 타동사 혹 은 자동사에 '오/우'를 첨가하여 쓰는 경우가 보이는데 이러한 경우에 사동 접사 '오/우'는 사동 표현의 기능을 한다기보다 단순히 동사성을 강조하는 기능을 한다고 보아야 한다.

3.2 사동사의 단순 타동사화[6]

후기 근대국어 시기에는 현대국어에 비하여 사동 접사가 결합된 어 휘들은 많았다. 그러나 그러한 어휘들이 모두 사동주와 피사동주의 관 계가 명확하여 피사동주를 중심으로 하는 주동문을 상정할 수 있는 전 형적인 사동문을 이루는 것은 아니었다. 그럼에도 불구하고 기존의 연 구에서는 아래 예문에서 보는 바와 같이 사동의 의미를 전혀 찾을 수 없는 단순 타동사를 사동 접사가 결합되었다는 이유로 사동사 목록에 포함하고 있는 경우도 있었다.

    (13) ㄱ. 사롬의 착훈 닐을 가리우며 사롬의 더러온 거술 드러니며 사롬의 가
           만훈닐을 알소호며 <태상, 5b>
         ㄴ. 망녕되이 쎄 지어 단니며 쳐쳡의 말을 고지 들어 부모의 교훈을 어

---

6) 원칙적으로 '사동사 : 타동사'라는 구분은 명확하지 않은 점이 있다. 사동사가 바로 타동사의 일부를 이루는 동사류이기 때문이다. 그러나 의미적으로 용언 이 〔+사역성〕을 갖게 되면 사동사가 되고 또한 사동사가 사역성을 잃고 〔-사 역성〕이 되면 다시 타동사가 되므로 적어도 사동 표현을 논의하기 위해 '사동 사 : 타동사'를 구분하는 것은 〔사역성〕 자질의 유무로 인해 명확해 진다. 그 러나 〔사역성〕유무를 판단하는 것은 피사동주의 존재 및 사동주의 피사동주에 대한 영향 등을 다시 복합적으로 고려해야 하는 것이므로 해석자의 직관에 의 존할 수밖에 없는 모호성이 따른다.

긔우며 시 거술 엇으믹 녯 거술 니즈며 닙으로 올타 ᄒ고 <태상, 7b>

(13ㄱ)의 '가리우다'는 중세국어 시기부터 'ᄀ리봊다, ᄀ리오다, ᄀ리우
다' 등의 형태로 쓰이고 있었지만 어느 시기에도 피사동주 논항을 찾아
볼 수 없고, 가리는 대상인 목적어만 있는 타동사의 용법을 보이고 있
으며 (13ㄴ)의 '어긔우다' 역시 마찬가지로 타동사의 용법만 보이고 있
다.[7] 현대국어에 오면 위의 두 용언은 사동 접사가 없어진 형태, '가리
다'와 '어기다'라는 타동사로 남아 쓰이고 있다.[8] 따라서 이들을 역사적
으로라도 사동사로 제시하는 것은 다시 한번 고려해 볼 일이다.

이상의 경우는 사동 접사가 결합되어 있는 것이라도 처음부터 단순
타동사인 것들이다. 그러나 사동 접사가 결합된 용언으로서 역사적으로
피사동주가 존재하는 사동사로 쓰이던 것들 중에 많은 수가 후기 근대
국어로 오면 타동사의 용법만 주로 보이게 된다.

(14) ㄱ. 반ᄃ시 입에 닉히고 ᄆ옴에 긔록ᄒ야 삭임이오 엇지 닐ᄋ디 직횐다
　　　 ᄒᄂ뇨 <쥬년, 87b>
　　ㄴ. 싱션 ᄭ을히는 법 먼져 쟝국을 ᄭ힌 후에 싱션을 너코 술을 죠곰 치
　　　 면 ᄲᅧ가 연허니라 <규합, 9b>
　　ㄷ. 물 여셧 탕긔롤 부어 네 탕긔 되게 달히면 그 마시 심히 죠흔니라
　　　 <규합, 6a>
(15) ㄱ. 물을 ᄲᆞᆯ 되인 되로 슈를 갓치 되야 죡박 ᄭᅴ히고 붓지게 ᄭ을히 가로레
　　　 고로 퍼부어 쥬걱으로 긔여 ᄒ로밤 지와 밋ᄭᅡ지 어름가치 삭은 후
　　　 <규합, 1b>

---

7) 직접 사동과 간접 사동의 의미를 지니던 사동사가 점차 간접 사동의 의미를 잃
　 어버려 의미가 축소되고 일부 사동사의 경우에는 타동사로 어휘화되거나 '-게
　 ᄒ다' 구문에 자리를 내 주다가 없어지는 단계를 설정할 수 있는데 19세기에
　 대부분의 사동 접사 결합 용언들은 이미 그 의미가 타동성에만 한정되어 있어
　 타동사로 어휘화되어 있는 단계라고 할 수 있다.
8) 『표준국어대사전』에 의하면 '가리우다는 가리다의 잘못'이라고 설명하고 있다.

ㄴ. 숙여 말뇌오고 져즈에 푸는 거슨 반만 닉어 물이 아니ᄂ니 맛보ᄋ
쉰 맛 업는 거술 갈히여 <규합, 20b>

(14)의 ㄱ~ㄷ은 현대에까지 동사가 음운 변화만 입었을 뿐 달라지지
않은 것들로서 현대와 용법이 같으며 (15)는 현대어로 오면서 비교해서
접사가 다른 것인데 역시 피사동주에게 무엇을 하도록 시키는 의미가
없이 타동사처럼 쓰이고 있는 용법은 같다.

그러나 18세기 문헌들을 보면 사동사적인 용법을 확실하게 보이는
동사들이 19세기에 비하여 많이 눈에 뜨인다.

(16) ㄱ. 佛敎를 滅코져 ᄒ여 다만 즁을 보면 곳 잡아 술위 쓰이며 톱질 시
겨 三淸大殿을 지어 이러ᄐ시 佛家 弟子를 쳔답ᄒ더라 <박신, 3 :
22a>

ㄴ. 안흐로 공갈ᄒ며 닌한은 밧긔셔 위협ᄒ야 날노 ᄒ여곰 쥬야로 쓸히
며 일셕으로 위름케 ᄒ니 <명의-하, 어제윤음, 15b>

ㄷ. 구궐의셔 반샤ᄒ던 복식으로 ᄡᅥ 셰슈에 명ᄒ야 ᄒᆫ 본을 그리이되 므
롯 쟝황을 문단을 ᄇ리고 <경속, 39b>

(16ㄱ)은 '끌게 하다'의 의미를 지니는 것으로 뒤에 오는 동사 '시겨'를
보았을 때 사동적인 용법임을 알 수 있다. (16ㄴ~ㄷ)은 현대어에서는
'끓이게 하다', '그리게 하다'처럼 장형으로 표현할 뿐 사동사로는 없는
것으로 특히 (16ㄷ)의 경우는 동사 앞에 '-에 명ᄒ야'가 있어서 사동의
의미를 더욱 확실하게 하고 있다.

3.3 'ᄒ이다'의 용법

앞에서 언급하였듯이 19세기에는 18세기보다 사동사의 수가 줄어들

고 그때까지 존재하던 사동사들도 점차 타동사로의 쓰임이 많아져서 이 시기의 사동사들에서 전형적인 사동의 용법을 보기가 쉽지 않다. 그러나 'ᄒᆞ이다'는 19세기까지도 주동사 'ᄒᆞ다'와 공존하면서 사동의 의미를 명확히 하였었다.9)

(17) ㄱ. 이 사롬은 진짓 어진 사롬이라 ᄒᆞ고 즉시 샹소ᄒᆞ여 그 닐을 붉히니 효종이 드르시고 긔특이 너이샤 고좌로 ᄡᅥ 네 부쥬ᄉ 벼술을 ᄒᆞ이시고 그 후의 벼술이 <태상, 3 : 6b>

　ㄴ. 닐너 왈 네 닐을 맛치고 도라오면 맛당이 놉흔 벼술을 ᄒᆞ이리라 ᄒᆞ시니 이는 그 허물을 긔어히 엇고져 ᄒᆞ시미라 <태상, 4 : 1b>

다른 사동사들과 마찬가지로 18세기에는 19세기 보다 'ᄒᆞ이다'의 용례를 더 많이 찾을 수 있었고 나타나는 범위도 더욱 넓었다.

(18) ㄱ. ᄀᆞᆯᄋᆞ샤더 좌샹은 홍지희로 졍승을 ᄒᆞ이고 윤양후로 니조판셔를 ᄒᆞ이고 윤태연으로 훈련대쟝을 ᄒᆞ인 연후의야 가히 ᄠᅳᆺ의 마즈랴 ᄒᆞ시니 <명의, 하, 존현각일긔, 8a>

　ㄴ. 내 이믜 죽기의 님ᄒᆞ여시니 엇디 가히 군부롤 소기리오 ᄯᅩ ᄀᆞᆯ오되 네 닐오되 일이 일면 나롤 나줘 목스롤 아니ᄒᆞ이마 ᄒᆞ더냐 날노 ᄒᆞ여곰 군냥을 맛다 ᄂᆞᆫ화 머겨 그 공으로 ᄡᅥ 목스롤 ᄒᆞ이마 닐넛ᄂᆞ니라 <천의, 4 : 14a>

　ㄷ. 귀신을 노축ᄒᆞ이ᄂᆞᆫ지라 가만ᄒᆞᆫ 악의 주달님이 믈읫 언민 줄을 아지 못ᄒᆞ거놀 <경신, 36a>

---

9) 'ᄒᆞ이다'는 사동뿐만 아니라 피동에도 쓰였다. 'ᄒᆞ다'에 대한 피동형과 사동형이 같은 형태였던 것인데, 후기 근대국어에서는 피동으로 쓰인 경우보다 사동으로 쓰이는 경우가 더 많았다. 다음은 후기 근대국어에서 'ᄒᆞ이다'가 피동으로 쓰인 예이다. 예) ᄒᆞ로 나조희 도적이 그 집의 들거놀 모든 아돌이 잡으니 이웃 집 ᄌᆞ식이라 녕의 ᄀᆞᆯ오더 네 본더 허믈이 젹더니 엇디 괴로이 도젹질 ᄒᆞᆫ다 이는 가난에 핍박ᄒᆞ이미라 ᄒᆞ고 그 엇고져 ᄒᆞᆫ 바롤 므르니 ᄀᆞᆯ오더 십천을 어드면 죡히 의식을 ᄌᆞ뢰ᄒᆞ리로다 ᄒᆞ거놀 <종덕-하, 26a>

ㄹ. 지 홀로 무덤을 딕희여 송빅을 버려 심거 오류리의 뻐쳣더니 사슴이
심근 솔을 샹ᄒ이거늘 지 슬피 탄식ᄒ여 굴오디 <오류-효, 27b>

ㅁ. 왕시ᄂ 송나라 위경유의 쳬니 나히 십뉵셰에 경위 죽으니 부뫼와 싀
부뫼 기가ᄒ이려 훈대 왕시 스스로 귀룰 버히고 밍셰ᄒ여 기가ᄒ디
아니ᄒ고 <오류-열, 23b>

(18ㄱ~ㄴ)은 (17)에서와 같이 '벼슬, 관직을 하게 하다'일 때 쓰인 것이
다. 19세기로 오면 'ᄒ이다'를 거의 이런 예문에서만 찾을 수 있다. 그
러나 (18ㄷ~ㅁ)은 '명사 + 하다'의 구조를 가진 동사들의 경우로서 18
세기 문헌에서 '샹ᄒ다 : 샹ᄒ이다', '기가하다 : 기가ᄒ이다'의 주동사와
사동사가 공존하고 있음을 보이는 것이다. 19세기로 가면 '샹ᄒ이다'는
보이지 않고 '샹희오다/샹희우다'가 대신 쓰인다.

4. 후기 근대국어 사동 표현 2 : 통사적 사동

4.1 통사적 사동문의 증가

국어의 사동문은 문법 현상이 형태적 방법에서 통사적 방법으로 실
현되는 변화를 겪은 문법 영역이다.[10] 형태적 사동의 생산성 감소가 그
러한 변화의 주요 원인이 된다고 여겨지는데 형태적 사동의 생산성 감
소는 바로 앞에서 짚어 본 사동 접사의 사동 기능 상실과 그에 따른 사
용상의 혼란 그리고 사동사의 단순 타동사화 등에서 비롯된 것이다. 즉,
이와 같은 현상들이 일어나면서 형태적 사동은 생산성을 잃게 되었고

---

10) 권재일(1998)에서는 형태적 방법으로 실현되던 문법 현상이 통사적 방법으로
실현되는 변화에 대하여 명사화, 사동법, 피동법, 미정법의 경우를 대상으로
살펴 본 바가 있다.

그 결과로 사동사의 수 역시 감소하게 된 것이다.

아래는 18세기에 전형적인 사동사로서의 법을 보였던 사동사들이다.[11]

> (19) ㄱ. 비 올가 비 올가 ᄒᆞᄂᆞᆫ ᄇᆞ라미 더욱 속에 ᄀᆞᆫ절ᄒᆞᆫ괘라 뭇ᄂᆞᆫ 재 유유ᄒᆞ
>   거ᄂᆞᆫ 스스로 대략을 긔록ᄒᆞ노라 블러 ᄡᅳ이믈 계유 뭇ᄎᆞ매 <경속, 20b>
> ㄴ. 금년 나모닙 필 ᄣᅢ예 네 황가 셩 가진 죵으로 ᄒᆞ여곰 견마ᄅᆞᆯ 들니고
>   와 우리 샹뎐을 보디 아니ᄒᆞ다 <속명, 1 : 38a>
> ㄷ. 되의 젹고 크기 밧고이기 쉽고 쟝과 소곰이 ᄡᅳ고 싀기 섯기기 쉬우
>   니 곡식을 논호매 반ᄃᆞ시 검찰ᄒᆞ야 되이고 죽을 먹이매 반ᄃᆞ시 몬져
>   맛볼 거시니 <윤음, 8a>

그러나 위의 (19)에 있는 사동사 'ᄡᅳ이다', '들니다', '되이다'는 필자
가 조사한 바에 따르면 19세기 이후로는 보이지 않는다. 이와 같이 후기
근대국어의 어느 시기까지는 존재하였지만 이후의 자료에서 보이지 않아
없어진 것으로 판단되는 사동사들은 아래 예문에 있는 것 등이다.[12]

> (20) ㄱ. 유현을 ᄀᆞᆯ티고 다래여 흉언을 주츌ᄒᆞ믄 유현이 왕실의 척년ᄒᆞ여시
>   매 그 말을 빙쟈ᄒᆞ야 사ᄅᆞᆷ의 듯ᄂᆞᆫ 거술 어리우고 의혹게 ᄒᆞ고뎌 ᄒᆞ
>   미러라 <천의 2 : 25a>
> ㄴ. 샹이 녕상의 알외ᄂᆞᆫ 말ᄉᆞᆷ을 드르시고 지게를 닷치시고 소리를 놉히
>   샤 대신의게 하교ᄒᆞ야 ᄀᆞᆯᄋᆞ샤ᄃᆡ 경등은 ᄲᆞᆯ니 물너가라 <명의-하, 존
>   현각일긔, 23b>
> ㄷ. 신이 홍가의 겨집죵 최셰복의 겨집된 쟈ᄅᆞᆯ 블너 더브러 서로 보게
>   ᄒᆞ니 슈대 닐너 ᄀᆞᆯᄋᆞᄃᆡ 내 누의 너인이 이시니 맛당히 위ᄒᆞ야 쥬션

---

11) 김형배(1997 : 278-402)는 국어의 파생 사동사와 예문을 15세기부터 20세기까지
세기별로 자세하게 수록하고 있다. 본고에서는 김형배(1997 : 278-402)에서 제시
된 것과 소멸 시기가 다르거나, 수록되지 않은 새로운 어휘만 제시하고자 한다.
12) 'ᄡᅳ이다'의 경우 『표준국어대사전』에서는 "선생님은 학생들에게 숙제로 일기를
쓰였다."와 같은 예문과 함께 쓰다의 사동사로 규정하고 있지만 "선생님은 학
생들에게 숙제로 일기를 쓰게 하였다."가 언중의 일반적인 사용으로 보인다.

　　　호야 반두시 네 령감으로 호여곰 노히여 도라오게 호리니 <속명, 1
　　　: 21b>
　ㄹ. 쏘호 元申人으로 호여곰 刀物 모양을 그려 그리기롤 ᄆ춤애 元申人
　　　으로 호여곰 그린 것 아래 일홈 두이고 <무원 3 : 26b>
　ㅁ. 츙통을 듣고 젼의 령을 즉제 그티고 ᄆ음을 오오로고 귀롤 기우려
　　　새로 므슴 령을 니ᄅ혀논고 드러 그대로 힝호라 <병학, 2b>

　　이상과 같은 사동사들이 19세기 이후로 전형적인 사동문에 모습을
보이지 않는 것에 대해 다음과 같은 이유를 추측해 볼 수 있다. 형태적
사동에서 사동 접사 파생 과정을 거친 사동사의 경우 시간이 지남에 따
라 접사가 가지고 있던 사동의 의미는 동사와 긴밀하게 결합되어 점차
타동사화 되기 때문에 사동의 본래 의미를 전달하는 데 부족한 면이 생
기게 되었고, 다른 한편으로는 사동 접사가 생산성을 잃어가고 있었으
므로 역시 사동 기능 부담량에 있어서도 제 몫을 다하지 못하는 면이
있었다고 여겨진다.
　　이와 달리 통사적 사동은 보조 동사 '-게 호다'가 동사와 결합함으로
써 사동문을 형성하는 것으로 피사동 동작을 나타내는 동사와 사동주의
사동 행위를 나타내는 보조 동사가 한 문장 안에 나타난다. 그로 인해
사동과 피사동 동작의 구분이 명확하고, 피사동주의 실현 역시 형태적
사동보다 비교적 명확하다.
　　요컨대, 통사적 사동의 구조·의미적인 장점과 형태적 사동에서 사동
접사의 기능 상실과 사용상의 혼란이 후기 근대국어 시기에 '-게 호다'
에 의한 통사적 사동문을 증가시키는 요인이 된 것이다. 특히 근대 후기
에 번역물과 성서와 같은 종교 서적 등에 나타난 사동문은 주로 '-게 하
다' 구문이다.[13]

___

13) 이러한 현상의 원인은 성경 관련 문헌의 내용상의 특징에서 찾을 수 있다. 하
　　느님이나 성인이 일반 백성의 마음을 움직여서 자발적으로 어떤 행위를 하도록

아래는 18세기 무렵까지도 존재하다가 사라져 19세기 이후부터는 통사적 사동문으로만 사동 표현이 이루어지는 몇 개 동사들이다.

(21) 머므로다/머믈오다/머믈우다(留)

(22) 길오다/길우다(長)

(23) 나소다/나오다(進)

(24) 니우다/니위다 (連)

(25) 쩌디오다/쩌지오다/쩌지우다 (落)

(26) 씌오다(帶)

(27) 멀오다(瞀)

(28) 버틔오다/버튀오다(待)

(29) 살리다(居)

4.2 '(-로) ᄒᆞ여곰'의 용법

통사적 사동문이 사동의 의미를 명확히 전달하는 사동 표현이라는 것은 피사동주 표지 '-로 ᄒᆞ여곰'을 통해 확인할 수 있다.

사동주의 부림을 받는 피사동주는 '-이', '-을/를', '-의게', '-ᄭᅴ', '-(으)로', '(-로) ᄒᆞ여곰' 등으로 나타나는데, 이 중에서도 '(-로) ᄒᆞ여곰'은 사동문의 피사동주를 가장 명확하게 나타내는 표지이다.

(30) ㄱ. 내 시러곰 뜻을 편안이 ᄒᆞ여 됴편ᄒᆞ리니 대쇼 국ᄉᆞ롤 셰례로 ᄒᆞ여곰 지 단ᄒᆞ게 ᄒᆞ라 <천의, 1 : 25b>

ㄴ. 쳥컨대 죵의 집을 지나기롤 이 ᄀᆞᆺ치 뿔니 ᄒᆞ지 말으시고 죵으로 ᄒᆞ여곰 믈노 발을 씻기고 음식으로 힘을 돕고 잠간 그늘에 머므르쇼셔. <셩직, 5 : 20a>

하는 일화들이 주된 내용인데, 즉 하느님이 명령과 의도로 이루어진 일이라는 것을 강조하기 위해서는 사동사로 표현되는 직접 사동보다도 '-게 하다'로 표현되는 간접 사동이 내용상 더 적절하기 때문에 더 선호된 것으로 보인다.

ㄷ. 변셕ᄒ야 뻐 너의 죠졍에 잇ᄂ 신린과 밋 우리 팔방 ᄉ녀의게 펴 고
ᄒ야 ᄒ여곰 각각 효연케 ᄒ노니 네 거의 공경ᄒᆯ지여다. <윤음(즁외),
4b>

(30ㄱ)은 통사적 사동문에서 '-게 ᄒ다'와 공기하는 모습을 보인 것이고,
(30ㄴ)은 'ᄒ여곰'이 형태적 사동문에서 쓰인 것을 보인 것이다. (30ㄷ)
의 경우는 'ᄒ여곰'이 앞에 피사동주의 실현이 없이 단독으로 나타난 경
우이다. 여기에서 피동작주는 앞에 나온 '신린과 밋 우리 팔방 ᄉ녀'이
지만 문맥상 알 수 있으므로 생략되었다.
　피사동주가 '(-로) ᄒ여곰'으로 실현된 사동문의 유형을 살펴보면 다
음과 같다.

　　① (-로) ᄒ여곰 + -게 하다
　　② (-로) ᄒ여곰 + 사동사
　　③ (-로) ᄒ여곰 + 일반 주동사

가장 많은 것은 후기 근대국어 문헌 전체로 봤을 때는 ①의 경우이
다. ③의 경우 역시 적지 않은 빈도로 나타나는 것이 자료에서 발견된다.

　　(31) ㄱ. 무명이 깃거 ᄀᆯ오ᄃᆡ 어더다 ᄒ고 인ᄒ야 니졸노 ᄒ여곰 모든 호인을
　　　　　다 잡고 그 무덤을 픠야 관을 열고 보니 관속의 거시 다 보물이라
　　　　　<종덕-하, 54b>
　　　　ㄴ. 닐ᄂ 재 범쉬 졀ᄒ니 진왕이 ᄯᅩᄒ 졀ᄒ더라 ᄒᆫᄃᆡ 니ᄅ러ᄂ 니라나
　　　　　졀ᄒᄆᆯ ᄭᅵᄃᆺ디 못ᄒ다 ᄒᄂ고로 시험ᄒ야 ᄒ여곰 ᄎᆔᄒ여 닑히니 그
　　　　　문쟝이 비록 가히 됴ᄒ나 <경세, 10b>

(31)과 같이 피사동주 표시 '(-로) ᄒ여곰'이랑 같이 쓰인 사동사는 'ᄯᅳᆯ히
다, ᄒ이다, 노히다, 널니(오)다, 쩌이다/쪠히다, 지이다, 뵈이다/뵈히다,

업스다(없애다), 긋치다, 썻기다' 등이다. 이 사동사들은 다른 사동 접사 결합형들이 단순 타동사처럼 쓰이고 있는 것에 비하여 후기 근대국어 당시에 사동의 의미가 비교적 뚜렷한 것이었다.[14]

이렇듯 '(-로) ᄒᆞ여곰'은 사동 접사 결합형 용언이되 후기 근대국어 시기에 이미 단순 타동사의 길을 걷고 있는 것과 아직도 사동사로서의 기능을 확실히 하고 있는 것을 구분하는 하나의 근거가 될 수 있다.

또한, '(-로) ᄒᆞ여곰'이 피사동주에게 행위를 하도록 만든다는 의미를 가진 한자 使, 令의 번역어이기 때문에 앞서 본 ②의 '(-로) ᄒᆞ여곰 + 일반 주동사'로서도 아래와 같이 충분히 사동의 의미를 표현할 수 있었다.

(32) ㄱ. 이제 셰뎨 나히 쟝ᄒᆞ고 영명ᄒᆞ니 만일 ᄒᆞ여곰 텽졍ᄒᆞ면 나라 일이
　　　가히 의탁이 이실 거시오 내 시러곰 ᄠᅳ즐 편안이 ᄒᆞ여 됴편ᄒᆞ리니
　　　<천의, 1 : 25b>
　　ㄴ. 몽윤ᄒᆞ다 헌븨 계ᄉᆞᄒᆞ야 봉휘 태구 취상 ᄉᆞ샹과 진유 명의 희셩시
　　　종하 등 노륙디뎐을 쎌니 왕부로 ᄒᆞ야곰 거힝ᄒᆞ믈 쳥ᄒᆞ온대 샹이 쳐
　　　음은 좃디 아니ᄒᆞ시다가 <천의, 4 : 31a>
　　ㄷ. 쥬현 관니롤 모도고 ᄒᆞᆫ 그릇 믈을 가져오라 ᄒᆞ야 ᄒᆞ여곰 팀의 글을
　　　믈속에 녀ᄒᆞ니 글지 낫낫티 플니이는디라 <종덕-하, 62b>

이처럼 '(-로) ᄒᆞ여곰'은 앞에 피사동주의 실현이 없어도, 또는 전형적인 사동법을 동반하지 않고도 그것이 나타난 문장을 사동 표현으로 만들어 주는 역할을 했다. 그러나 '(-로) ᄒᆞ여곰'이 항상 사동문에만 나타나는 것은 아니었다. 현대국어에서는 '하여곰'이 사동문에만 나타나지만 후기 근대국어 시기까지만 하더라도 주격이나 여격 등 다른 격을 대신해서 나타난 것이 보인다.

---

14) 앞서 밝혔듯이 전형적인 사동문은 사동주와 피사동주의 관계가 설정되고, 피사동주를 중심으로 하는 주동문의 상정이 가능한 것이어야 하므로 여기서 사동의 의미가 뚜렷하다고 하는 것은 피사동주의 존재가 확실한 사동문임을 의미한다.

(33) ㄱ. 그 즁의 우쥰ᄒ고 완만ᄒ야 그런 일도 홀 쥴 모로고 죄가 즁ᄒ 쟈ᄂᆫ
ᄒ야곰 더러온 거슬 쁘레질도 식이며 길 닥기도 식일지니 <이언, 4
: 48a>

ㄴ. 뉘가 너로 ᄒ여곰 사ᄅᆷ에셔 달읏타 ᄒ며 너가 밧지 온ᄂᆫ 외에 무어
시 이슬야 <셩교-고린도젼서, 4 : 7절>

ㄷ. 미도ㅣ ᄀᆞᆯ으디 내가 젼에 망녕된 싱각으로 그러케 말ᄒ 거슬 이제
후회ᄒ노니 하ᄂᆞ님ᄢᅥ 날노 ᄒ여곰 라득의 쳐와 ᄀᆞᆺ치 형벌은 아니
주셧스나 리치로 말ᄒ면 죄가 분간이 업도다 <쳔로-하, 131a>

ㄹ. 이제는 비록 날노 ᄒ여곰 스스로 강잉ᄒ며 스스로 힘쁘라 ᄒ나 강작
홀 도리 만무ᄒ 지라 <명의-상, 40b>

(34) ㄱ. 위장과 부장으로 더브러 안팟그로 슌라ᄒ여디라 ᄒ대 다 조츠시다
모든 대신이 존현각 합문이 엿허 간악ᄒ 놈으로 ᄒ여곰 엿보고 란
입ᄒ기 쉬오므로ᄡᅥ 챵덕궁에 환어ᄒ시믈 쳥ᄒ니 <속명, 1 : 4a>

ㄴ. 비로소 고올이 쥬림으로ᄡᅥ 들니니 이예 병침의 궐연이 니러안즈 더
욱 기리 멀믈 탄호라 만일 탐나로 ᄒ야곰 바다히 아니오 뉵지
되야 멀미 북도의 뉵진과 관셔의 칠읍의 굿친 즉 풍년과 흉년의 들
니미 엇지 이다지 더듸리오 <윤음(제주), 2a>

(33)은 '(-로) ᄒ여곰'이 여격을 대신해서 나타난 것으로 '-에게', '-더러',
'-보고' 등으로 바꿀 수 있다. 또한, (34)에서는 주격을 대신해서 쓰이고
있음을 볼 수 있다.

5. 후기 근대국어 사동 표현 3 : 무표지 사동

사동 접사나 '-게 하다'와 같은 보조 동사가 없이 사동으로 해석되
는 문장이 있다. 전후 문맥에 의한 것도 물론이거니와 문장 안에 확실
한 피사동주가 있어서, 일반 주동사가 오더라도 그것이 사동 행위임을
알 수 있다.

(35) ㄱ. 악훈 표양은 내암시 되여 사롬으로 ᄒᆞ여곰 졈졈 떠나 셔교의 거룩ᄒᆞ
　　　일홈을 훼방ᄒᆞᄂᆞ니 <셩직, 5 : 7a>
　　ㄴ. 한니블이 쇼삼보(蕭三保)와 야률튱(耶律忠)과 왕뉙(王㳆)로 ᄒᆞ여금 니
　　　셰로 더브러 셩듕의 가 화친ᄒᆞᄂᆞ 믈을 쇠츄(索取)홀 시 <낙무일, 54>
　　ㄷ. 졈한이 다만 좌우롤 지쵹ᄒᆞ여 술을 나오고 녕인(伶人)으로 ᄒᆞ여금 당
　　　대 풍뉴롤 나올 녕인으로 ᄒᆞ여금 광디 풍뉴롤 ᄒᆞ일 시 <낙무일, 67>

이러한 무표지 사동문에 대해 송창선(1996)은 'Ø 사동문'에 대한 기
존 연구를 언급하면서 이러한 문장이 사동 상황을 나타낸다고 해서 이
들이 반드시 사동 표현인 것은 아니라고 했다. 그러나 문맥이 없이도
문장만으로 사동을 나타낸다면 문장 내에 이러한 해석을 가능케 하는
요소가 있다는 것을 의미하며 이 요소가 눈에 보이지 않는 현상에 대해
서는 몇 가지의 해석이 가능하다.

첫째, 위와 같은 문장에서의 주동사를 사동 접사가 영형태로 실현된
것이라고 보는 것이다. 'Ø 사동문'이라고 부르는 것은 이러한 견해를 나
타낸 것이다. 둘째, 주동사와 사동사의 양용 가능성이다. 셋째, 사동의 문
법적 범주가 정형화되어 가는 단계에서 사동주와 피사동주가 명확하고
문맥이 허용될 때, 일반 주동사가 사동사를 대신할 수 있다는 가능성이다.

본고에서는 세 번째의 것이 후기 근대국어까지도 나타나는 무표지
사동문을 가장 잘 설명하는 것이라고 본다. 첫 번째와 같이 주동사가
사동 접사가 영형태로 파생된 형태라고 보는 것은 이론적인 가정에 불
과할 뿐 어떠한 설명도 해줄 수 없다. 두 번째의 주동사가 사동사도 되
고 사동사가 주동사도 된다고 보는 주동 사동 양용설의 경우 그렇다면
어떤 동사들이 양용 동사였는지 목록을 제시할 수가 없고 모든 동사가
그러했다고 할 수 없기 때문에 역시 수긍하기 어렵다. 본고에서는 세
번째와 같이 사동의 문법적 범주가 정형화 되어 가는 단계에서 일반 주
동사도 사동법의 기능을 할 수 있었다고 본다. 유경종(1995)에서는 아직

사동 형식이 충분히 발달하지 못한 단계에서 나타난 미분화 사동 형식이라고 하였으나 미분화라는 용어는 적당하지 않은 것이다. 분명, 후기 근대국어 시기에는 주동과 사동의 문법 영역이 있었고 그에 따른 표현 형식도 각각 있었으나, 피사동주의 존재를 확실히 나타내는 문장에서는 주동사로도 사동을 표현할 수 있었으며 이것은 사동 형식이 보다 문법적으로 정형화 되어 가는 단계에서 나타난 현상인 것이다.

이와 같은 견해는 국어에서 이런 현상이 비단 사동사의 경우에만 잠깐 나타난 것이 아니기 때문에 더욱 설득력이 있다.

> (36) ㄱ. 小兒의 胞胎를 驗홈애 收生婆로 ᄒ여곰 月數를 定驗ᄒ며 人形이 일웟거나 或 일우디 못홈을 定ᄒ야 문장에 다짐 바다 문안에 부티라 <무원, 2 : 3a>
> ㄴ. 이 무슴 ᄆᆞ음이뇨 저의 무리 또 ᄒ되 궁관의 온 실슈를 사획ᄒ야 무르면 일이 가히 일우리라 ᄒ니 <명의, 2 : 10b>
> ㄷ. 은을 만히 허비ᄒ야 제 족쇽 니인 된 쟈롤 교통ᄒ면 가히 일을 일우리라 ᄒ고 인ᄒ야 신의 지아비 셰복을 권ᄒ야 비셜방 고직을 ᄒ야 긔틀을 타 변을 짓고져 ᄒ니 <속명, 1 : 26a>
> ㄹ. 짝이 되게 ᄒ시고 특별이 셩춍을 혼비ᄒᄂ 쟈의게 더어 ᄒ여곰 부부의 친이롤 일우고 식욕의 유감을 막고 ᄌᆞ식을 나코 길너 션으로써 교훈ᄒ야 <성절, 80a>

위의 자료를 보면 '이루다'가 (36ㄱ~ㄴ)에서는 자동사, (36ㄷ)에서는 타동사, (36ㄹ)에서는 사동사로 쓰이고 있다. 현대국어에서 '이루다'는 타동사로 한정되어 쓰이지만 (36)에서 보는 바와 같이 후기 근대국어 시기까지 자동과 타동, 사동까지 두루 표현할 수 있었던 것으로 보인다. 즉, 자동, 타동, 사동 등 동사의 태에 관한 문법 영역은 후기 근대 시기까지도 문맥에 따라 넘나들 수 있는 여지가 있었던 것으로 보인다.

그러므로 세 번째의 관점으로 무표지 사동문을 본다면 현대국어에서 이러한 현상이 더 이상 나타나지 않는 이유를 현대국어에서는 사동의 문법 영역이 자리를 잡았기 때문으로 설명할 수도 있고, 아래와 같이 비슷한 사동문을 사동사 대신에 주동사로 표현하기도 하며, '-게 하다' 사동문 대신에 주동사로 표현하기도 하는 현상을 설명할 수 있다.

(37) ㄱ. 이륜음을 방빅거류지 신의게 하유ㅎ야 ㅎ야곰 각각 준힝ㅎ고 인ㅎ야
　　　국ㅈ쟝으로 ㅎ야곰 졔 싱의게 뵈고 경죠윤으로 방곡에 반포ㅎ고 박
　　　논 여러 칙이 헌어ㅎ기를 기드려 쏘호 경외에 션수하라 <윤음 15, 8a>
　　ㄴ. 흔일을 졀목을 일워 인ㅎ야 즉시 즁외/셔울과 싀골이란 말슴이라/에
　　　두루 뵈야 ㅎ여금 각각 길이 준힝ㅎ게 ㅎ되 풍흉의 범례 다르기와
　　　년월의 법뎨를 졍ㅎ기를 가히 ㅈ셰히 혜아려 구별ㅎ고 차등ㅎ지 아
　　　니치 못홀거시니 <자휼, 2b>
(38) ㄱ. 너희로 ㅎ여금 류산ㅎ야 가히 살 냥이면 내 엇지 너희를 잡으며 너
　　　희를 매야 류산치 말나 ㅎ리오마는 <윤음 9, 7b>
　　ㄴ. 져ㅈ란 거슨 놈의 고공이 되야 믈도 기르며 나모도 져 오히려 가히
　　　ㅈ뢰ㅎ야 살녀니와 아희들 어린거슨 이와 달나 몸을 ᄀ리우고 입을
　　　먹을 도리 스스로 힘쓸 길이 업서 울고 브르지져 살기를 비러도 가
　　　히 의지홀 곳이 업ᄂ니 <자휼, 1a>

(37)은 '준힝ㅎ다'라는 동사가 각각 무표지와 장형으로 사동문에 나타난 경우이며 (38)는 '살다'와 '먹다'라는 동사가 각각 '살리다', '먹이다'와 같은 명확한 사동사가 있음에도 불구하고 일반 주동사가 사동문에 나타난 경우이다.

　이러한 무표지 사동문은 출현 빈도도 적지 않게 나타난다. 무표지 사동문과 형태적 사동문, 통사적 사동문의 출현 빈도를 비교하고, 무표지 사동문의 출현 환경을 살펴보기 위해 18세기 윤음 16편을 조사하였는데 '-게 ㅎ다' 장형 사동문이 90회, 사동사를 사용한 사동문이 55회, 그리고 무표지 사동문이 24회 나타났다. 이로 미루어 볼 때, 무표지 사

동문이 후기 근대국어 시기의 사동 표현에 있어서 일정한 역할을 담당했다는 것을 확인할 수 있다.

6. 결론

지금까지 후기 근대국어 시기의 자료를 통해 이 시기의 사동 표현이 어떠한 양상을 보이는가를 살펴보았다. 현대국어에 바로 앞선 시기임에도 불구하고 국어의 사동 표현은 이 시기에 현대국어와는 다른 모습의, 아주 혼란스럽고 복잡한 변화를 겪고 있었다.

우선 현대국어의 사동법과는 다른 체계를 설정할 수가 있었는데 바로 무표지 사동의 존재 때문이다. 즉, 이 시기에는 현대국어와 마찬가지로 형태적 사동과 통사적 사동이 있었고 더불어 무표지 사동에 의한 사동 표현이 있었던 것이다. 무표지 사동은 후기 근대국어 자료에 적지 않은 빈도로 출현하면서 사동문의 기능을 분명히 하고 있으며, 필자는 이것에 대해 사동의 문법적 범주가 정형화되어 가는 과정에서 문맥에 따라 일반 주동사가 사동사를 대신한 것으로 보았다.

이 시기의 형태적 사동은 전 시기부터 있던 사동사의 경우 접사와 본래 동사와의 결합이 굳어지면서 단순 타동사화하면서 사동 의미를 전달하는데 충분치 못하게 되는 어휘들이 있었다. 한편으로는 사동 접사의 기능 상실과 사용상의 혼란이 생산성 감소를 초래하였고, 그 만큼의 기능 감소는 구조·의미적으로 사동문에 적합한 통사적 사동문의 확대로 이어졌다.

앞으로도 형태적 사동의 감소와 통사적 사동의 확대 사이의 유기적인 관계 및 후기 근대국어 시기의 사동에서 무표지 사동의 지위 등을 밝히기 위해 자료에 대한 좀 더 세밀한 연구가 지속되어야 할 것이다.

참고문헌

고영근. 1989. 「국어형태론연구」 서울대학교 출판부.

권재일. 1991. "문법변화의 두 방향." 갈음 김석득 교수 회갑기념논문집 「국어의 이해와 인식」 한국문화사.

권재일. 1991. "사동법 실현 방법의 역사." 「한글」 211.

권재일. 1998. "문법 변화의 한 양상. – 형태적 방법에서 통사적 방법으로." 「한글」 242.

김계곤. 1996. 「현대국어의 조어법 연구」 박이정

김석득. 1979. "국어의 피·사동." 「언어」 4-2 한국언어학회 .

김성주. 2002. "'-시키-' 동사의 유형과 국어의 사동문." 「국어국문학」 132

김일웅. 1978. "{이}사역문과 타동사문." 「눈뫼 허웅 박사 환갑기념논문집」 눈뫼 허웅 박사 환갑기념논문집 간행위원회.

김한곤. 1983. "이른바 '-이'사역·피동의 화용론적 조건." 「한글」 180.

김형배. 1995. "'-시키다'에 의한 합성적 사동법 연구." 「한말연구」 1. 한말연구모임.

김형배. 1997. "국어 사동사 파생법의 변천에 관한 연구." 「한말연구」 3. 한말연구학회.

김형배. 1997. "국어 파생 사동사의 역사적인 변화." 「한글」 236.

김형배. 1997. 「국어의 사동사 연구」 박이정.

류성기. 1998. 「한국어 사동사 연구」 홍문각.

박병채. 1989. 「국어발달사」 세영사.

배희임. 1988. 「국어피동연구」 고대민족문화연구소

서정수. 1996. 「국어 문법」 한양대학교출판원

송창선. 1994. "국어 {-이-}계 접미사의 타동화 기능 연구." 경북대 대학원 박사학위 논문.

송창선. 1996. "근대국어의 사동·피동 표현 양상 연구." 「문학과 언어」 17. 文學과 言語研究會.

송창선. 1998. 「국어 사동법 연구」 홍문각.

안병희·이광호. 1990. 「중세국어문법론」 학연사.

연재훈. 1989. "국어 중립 동사 구문에 대한 연구." 「한글」 203.

유경종. 1993. "근대국어 피·사동 유형과 무표지 피·사동 연구." 「한양어문」 11. 한국언어문화학회.

유경종. 1995. "근대국어 피동과 사동 표현의 연구." 한양대학교 대학원 박사 학위논문.

이관규. 2003 「학교문법론」 도서출판 月印.

이상억. 1970. "국어의 사동, 피동구문 연구." 「국어연구」 26. 국어연구회.

이익섭·임홍빈. 1983. 「국어문법론」 학연사.

이정택. 1997. "17세기 국어의 피·사동법 연구." 「국어교육」 한국어교육학회.

최동주. 2000. "국어 사동구문의 통시적 변화." 「언어학」 27. 한국언어학회.

최현배. 1971. 「우리말본」 정음문화사.

허 웅. 1975. 「우리옛말본 : 형태론」 샘문화사.

허 웅. 1995. 「20세기 우리말의 형태론」 샘문화사

홍윤기. 1999. "개화기 국어 사동법 연구 : 독립신문 전산 자료를 중심으로." 「인문학 연구」 경희대학교 인문학 연구소.

홍종선 엮음. 1998. 「근대국어 문법의 이해」 박이정.

후기 근대국어의 존대법

– 객체존대법의 소멸과 청자존대법의 발달을 중심으로 –

|김현주|

1. 서론

선어말어미에 의해 표현되는 문법 범주 가운데 세계에 대한 화자의 태도를 표현하는 것을 서법이라 이르고(Bybee, 1985; 고영근, 1986), 이 가운데서 대인관계의 친소·상하를 나타내는 것을 대우법이라고 부른다. 대우법은 크게 존대와 하대로 갈리며, 후기 중세국어를 기준으로 존대를 나타내는 서법은 다시 {-시-}[1])에 의해 표현된 주체존대, {-ᅀᆞᆸ-}에 의해 표현된 객체존대, {-이-}에 의해 표현된 청자존대의 셋으로 나뉜다.

이 가운데 현대국어에서도 굴절적[2]) 형태소로서 쓰이고 있는 것은

---

1) 형태소에 대해서는 '{ }'를, 이형태에 대해선 '/ /'를 이용하였다. 형태소보다 큰 단위이거나 단순한 인용을 위해서는 작은따옴표(' ')를 사용하였다. 큰따옴표(" ")는 해당 어형이 문헌의 본형태(form)가 아니라, 현대적 풀이이거나 해석임을 표시하기 위해 사용하였다.

2) 형태 유형론에서 말하는 교착어나 고립어 등에 관련된 용어가 아니라, 문법적 의미가 실현되는 방법의 하나로 파생·어휘·우언적 등에 對가 되는 개념인 굴절을 의미한다.

{-시-}뿐이다. 물론 {-시-}의 쓰임에 변화가 전혀 없는 것은 아니지만, {-습-}의 변화에 비해, 그리고 {-습-}의 변화와 관련된 {-이-}의 변화에 비해 형태・통사적인 변화의 정도는 상대적으로 미미한 편이다. 특히 {-이-}는 통사・의미적으로 거의 변화를 입지 않았다. 다만 {-습-}의 기능 변화의 결과 {-이-}와의 의미적인 변별도가 떨어지고 관련성3)이 높아져, 두 단위는 하나의 단위로 인식되어가며 그 과정에서 형태적인 약화를 겪게 된다. 따라서 본고는 주로 {-습-}이 기능(의미)4)과 형태가 어떻게 바뀌었는가를 살필 것이고, 이와 관련지어 {-이-}의 변화도 살필 것이다.

　본격적인 논의에 들어가기에 앞서 변화를 살피기 위해서는 비교의 기준이 필요한바, 후기 중세국어와 전기 근대국어에 나타나는 {-습-}과 {-이-}의 특징을 간단하게 언급하고 본론으로 들어가도록 하겠다.

2. 후기 근대국어 이전의 존대법

2.1 후기 중세국어의 존대법

　후기 중세국어의 {-시-}가 화자가 명제의 주어에 대한 존대를 표현할 때 쓰였다는 점과, {-이-}가 화자가 청자에 대한 존대를 표현에 쓰였

---

3) 관련성(relatedness)은 형태・의미적으로 유사한 정도를 가리키는 용어이다. Bybee (1985)에 의하면 서로 구분되는 두 패러다임이 관련성이 높아지면, 즉 의미적인 변별도가 낮아지면, 두 패러다임은 하나의 패러다임으로 묶이게 된다.
4) 언어 단위에서 형태소는 최소의 유의미한 단위이다. 어휘형태소나 기능형태소 나 모두 의미를 지니고 있다. 다만 둘을 구분하기 위해 각각 어휘의미와 기능 의미 혹은 의미와 기능으로 나누어 부르기도 한다.

다는 점에 대해서, 그리고 이것이 현대국어의 '습니'의 '니'에까지 이어
진다는 점에 대해서는 거의 이견이 없는 듯하다. 그러나 {-습-}의 기능
과 의미 파악에는 이견이 존재한다. 특히 {-습-}이 문장의 객체에 해당
하는 존재에 대한 높임을 나타내기 위해 사용되었다는 데에는 대체로
의견수렴이 이루어지고 있으나 높임을 표하는 존재에 대하여는 견해가
둘로 갈린다. 하나는 문장의 주체가 높임을 표현하는 것이라는 입장이
고 다른 하나는 화자가 높임을 표현한다는 입장이다5).

이러한 두 견해는 모두 자료적인 근거를 가지고 있어 어느 한 쪽만
을 택하여 {-습-}을 설명하기 어렵다. 그런데 이 둘을 모두 포용할 수
있는 새로운 해석을 석주연(2004.6)에서 찾을 수 있다6). 이를 수용하여
본고에서는 {-습-}이 표현하는 존대 관계에서 존대하는 존재는 명제의
주체이지만, 화자와의 시점이 일치되어야 하는 것으로 판단한다.

요컨대, 후기 중세국어에서 {-습-}은 화자가 명제의 주체 입장에 서
서 명제의 객체에 대해 존대를 표현하는 기능을 가지고 있었다. 이 시
기에는 {-습-}과 {-시-}, {-이-}는 형태론적으로 서로 확실히 별개였으며,
{-습-}이 선어말어미 가운데 어간에 가장 먼저 결합한 것에 반해 {-이-}
는 가장 나중에 결합하였다.

---

5) 본고에서는 존대라는 것이 '주체의 겸양에 의해 상대적으로 겸양의 대상이 존
대되는 것'인지 아니면 '대상을 높이는 것'인지를 따로 구분하지 않는다. 주체
의 겸양이든 대상의 존대든 언어 표현의 현실적 결과는 존대의 주체는 낮아지
고 대상은 높아지기 때문이다. 즉, 이 두 견해의 차이는 같은 상황과 같은 시점
에서 초점을 어디에 두느냐에 따라 달라지는 것이다. 존대 상황에서 존대를 표
현하는 존재에 초점을 두고 보면 존대 상황은 겸양에 의해 표현되는 것으로 이
해될 것이고, 존대를 받는 존재에 초점을 두고 보면, 높임으로 이해될 것이다.

6) 석주연(2004.6)에서는 {-습-}과 {-오-}의 출현 조건 중 하나로 주어와 화자의 시
점 일치를 들고 있다. 필자는 이를 완전히 부정할 만한 다른 예들을 찾기 힘
들었다.

2.2 전기 근대국어의 존대법

{-숩-}은 전기 근대국어에 들어 많은 변화를 겪게 된다. {-숩-}의 중요한 변화는 대체로 전기 근대국어에서부터 본격적으로 일어나 전기 근대국어 말미에 대체로 완성되었다고 볼 수 있을 정도이다. 그 와중에 {-숩-}과 {-이-}는 형식적으로 기능적으로 가까운 단위가 되어간다. 반면 {-시-}는 如一하게 화자의 주어에 대한 존대표현으로 쓰인다.

전기 근대국어 시기에는, 문헌의 출간 시기에 따라서가 아니라 문헌의 종류에 따라 {-숩-}의 변화 정도가 갈리는 것이 관찰된다[7]. 初刊「捷解新語」에 기록된 언어가 당대의 다른 자료들과 비교해 볼 때 국어사의 전반적인 흐름에서 상당히 앞서 나가 있는 것을 확인할 수 있다. {-숩-}의 전체적 기능, 결합관계와 그 분포 등 모든 면에서 초간「捷解新語」의 {-숩-}은 좀 더 현대국어에 근접해 있다. 반면 重刊「杜詩諺解」등의 문헌에서는 후기 중세국어와 비교하여 {-숩-}의 결합관계나 분포 등의 변화가 확연하게 관찰되지는 않는다. 그리고 이 양자 사이에 배열될 수 있는 서간이나 일기 등 중간적 성격의 문헌들도 존재한다. 다만 {-숩-}으로부터 <줍>[8]이 형태론적으로 이탈하는 현상은 문헌을 가리지 않고 확연하게 확인이 되었다. <줍>은 {묻-}, {받-}, {열-} 등의 특정 어휘에만 주로 결합하여 해당 어휘의 의미에 [객체 존대]라는 의미가 더해지는 새로운 어휘를 만들어 내기에 이른다. 그 결과 {열-}에 <줍>이 결합한 {열줍-}처럼 본 어휘와 다른 어휘로 인식되기에 이르기도 한다.

{-숩-}의 쓰임새는 점차 청자존대로 변해 가는데 그 과정은 특정한

---

7) 이는 17세기에 이르러 조선의 사회·문화가 크게 변하여, 다양한 계층이 문자 생활에 참여하게 되는 역사적 사실과 무관하지 않을 것이다.

8) /줍/, /ᄌᆞ오/, /ᄌᆞᇦ/, /쯉/, /쯔ᇦ/를 아울러 <줍>으로 표기하겠다. <옵>, <숩>도 마찬가지 방식이다.

맥락 아래에서 나타나는 {-습-}의 이의(異義)가 일반화되는 과정을 통해 이루어진다. 그 맥락이란 '화자=명제의 주어의 외연(주체)', '청자=명제의 객체의 외연(객체)'인 경우이다. 그 변한 결과는 初刊 「捷解新語」가 잘 보여주며, 初刊 「捷解新語」에 나타나는 {-습-}의 분포를 통해서 {-습-}의 기능 변화의 맥락적인 조건을 추리할 수 있다. 즉, 初刊 「捷解新語」에서는 '습늬' 혹은 '습ᄂᆞ이9)', 'ᄉ외' 혹은 'ᄉ오이' 등의 예가 빈번히 발견되며, 이러한 결합체들에서 {-습-}과 기원적으로 청자존대 선어말어미인 {-이-}가 공통적으로 추출된다. 이러한 결과에 이르는 {-습-}의 기능 변화 과정을 서간문과 일기 등의 자료들이 보여준다. 서간문과 일기 자료를 통해 존대하는 존재가 문장의 주어에서 화자로 옮겨가는 현상이 먼저 일어나고 이후 존대받는 존재가 문장의 객체에서 청자로 옮겨 간다는 것을 알 수 있다. 그 과정에서 '습늬', 'ᄉ외' 등 {-습-}과 청자존대 선어말어미의 결합체가 하나의 의미 단위로 인식되어 가는 절차가 설명된다. 즉, {-습-}이 특정 맥락에서 {-늬-} 등의 청자존대 선어말어미들과 관련성이 높아지게 되어 둘의 기능의 구분이 어렵게 되는 현상을 살필 수 있다. 또한 같은 방식으로 '옵시'가 하나의 기능 단위로 인식되어 가는 과정도 설명이 된다. 즉 비행위자역 논항을 주어로 취하는 1항 술어가 쓰인 문장의 특정 맥락에서 {-습-}의 이의(異義)가 {-시-}와 같아지게 되어 두 선어말어미의 관련성이 높아지게 되고 이는 둘의 기능적인 구분을 어렵게 한다10).

---

9) /늬/의 /ᄂ/는 더 이상 현재시제 형태소로서 기능하지 않은 것으로 보인다. 현대 국어 '습니'의 '니'도 이 /늬/로 소급된다. 자세한 논의는 서정목(1990, 1993) 참조.
10) 주어가 행위자가 아니고 비행위자(수동자)인 구문이 존재한다. '싹이 돋다' 등이 그러한 경우이다. 이런 구문에 쓰인 {-습-}에 의해 존대 받는 존재는 주어의 외연이다. 결국 {-시-}와 쓰임이 같아지게 된다. 이런 점에 근거하여 拙著(2005)에서는 {-습-}에 의해 존대 받는 대상을 범주화하자면, 객체가 아니라 비행위자 의미역이 할당되는 논항의 외연이라고 주장하였다.

{-습-}과 관련된 선어말어미 결합 순서 변화에 대해서는 크게 두 가지를 지적할 수 있다. 첫째, {-습-}은 '시웁' 등의 어형에서처럼 {-시-} 뒤에 결합하게 된다. {-습-}의 기능이 변하여 명제 내부의 두 논항과의 연관성을 잃게 되므로 명제에 대한 상관성이 약화되며 이는 {-습-}보다 명제에 대한 상관성[11]이 높은 다른 선어말어미가 {-습-}에 선행하여 결합할 수 있다는 뜻이다. 명제의 주어와 관련되어 있는 주어존대 선어말어미 {-시-}도 그 조건을 만족하고 있다. 둘째, '-시-엇-습-'의 결합 순서가 발견된다. 부동사적 용법으로부터 발달한 {-엇-}이 {-습-}에 선행하는 것은 당연하지만 {-시-}에 후행하는 것은 상관성과는 별개의 원인을 갖고 있다. 즉, {-엇-}의 발달 과정에서 {계시-}가 {이시-}와 같은 절차를 밟을 수 없으므로[12] '-시- + -엇-'이라는 결합 순서가 나타날 수밖에 없게 된다. 이러한 과정을 거쳐 '-시-웁-'이나 '-시-엇-습-' 등의 어미 연쇄가 나타나게 된다.

3. 후기 근대국어의 존대법

후기 근대국어에 들어서도 {-시-}는 본래의 기능을 거의 그대로 유지한다. 그러나 {-이-}는 독립적으로 쓰이는 경우는 거의 찾아 볼 수 없고 {-더-}나 {-습-}, 'ᄂ' 등과 결합하여 쓰인 경우가 대다수이다. 특히

---

11) 상관성이란 한 요소가 다른 요소에 미치는 의미적인 영향의 정도성이다. 어간에 대한 굴절요소의 상관성이 높을수록 굴절요소가 어간에 가깝게 나타나는 것은 범언어적으로 공통된 속성이다.

12) '-어〕〔잇-'은 새로운 문법범주 {-엇-}으로 발달할 수 있지만, '-어〕〔계시-'는 형식적인 축약이 어려울 뿐만 아니라, 새롭게 등장하게 될 과거시제를 나타내는 굴절 형태소가 〔+존대]의 의미를 따로 지니는 대립쌍을 가질 필요나 가능성은 거의 없다.

'ᄂ'와 결합한 {-니-}, {-ᄂ이-}는 청자존대 형태소로 파악하여도 무리가 없을 정도이다[13]. '비나이다' 같은 예스런 현대어 표현에도 '니'의 쓰임을 확인할 수 있다. {-습-}도 마찬가지로 점차 하나의 독립된 형태소로서의 지위를 잃어가고 있다. 이는 전기 근대국어의 初刊「捷解新語」에서도 확인되며 후기 근대국어에서는 더욱 심해진다.

{-이-}는 형태적으로 다양한 변화 양상을 보인다. {-이-}가 /이/나 /잇/의 형태로는 이미 전기 근대국어에서부터 나타나지 않았는데, 이는 [ŋ]로 추정되는 /ᅌ/이 어두에 오지 못하게 되는 음운체계 상의 변화의 결과에 기인한다. 그 결과 {-이-}는 /이/나 /ㅣ/의 형태로 주로 쓰이게 된다. 특히 중세국어에서 현재시상을 나타내던 선어말어미 {-ᄂ-}와 결합한 {-니-}, {-ᄂ이-}는 현재시상이 아닌 경우에도 쓰였으며, 청자존대의 기능을 나타내었다. 이 {-ᄂ이-}는 현대어에서는 '습니'의 '니'로 줄어들게 된다. 또, 회상의 {-더-}와 결합하여 '더이'의 형태로도 자주 쓰였다. 이 '더이'는 현대어에서 '데', '디'로도 쓰인다.

(1) ㄱ. 이 境界을 當ᄒ오와 無記空의 디ᄂ니다 <존설, 참선곡, 4b>
    ㄴ. 토막지어 구으면 마시 죠ᄒ니다 <규합, 9b>
    ㄷ. 저픈 ᄆᆞᆷ 싱젼 이셔 편ᄒᆞᆫ 날이 젼혀 업니 <존설, 9a>
    ㄹ. 신을 보내야 주문ᄒ라 ᄒ더이다 <무목, 칠, 154>
    ㅁ. 빙빙의 불효ᄒᆞ미 더옥 분명ᄒᆞ더이다 <빙빙, 삼, 112>
    ㅂ. 덕을 감득ᄒᆞ미 혜아림 업다 ᄒ데다 <권념, 23b>[14]

그런데 현대어 '-습니-'와 '-습디-', 혹은 '-니?', '-디?'에서 보이는 '니'와 '디'의 대조를 통해 '니'와 '디'를 하나의 단위로 보지 않고 이 속에서 {-이-}, '더', 'ᄂ'를 떼어 내고, '더'와 'ᄂ'의 기능이 대립한다고

---

13) {-이-}의 변화에 대한 자세한 논의는 서정목(1990, 1993) 등을 참조하라.
14) 전기 근대국어 말기의 자료.

주장할 수도 있겠지만, 이러한 주장은 아래와 같은 예를 설명해야 하는 부담을 안게 된다.

(2) 죽은 스람의 셩명은 운종이오 공주는 운긔라 후더니다 <이봉, 57>

이 예에서처럼 '더'와 '노'는 대립하는 요소가 아니다. '노'와 '이'가 결합한 '니'는 청자존대를 표현하는 데만 쓰이는 것으로, '노'가 현재시 상을 나타내는 것은 아니다[15]. {-이-}는 다른 선어말어미들과의 관계에 있어서 독립된 요소로 나타나는 환경은 극히 축소되고 후기 근대국어의 후기로 가면서 단독으로는 쓰이는 예는 점차 사라진다. 다만, 후기 근대 국어의 초기에는 평서형 어미에서만 다수 발견된다.

(3) ㄱ. 굴오더 그러후이다 <종덕, 하, 2b>
   ㄴ. 대인의 소견이 극히 맛당후이다 <무목, 십, 208>

기능과 관련하여, 청자존대 선어말어미 {-이-}의 형태적 약화는 새로 운 청자존대 형태의 유입 때문일 뿐, {-이-}이 청자존대의 기능을 나타 내지 않는 것은 아니다.

그리고 후기 근대국어에 들어 객체존대는 서법 범주로서는 거의 실 제적인 쓰임이 발견되지 않고, 반면, 기존에 객체존대를 나타내던 선어 말어미 형태들은 다른 존대법 선어말어미들과 결합하여 청자존대나 주 어존대를 나타내게 된다. 이러한 변화는 주로 본래 객체존대법을 담당 했던 {-습-}의 극적인 변화에 기인하는 것이다. 위에서 짧게 살핀 {-이-}

---

15) 그러나 이 말이 '니'가 '노'와 '이'로 분리될 수 없다는 말은 아니다. 다만 둘의 차이는, '이'만 쓰이는 경우보다 '노'와 '이'가 같이 쓰인 경우가 좀 더 청자존 대의 정도가 강하다는 데에 있다.

의 변화를 포함한, 후기 근대국어에서 나타나는 존대법 선어말어미의
여러 변화는 대체로 {-습-}의 변화와 관련이 되는바, 이제부터 {-습-}의
기능 변화를 살피고 이어서 이 변화에 의한 존대법 선어말어미들 사이
의 결합 양상 변화를 두 소절에 걸쳐 논할 것이다.

4. 후기 근대국어 {-습-}의 기능 변화

4.1 객체존대의 쓰임을 유지하는 {-습-}

18세기 후반의 몇몇 불경에서는 {-습-}이 객체존대의 기능을 유지한
채로 쓰이고 있다. 그러나 그 중에 /ᄋᆞ오/에서 변한 /오/가 청자존대의
기능으로 쓰이고 있는 예들이 발견된다.

> (1) ㄱ. "부텻 말숨 듯습고 즉제 신슈 ᄒᆞ오려니와" <지장, 상, 6b>
> ㄴ. "셰존하 디장보살이 여러 겁부터 오매 각각 얻던 원을 발ᄒᆞ시관더
> 이직 셰존에 부즐어니 찬란ᄒᆞ시믈 닙습ᄂᆞᆫ닝고" <지장, 상, 23b>
> ㄷ. 나한이 어엿비 너겨 방변을 작ᄒᆞ야 광목을 권ᄒᆞ야 닐으되 "네 정성
> 으로 청정 년화목 여리롤 넘ᄒᆞ습고". <지장, 상, 26a>
> ㄹ. ᄒᆞᆫ 보살 이시되 일호미 보광이러시니 합쟝 공경ᄒᆞᆺ와 부텨ᄭᅴ ᄉᆞ로
> 샤터 "셰존이 디장보살의 일런 블가스 대위신덕 계신돌 찬탄ᄒᆞ거
> 신을 보ᄉᆞ오니" <지장, 중, 5b>
> ㅁ. "즁싱이 부텨의 말올 머리로 저습케 ᄒᆞ쇼셔" <지장, 중, 6a>
> ㅂ. 집을 폴라 향화와 공양홀 건둘홀 너비 구ᄒᆞ야 부텨 탑스의 ᄀᆞ장 공
> 양ᄒᆞ옵쩌니 <지장, 상, 9a>

(1ㄱ)은 "문수사리"가 "부처"에게, (1ㄴ)은 "한 보살"이 "부처"에게 말하
고 있는 상황으로 여기에 쓰인 /습/은 청자존대로 파악될 수 있다. 그러

나 명제에 나타난 논항 관계를 따져 봤을 때 비행위자 논항에 대한 행위자 논항의 존대를 나타내므로 전형적인 객체존대로도 파악될 수도 있다. (1ㄱ)의 첫 번째 술어인 '듯-'의 객체는 '부텻 말숨'이고 (1ㄴ)의 술어 '닙-'의 객체는 "지장보살이 세존에게 찬란하심을 입음"이라는 내용의 절이어서 각 명제의 주체에게 존대의 대상이 될 수 있다. (1ㅁ)의 화자는 "보광"이고 청자는 "부처"이며 술어에 대한 객체는 '부텨의 말'이어서 {-숩-}의 쓰임새는 객체존대와 청자존대 모두로 파악될 수 있다. 그러나 (1ㄷ, ㅂ)은 이 문헌에서 {-숩-}이 청자존대가 아니라 객체존대로 쓰인다고 판단토록 한다. (1ㄷ)은 '나한'이 '광목'에게 이야기하고 있는 상황으로 청자존대가 쓰일 상황이 아니고 술어인 '넘후-'의 객체는 '여리'여서 객체존대로 해석될 수밖에 없는 상황이다. (1ㅂ)의 화자는 집필자고 청자는 익명의 독자이며 술어 '공양후-'의 객체는 '부텨 탑ㅅ'여서 여기서도 /옵/은 객체존대로 파악된다.

　　그러나 {-숩-}의 모든 이형태에 대해서 그 의미가 객체존대라고 볼 수 있는 것은 아니다. (1ㄱ)의 '후오려니와'에 대한 객체 논항은 화자 자신의 '신수'(身修)로 여기에서 /오/(< 우오)는 객체존대의 의미로는 파악되기 어렵고 담화 상의 청자에 대한 존대를 나타내는 것으로 볼 수 있다. 그러나 (1ㄹ)의 /ㅅ오/를 청자존대로 판단하기 어렵다. 아래의 예를 보면 이는 더욱 명확해진다.

　　(2) 광목이 듣고 즉재 ㅅ랑후믈 ㅂ려 불샹을 그리고 공양후ㅅ와 공경 무움
　　　　을로 슬허 울며 절후옵더니 <지장, 상, 26a>

이 예문은 (1ㅂ)과 같은 이유로 /ㅅ오/의 쓰임새는 객체존대이다.

　　이처럼 예문들에서 {-숩-}의 의미 파악에 어려움이 있었던 이유로는 우선 예문이 대화 상황인데다가 화자와 주체가, 청자와 객체가 일치했

다는 점을 들 수 있다. 앞서 언급한 것처럼 '화자=주체', '청자=객체'일 경우에 인지적인 혼동으로 인해 {-숩-}의 기능변화가 유발된다는 점과 같은 이치이다. 다른 이유는 언어가 균형을 이룰 것이라는 선입관 때문이다. 즉, 기존의 {-숩-}의 모든 이형태가 같은 기능을 할 것이라는 생각을 갖고 있기 때문이다. 하지만 언어의 변화가 그렇게 단순하지는 않는 것 같다.

(2)의 /스오/는 많은 점을 시사해준다. 음운론적으로 /ㅎ/ 뒤에 {-숩-}이 교착할 때는 /ᄋᆞ오/로 교체되어야 하나 (2)에서는 /스오/로 교체되었다. 이런 예들이 퍽 많이 관찰이 된다.

> (3) ㄱ. 뎨셕이 셰존ᄭᅴ 쳥ᄒᆞ스오ᄃᆡ <지장, 상, 1a>
> ㄴ. 문득 밤후에 꿈메 부텻 몸을 보ᄉᆞ오니 <지장, 상, 26a>
> ㄷ. 부텨ᄭᅴ ᄉᆞ로샤ᄃᆡ "이지 셰존이 디장보살의 일런 블가스의 대위신덕 계신돌 찬탄ᄒᆞ거시신을 보ᄉᆞ오니 원ᄒᆞ숩ᄂᆞ니 '졔존이 미러 셰 말법 즁 싱 위ᄒᆞ야…'…" <지장, 즁, 5b>

이는 음운론적인 조건이 무시된 잘못된 쓰임으로 {-숩-}의 의미변화에 관련된 세 가지 사실을 시사한다.

우선, /읍/과 /(ᄋᆞ)오/가 이미 일상적 구어에서는 객체존대가 아니라 청자존대라는 인식이 깊이 잡았을 것이라는 점이다. 그렇기 때문에 음운론적인 조건을 따른다면 /읍/이나 /ᄋᆞ오/가 나타나야할 자리에 /숩/이나 /스오/를 쓴 것이다.

둘째로는 일상에서는 객체존대가 더 이상 {-숩-}을 통해 생산적으로 표현되지 않았다는 것이다[16]. 아래의 文例도 이를 뒷받침해준다.

---

16) 생산적으로 {-숩-}이 객체존대를 나타냈다면 음운론적으로 조건된 교체형이 잘못 나타날 가능성은 매우 희박할 것으로 예상된다.

(4) ㄱ. 죠고만 의심 일이 이셔 셰존끠 묻습ᄂ니 <지장, 중, 20b>
　　ㄴ. 불승끠 받ᄌᆸ디 몯ᄒ야셔 <지장, 중, 19a>

이 문헌에서는 {듣-}, {받-} 뒤에서만 제대로 /ᄌᆸ/이 실현되고 있다[17]. 이는 '듣ᄌᆸ-'과 '받ᄌᆸ-'이 독립된 어휘로 인식되고 있음을 반영하는 것이다. 반면 (4ㄱ)에서 내용상 객체존대라는 /습/의 기능이 적절하게 표현되었다고 해도 음운론적인 조건을 만족하지 못하고 있으므로 여기에서도 객체존대의 의미로는 생산적으로 쓰이지 않는 {-습-}을 의도적으로 결합시킨 것임이 확인된다. 이런 특징은 「闡義昭鑑諺解」, 「閑中錄」, 「明義錄諺解」 등에서도 발견이 된다.

(4′) ㄱ. 우리 뎐하롤 쪄 돕ᄌᆞ오시고 <천의, 진천의쇼감차ᄌᆞ, 2a>
　　ㄴ. 셩춍이 … 유루ᄒ시ᄂ 일이 업ᄌᆞ오시니 <명의, 하, 존현각일긔, 23b>
　　ㄷ. 셩쉬 놉ᄌᆞ오시니 <한중, 310>

(4′)의 예들에서 {-습-}은 객체존대로 쓰이고 있다. 그러나 이 예들에 나타난 {-습-}은 원래 /습, 스오/로 표현되어야 하나 /ᄌᆸ, ᄌᆞ오/로 표현된 바, 이를 통해 후기 근대국어에 와서는 객체존대가 적어도 /ᄌᆸ, ᄌᆞ오/에 의해서는 실현되었으며, /습, 스오/는 객체존대를 표현할 수 없었다고, 다시 말해 '청자존대'를 표현했다고 추측할 수 있다. 선행 어간의 마지막 음이 /ㅂ/일 경우 {-습-}은 /습, 스오/의 이형태로 교체해야 하는데, /ᄌᆸ, ᄌᆞ오/가 쓰이고 있으므로 앞의 다른 예들을 통해 볼 때 분명 /습, 스오/의 의미는 이 시기에 상당한 경향성을 가지고 청자존대를 표현하는 단위로서 사용되었던 것이라고 추측할 수 있다.
　　마지막은 <ᄌᆸ>이 객체존대의 쓰임새를 갖긴 하나 더 이상 {-습-}의

---

17) '열-'을 언급하지 않은 것은 이 문헌에서 '열-' 자체가 쓰이지 않았기 때문이다.

이형태인 굴절적인 교착요소로 쓰일 수 없게 되었다는 것이다. 즉 /줍, 즈오/가 쓰인 예는 모두 객체에 대한 존대의 의미를 나타내고 있어 후기 중세국어에서와 같은 기능을 유지하고 있는 것에 비해, 앞서 든 예들에서 {-숩-}에 의한 객체존대 표현이 음운론적인 조건을 무시하고 /습, 스오/, /옵, ᄋ오/, /줍, 즈오/ 등으로 불규칙적으로 표현되고, {-숩-}과 '옵'은 청자존대를 나타내기도 하여, 객체존대를 나타내는 {-숩-}이라는 하나의 형태소를 설정하기 어렵게 된 것이다. 게다가 위의 의도적이고 의고적인 표현이 아닌 일상적인 예들에서 객체존대의 의미를 나타내는 <줍>은 일부 어휘에 국한하여 결합하므로, 다시 말해 일반성이 낮아졌으므로 굴절적 요소라고 보기가 어렵다는 것이다. 이에 대해서는 아래에서 잠시 더 이야기를 하겠다. 결과적으로 이러한 발견을 통해 {-숩-}이라는 형태소가 사라지고 있음을 알 수 있다.

> (5) 챵집이 골오디 이제 국셰 고위ᄒ고 인심이 파탕ᄒ거눌, (ㄱ) 셩샹이 츈ᄎᆔ 뎡셩ᄒ오시되 오히려, (ㄴ) 져시 업스오시니, (ㄷ) 죵샤의 근심이 이예셔 큰 거시 업스오되 스톄 듕대ᄒ야 이제 니룩히 말숨을, (ㄹ) 못ᄒ엿습더니, (ㅁ) 뎌간의 말이 지극히 맛당ᄒ오니 뉘 감히 다른 뜻이 이시리잇가 <천의, 1, 2b 3a> … 므슴 망급ᄒ 허믈이, (ㅂ) 잇스오리잇가마논 <천의, 1, 13a> (','는 필자가 삽입.)

이 예문에서 {-숩-}의 의미는 다양하게 해석될 수 있다. 청자는 임금이므로 {-숩-}은 모두 청자존대로 해석될 수도 있다. 또한 (5ㄱ, ㄴ, ㄷ, ㅂ)의 술어는 모두 비행위자 논항을 주어를 취하는 1항 술어들이고 논항도 임금과 관련된 것들이다. 따라서 이 술어들에 결합한 {-숩-}의 의미가 객체존대라고 판단할 수도 있다. (5ㄱ)은 "임금의 나이"가 (5ㄴ)은 "왕자"가 (5ㄷ)은 "임금에게 왕자가 없다는 일"이 (5ㅂ)은 "임금이 내린 성지의 허믈"이 존대를 받을 수 있는 논항이 된다. 그러나 (5ㄹ, ㅁ)의 객체 논항은 신하들의 '말'로서 존대의 대상이 된다고 보기는 어렵다.
이는 아래의 예들을 통해서도 확인이 된다.

> (6) ㄱ. "봉휘의 말이 대개 졔신을 셩죄ᄒ고 됴져롤 망타ᄒᄂ 계교의 낫ᄉ오
>   니…" <천의, 1, 13a>
>   ㄴ. 홍언이 알외되 "긔혹ᄒ온 등 모발이 늠연ᄒ다 말은 나두동의게 듯습
>   고 졀의 늠늠이라 말은 쏘호 뉴뎐ᄒᄂ 디 듯습고 역경과 젹회 텅신
>   아니ᄒ고 진실라 일ᄏ단 말은 나슝훈의 두 아ᄋ 슝의 슝열의게 듯습
>   고…" <천의, 3, 9b>
>   ㄷ. "…이믜 이 무리 악역의 ᄆ옴이 니ᄅ디 아니ᄒᆫ 배 업ᄂ 줄을 아라습
>   더니 이제 일경의 샹소 말노 ᄡᅥ 보오니 그 ᄆ옴의 잇ᄂ 배 더옥 명
>   약관화 ᄲᆞᆫ 아니라 제 비록 딘차ᄒᆫ 대신 쳥죄ᄒ기로 ᄡᅥ 의탁ᄒᆞᆺᄉ오
>   나 그 노목 교아ᄒᆫ 배 과연 견혀 딘차일관의 잇ᄂ니잇가" <천의, 1,
>   47>

(6ㄱ)의 '낫-' 역시 행위자가 아닌 주어를 취하는 동사이며 논항은 '봉휘
의 말'이고, 화자는 '챵집'이라는 신하이고 청자는 "임금"이다. 화자에게
존대의 대상은 청자밖에 존재하지 않는 문장이다. (6ㄴ)은 '홍언'이 상관
의 명령으로 "죄인"을 문초하고 그 결과를 알리는 상황으로 존대의 대
상은 역시 청자인 상관밖에 없다. (6ㄷ)도 마찬가지이다. 신하가 임금에
게 "악한 세력"에 대해 말하는 상황으로 화자의 입장에서 존대의 대상
은 청자밖에 없다[18]. 그러나 역시 객체존대로 사용되는 경우도 있다.

> (7) ㄱ. 종샤의 위탁ᄒ오미 <천의, 1,27a>
>   ㄴ. 우리 경묘의 셩덕 지션ᄒ오심 <천의, 1,27a>

---

18) 이미 언급한 것이지만, 존대법에서 '화자'의 위치가 상대적으로 낮아지는 것은
   무표적인 현상이다.

(7)이 그런 예들인데, 대체로 명사절을 이끄는, 주어의 의미역이 비행위
자역인 동사에 {-숩-}이 결합한 경우에 그런 경향이 강하게 나타나는
것으로 보인다. 그러나 전체적으로 <줍>을 제외한 {-숩-}은 청자존대
로 쓰인 경우가 많다. 이와는 대조적으로 아래의 예를 통해 <줍>은 如
一하게 객체존대를 나타내고 있음이 확인된다.

(8) ㄱ. 춤아 듯줍디 못홀 하교롤 느리오시니 <천의, 1,31a>
    ㄴ. 인신이 이믜 이 말을 듯줍고 감히 <천의, 1,61b>
    ㄷ. 대신이 그 대략을 듯줍기롤 쳥혼대 <천의, 4,48a>
    ㄹ. 세존하 원ᄒᄂ오니 듯줍고져 ᄒᄂ뇌다 <지장, 상, 30b>
    ㅁ. 음식의 니르히 불승끠 받줍디 몯ᄒ야셔 <지장, 중, 19a>
    ㅂ. 밍약을 비반ᄒᄂ거늘 명을 밧ᄌ와 <무목, 십, 211>
    ㅅ. 親舊 ᄉ이에 갑술 ᄃ토ᄂᆞ 거슨 야쇽ᄒᄂ오니 그디로 ᄒᄂ여 받줍ᄉ오니
       稱縮이나 업게 잘 잡아 주옵쇼셔 <인어, 9, 19a>
    ㅇ. 칙교롤 밧줍고 황공ᄒᄃ 디 <한중, 86>
    ㅈ. "…ᄒ리라" ᄒ시더라 죵도ㅣ 비유롤 듯줍고<성직, 2, 49b>

현대어에서도 확실하게 객체존대의 기능이 포함된 것으로 간주되는
'엳줍-'(> 여쭈다)의 경우는 일부러 예에서 제외하고 {듣-}, {받-} 등을
중심으로 예를 들어 보았다. (8ㄱ, ㄴ)은 존대의 주체인 행위자 논항과
화자가 일치하는 담화 맥락이고 거기에서 생겨나는 의미는 /줍/의 이의
미(異義味)에 불과하다. (8ㄷ)은 화자와 청자와 주체와 객체가 각각 별개
인 경우이다. (8ㄷ)과 같은 본래적인 {-숩-}의 쓰임은 이 시기엔 이미
<줍> 부류에서만 가능하고, <줍> 부류는 몇 어휘에만 한정적으로 사
용되어 생산적인 교착 형태로 볼 수 없을 것이다. (8ㄹ~ㅅ)에서 쓰인
<줍>도 마찬가지이다. 특히 (8ㅅ)에서는 {볼-}에 <줍>만이 아니라 그
뒤에 /ᄉ오/가 결합한 바, 이미 <줍> 부류와 <숩>, <옵> 부류가 의
미상 다른 역할을 하는 형태소로 갈라졌음을 다시 한 번 확신케 한다.

즉 <줍> 부류는 객체존대의 의미를, <습>, <웁> 부류는 청자존대의 의미를 갖는 형태소가 된 것이다. 따라서 본고는 낮은 생산성과 결합하는 어휘의 한정성 그리고 '엳줍-' 등에서 관찰되는 큰 폭의 의미변화 등을 근거로 이 시기의 <줍>을 객체존대의 접사로 간주한다[19].

결과적으로 본고는 후기 근대국어에 와서 후기 중세국어 {-습-}의 이형태들이 다시 세 부류로 나눠질 수 있다고 판단한다. 현실적인 언어사용이 반영되어 청자존대로 쓰이는 {-습-} 부류[20], 복고적이고 의도적으로 쓰이긴 하였으나 어쨌든 객체존대로 쓰이는 {-습-} 부류, {-습-}의 이형태 목록에서 벗어나 독자적 형태소를 형성하여 일부 어휘에 파생적인 교착요소로 쓰인 <줍> 부류[21]가 그 셋이다[22]. 즉, <줍> 부류는 {-습-}의 본래적 의미를 유지하는 것으로써, 청자존대의 {-습-} 부류는 {-습-}의 본 의미에서 벗어남으로써 서로 별개의 이형태 목록을 지니는 다른 형태소로 자리를 굳혀간다.

4.2 청자존대의 쓰임으로 변한 {-습-}

<줍> 부류는 객체존대라는 본래의 기능을 유지한 채 접사가 되었다. 이러한 사실은 현대어에 남아 있는 '듣잡다', '받잡다', '여쭙다', '묻

---

19) 굴절적 교착요소와 파생적 교착요소의 차이를 결정하는 기준은, Bybee(1985)의 견해에 따르자면 교착하는 요소에 얼마나 제한이 있느냐, 교착하는 어간들에 대해 모두 같은 의미를 갖느냐, 잉여적이어도 교착이 가능하냐 정도이다. 굴절적이라면 교착하는 어간의 종류를 가리지 않고, 어떤 어간에 대해서도 같은 의미를 부여하며 잉여적이라도 교착할 가능성이 있어야 한다. 따라서 '줍'은 이미 접사로 분리돼 나왔다고 봐도 무방할 것이다.

20) /줍, 주오/ 등을 제외한 /습, 수오, 웁, 으오, 오/ 등의 이형태 목록을 가진다.

21) /줍, 주오/ 등의 이형태를 갖게 된다.

22) 복고적이고 의도적인 {-습-} 부류는 현실 언어에서는 쓰이지 않았을 것으로 추정된다.

잡다' 등의 어휘로써 확인이 된다. 문제는 청자존대의 {-습-} 부류의 변화이다. 전기 근대국어에서는 /습시/, /옵시/, /옵ᄂᆡ/, /습ᄂᆡ/ 등의 어형들이 고빈도로 사용되었는데, 다른 범주에 속한 형태들이 특정 맥락에서 같은 의미를 나타내면 둘 단위의 의미적 변별력은 떨어지게 되어 한 단위로 인식되기 때문이다. 이는 관련성(relatedness)이 높은 두 단위 사이에서 나타날 수 있는 변화이다. 동일한 의미를 나타내는 단위끼리 같이 쓰이게 된 것이 '습시'와 '습ᄂᆡ'의 정체다. '습시'에서 {-습-}과 {-시-}는 주로 비행위자 논항을 주어를 취하는 1항 술어에 쓰여 동일한 논항과 외연에 대한 존대의 기능을 하고, '습ᄂᆡ'에서 {-습-}과 {-ᄂᆡ-}는 '주체=화자, 객체=청자'라는 담화맥락이 조건이 되어 외연적으로 같은 기능을 하게 되면서 함께 자주 쓰이게 된 것이다. 빈번한 쓰임은 탈맥락화를 유도하며, 결과 '습ᄂᆡ'는 청자존대를 나타내게 되었고 '습시'는 주어존대를 나타내게 되었다.

(9) ㄱ. 쇼장의 마음이 살난ᄒᆞ와 년야ᄒᆞ여 왓습너이다 <삼국, 삼04a>
ㄴ. 신이 ᄉᆞ식을 거의 ᄉᆞᆺ쳐 분명이 짐작ᄒᆞ미 잇습ᄂᆞ니 폐하ᄂᆞᆫ… <명주 12,476>
ㄷ. 付過ᄒᆞ여 두고 나가셔 다ᄉᆞ리게 ᄒᆞ엿습ᄂᆡ <인어, 1,31a>
ㄹ. 나도 앋가 드러왇ᄉᆞ오나 使喚이 업ᄉᆞ와 傳喝도 부리지 몯ᄒᆞ엿습더니 몯져 <인어, 1,30b>

(10) ㄱ. 어려실 ᄣᅢ예 ᄉᆞ랑ᄒᆞ옵셔 보호ᄒᆞ옵시ᄂᆞᆫ 지극ᄒᆞ신 ᄠᅳᆺ을 우러러 톄ᄒᆞ야 주옵시ᄂᆞᆫ <경세, 5b>
ㄴ. 너희 다 녯날 ᄉᆞ랑ᄒᆞ옵시던 ᄇᆡᆨ셩이라 <경민, 2a>
ㄷ. 권ᄒᆞ노니 졔 션근 시무시며 셰ᄉᆞ 탐챡 너모 말고 념불 동참 ᄒᆞ옵시소 <보권, 33a>
ㄹ. 뎐해 신의게 텬디옵시고 신의게 부뫼옵시니 <속명, 2,22a>
ㅁ. 밤과 나즈로 ᄇᆡᆨ셩을 념녀ᄒᆞ옵시단 말ᄉᆞᆷ이라 <윤음(경기), 5b>
ㅂ. 보기 어려오매 文字 分明ᄒᆞᆫ 거ᄉᆞᆯ 어더 주옵시면 <인어, 6,8a>
ㅅ. 아라 무엇ᄒᆞ옵시리잇가 <한중, 430>

ㅇ. 무삼 연고로 비루먹고 파리한 말을 삼백 금토록 주고 사오라 하압시
니 괴이하도다 <박씨, 407>

후기 근대국어에 들어 '습닉'가 청자존대를 나타내고 있음은 (9)를
통해 확인할 수 있고 (10)을 통해서는 '읍시'가 주어존대로 쓰이고 있음
을 확인할 수 있는데, /습시/는 쓰이지 않는다. 실제 본고가 살핀 후기
근대국어 자료에서는 /습시/가 발견되지 않았다[23]. 이런 점은 전기 근대
국어에서 '습시'에 선행하는 선행 어간의 출현빈도와 유형빈도에 대한
조사를 통해 예측이 된다. 전기 근대국어시기의 '습시'의 빈도를 정리하
면 다음과 같다.

[표 1] 전기 근대국어 시기의 '습시'의 빈도

구분	출현빈도	선행어간의 유형빈도
습시	3(1)	2
즙시	1	1
읍시	139(5)	26

※ 단, 괄호 안의 숫자는 청유형의 '습시'로 해석 가능한 문례의 도수[24]이다.

23) '습사이'에서 발달한 '읍새', '읍사이', '읍시'의 경우에도 마찬가지이다. 전기
근대국어에서의 빈도를 정리하면 아래와 같다.

〔표 2〕 전기 근대국어 시기의 '습시'(<습새<습사이)의 빈도
(괄호 안의 숫자는 주어인 청자 존대의 '습시'로 해석 가능한 경우의 횟수)

구분	출현빈도	선행어간의 유형빈도
습시, 습새, 습사이	3(1)	2
즙시, 즙새, 즙사이	4	2
읍시, 읍새, 읍사이	28(4)	10

24) '습시'의 {-시-}가 '사이'에서 기원한 것일 수도 있다고 여겨지는 것은 다음의
다섯 경우이다.
① 어와 아롬다이 오읍시도쇠 <첩해초, 1,2a>
② 동닉 가 겨읍시다 듣줍고 홈끠 힝츠ㅎ읍실라 ㅎ읍시던 <현풍곽, 120>

/줍/은 이미 {-습-}의 패러다임에서 상당히 독립되어 있었다. {열-}, {받-}, {묻-}, {듣-} 등 /줍/이 주로 결합했던 어간은 주어의 의미역이 비행위자인 동사가 아니며 /줍/은 끝까지 '비행위자역 논항 존대'의 기능을 유지하기 때문에 /옵시/나 /습시/처럼 청자존대와 주어존대가 외연적으로 동일 기능을 하는 /줍시/의 사용은 극히 부자연스러운 것이고, 주어의 의미역이 행위자역인 동사의 경우라고 해도 화자와 행위자논항이 일치하는 경우에는 자기가 자기 자신을 존대할 수는 없으므로 사용이 불가능하다. /습시/는 출현빈도도 낮은데 거기에 더해 선행어간의 유형빈도도 낮다. 이런 빈도의 조사를 통해 /습시/에 대한 어휘부의 표상이 약해져서 결국 생산성이 낮아졌고 그 쓰임이 사라진 것임을 쉬이 알수 있다. 그리고 후기 근대국어의 자료가 이를 스스로 입증하고 있다. 이런 이유로 이후부터는 '습시' 대신 '옵시'를 사용할 것이다.

현대국어에서는 /옵시/는 /옵시/로 쓰이는데, /옵시/의 특징은 두 가지 정도를 지적할 수 있다. 우선 청자가 주어인 경우에 주로 쓰이고 있다는 것이고 다음은 '하옵신, 하옵심, 하옵는' 등의 표현만이 존재하여, 내포절에서만 쓰일 수 있다는 점이다.

> (11) ㄱ. 대구서도 그만 집으로 도라가라 하옵시고 <화염에싸인, 2,121>[25]
>
> ㄴ. 끊어주시기 간절간절 바라옵고 겸하야 내내 근강하옵심 바라오며 <생의반려, 251>[26]
>
> ㄷ. 궁중 별전으로 모셔들이시어 살림을 보살펴 드리게 하옵는 것이 어떠하오리까 <연산군, 5장[27]>

---

③ 듸답흐듸 아는 일이 업스오니 죽이옵시다 <서궁일, 61b>
④ 브듸 내 말 듯고 이제 죽습시다 <서궁일, 64b>
⑤ 슈고로이 건너옵시도쇠 <개첩해, 5,8b>

25) <火焰에 싸인 寃恨>, 羅稻香 作, 1926.
26) <生의 伴侶?, 金裕貞 作, 193?.
27) 「연산군」, 5장, 정비석 作, 도서출판 고려원, 1984.

ㄹ. 여진국을 토멸하고 개국하옵신 동명왕과 <만주독립군 용진가>[28]

청자가 주어인 경우에서 주로 쓰이는 이유는 다음과 같다. '옵시'는 객체가 주어와 같을 때 같은 외연을 존대하는 데에 쓰였고, 그러는 과정에서 두 어형 사이의 의미적 관련성이 높아지게 된다. 이와 동시에 어느 정도의 빈도가 전제된다면 '옵시'는 주어존대의 의미를 나타내는 하나의 단위로 인식이 되고 탈맥락화를 겪게 된다. '옵시'가 주어존대로 쓰이는 예들은 전기 근대국어 자료에서 제법 나타났었다. 그러나 후기 근대국어로 넘어오며 전체적으로 {-옵-}의 쓰임새가 청자존대로 이동하는 과정에서 '옵시'의 {-옵-}도 그 쓰임새가 청자존대로 옮겨 가면서 '주어'와 '비행위자역 논항'이 같을 때라는 맥락조건이 '주어'와 '청자'가 같을 때라는 맥락조건으로 바뀌게 된다. 그런 까닭으로 '옵시'는 청자가 주어인 경우에 주로 쓰이게 된 것이다.

정리하자면 전기 근대국어 시기에 {-옵-}의 의미변화를 주도한 결합체는, '옵니'로 대표되는 청자존대의 형태소와 함께 나타났던 결합체들이다[29]. 이때까지 {-옵-}의 교체는 대체로 음운론적으로 투명하였고 '옵니' 등에서 {-옵-}의 의미도 완전히 탈맥락화 하지 않아 화자들에게 {-옵-}은 하나의 의미 단위로 인식이 되었다. 그런데 전기 근대국어가 끝나가면서 특정한 담화·통사적 맥락에서 동일한 외연에 대해 존대하던 '옵니'가 점차 통사론적인 맥락에서 벗어나게 되면서 {-옵-}의 쓰임새는 주로 화자의 청자에 대한 존대로 옮겨가게 되고 후기 근대국어에 와서는 청자존대의 기능을 획득하게 된다. 비슷하게 전기 근대국어의 '옵시'도 주어의 의미역이 비행위자인 술어에 쓰일 때 동일한 논항에 대해 존대하게 되는데, 그러한 쓰임이 강화되면 비행위자역 논항이라는 기저 통사구조의

---

28) 독립기념관 소장자료.
29) '옵더의', '옵소셔', '스오리의', '스오이', '옵사이' 등

맥락에서 벗어나 주어존대의 기능을 나타내게 된다. 결국 '옵시'와 '습니'의 {-습-}은 서로 다른 의미로 탈맥락화 하게 되어 피할 수 없는 경쟁 관계에 놓이게 된다. 그러나 이 경쟁의 승자는 불을 보듯 뻔하다. 주어의 의미역이 행위자역인 동사에 비해 주어의 의미역이 비행위자인 동사가 수적으로 압도적인 열세이므로 '옵시'가 주어존대를 할 수 있는 술어의 유형빈도는 술어를 가리지 않는 '습니'가 청자존대를 할 수 있는 술어의 유형빈도에 비교가 되지 않으며 이는 '옵시'라는 하나의 의미단위가 생산성을 갖고 사용되는 것을 저해하게 한다. 또한 '옵시' 자체의 출현빈도도 '습니'에 비할 바가 되지 못한다. 그런 이유로 {-습-}의 기능변화는 주어존대가 아니라 청자존대 쪽으로 일어나게 된다. 따라서 '옵시'가 단순히 통사적인 맥락만을 참조하는 주어존대라는 하나의 의미단위로 독립하기 어렵게 되어 '옵시'의 {-습-}은 청자를, {-시-}는 주어를 존대하게 된다. 그렇다고 하더라도 기존에 '옵시'가 사용되던 맥락인 주어 논항에 대해서만 기능한다는 조건이 관성으로 남게 되었고, 결과 '옵시'는 주어인 청자를 존대하는 경우에 쓰이는 단위로 굳어진다.

그리고 '옵시'가 '옵시'라는 특수한 형태로 내포문에서만 쓰인다는 것은 '옵시'도 점차 사라져가는 의고적 표현이란 말의 다름 아니다. (11ㄹ)의 '옵시'는 청자와 상관없이 주어존대의 기능을 보이고 있는 극히 드문 경우로 이 예문은 일제시대 만주독립군의 군가에서 발견된 것이다. 군가라는 성격으로 비추어 당시에도 '옵시'라는 표현은 의고적인 표현이었을 것으로 추정되면, 현대어에서 이러한 '옵시'의 용법은 찾기 힘들다. 현대국어의 '옵시'는 후기 근대국어의 '옵시'와 약간의 차이를 갖는다. 의미적인 차이는 (11ㅁ)처럼 후기 근대국어의 '옵시'는 '청자=주어'가 아닌 경우에도 어느 정도는 사용이 가능했다는 것이고 분포상의 차이는 현대국어의 '옵시'가 종결 어미 앞에서는 나타나지 못하게 되어 분포의 축소가 일어났다는 것이다. 분포의 축소는 '옵시'의 쓰임이 줄고 있고 곧 쓰이지 않게 될 것을 뜻한다.

'옵시'의 기능이 변한 절차를 정리하면 아래와 같다.

'옵시'의 의미 변화 과정

① {-습-}과 {-시-}가 별개의 기능을 가지고 있었으나 비행위자 논항을 주어로 취하는 1항술어의 주어 논항에 대한 존대를 나타낼 때는 함께 나타나게 되어 동일 논항에 대해 존대하게 되었고 따라서 외연적으로 동일한 쓰임새를 갖게 된다.

② 그 과정에서 탈맥락화가 일어나 '옵시'가 주어존대로 쓰이는 언어사용이 창발된다.

③ '습니' 등에 의해 {-습-}의 기능이 청자존대로 변하여 '옵시'는 청자존대라는 의미를 더하게 된다. 즉, 청자가 주어인 문장에서 청자인 주어를 존대하게 된다. 끝내 ②의 변화가 완전한 탈맥락화에 이르지 못한다.

④ ②와 ③이 병존하다가 {-습-}의 전체적인 기능 변화의 방향에 순응하여 ②와 같은 의미로는 사용되지 않게 된다.

⑤ ③의 쓰임새로도 사용이 줄어들어 점차 안 쓰는 표현이 되어간다.

이 '옵시'는 현대어에서도 완전히 탈맥락화하지 못하여 여전히 주어가 청자인 경우에만 사용된다. 따라서 '옵'과 {-시-}가 독립된 의미를 갖고 있다고 판단할 수 있다. 그렇다면 이 경우 '옵'은 청자존대로, {-시-}는 주어존대로 기능하고 있는 것이다. 그렇다면 '옵시'만이 아니라 {-습-}이 들어간 다른 결합체들도 이처럼 분석이 되는지 살필 필요가 있다. 결론부터 짓자면 어쨌든 {-습-}은 분리가 가능하다. 아래의 예들을 보자.

(12) ㄱ. 살림을 보살펴 드리게 하옵는 對 "~하는"

ㄴ. "당신의 앞날이란 가외(可畏)하외다[30]" 對 "아닐세, 확실히 그러하이[31]"

---

30) 『문장』 1~6(1939년 7월호)에서 이한직의 시에 대한 鄭芝溶의 시평 중.

31) 『부활』, 2편 18장(Tolstoi, Lev Nikolaevich 원작. 권오석 譯, 일종각).

ㄷ. "~합니다" 對 "~하나이32)다"
ㄹ. "~합소서33)" 對 "~하소서 / 하소"
ㅁ. "~합시다" 對 "~하세34)"

위의 (12ㄱ, ㄴ)처럼 {-습-}는 청자존대로써 '주어≠청자'인 비종결형 어미 앞에서는 /옵, 오/의 이형태로 결합하여 쓰이고35), (12ㄹ)처럼 명령형 어미 앞에 결합하여 '읍소(서)'로, (12ㅁ)처럼 청유형 어미 앞에 결합하여 '읍시'로 쓰일 수도 있다. 이러한 {-습-}의 독자성은 (12ㄷ)의 '습니'에서도 마찬가지이다. 문헌 자료에 나타나는 {-습-}의 분포와 빈도를 고려해 볼 때, {-습-}은 기능이 점차 변해가는 것이 관찰되고, 변화의 방향은 "행위자(주체) : 비행위자(객체)"의 존대 관계를 나타내던 것으로부터 "화자 : 청자"의 존대 관계를 나타내는 쪽으로이다. 그런데 그러한 기능의 변화 과정에서 '행위자 논항=화자'라는 맥락이 먼저 일반화한 데에 비해 '비행위자 논항=청자'라는 맥락의 일반화는 좀 더 오랜 시간에 걸쳐 이뤄짐이 확인된다. 따라서 일정 기간 '습'은 "화자가 비행위자역 논항을 존대" 하는 경우와 "화자가 청자를 존대"하는 경우에 모두 쓰이게 된다. 그러나 앞의 쓰임은 사라져가는 과정이었고 뒤의 쓰임은 막 생겨나고 있었으므로 현대국어에서는 '습'이 온전히 청자존대로 기능하게 되는 것이 설명이 된다. '습'이 청자존대를 나타내는 다른 어미들과 자주 함께 쓰이는 것은, {-습-}이 화자의 청자에 대한 존대의 기능을 획득해 가는 과정에서 기존의 청자존대 형태들36)과 같은 외연적 의미를 갖게 되어 두 단위가 함께 자주 쓰이게 된 데에다가 두 형태들 사이의 관련

---

32) ᄂ이>ᄂ이>니>니
33) 현대 성경들에서 찾아 볼 수 있고, 실제 구교와 신교의 행사에서 자주 사용된다.
34) 서정목(1988)에 의하면 '읍시'는 '옵새(<옵사이)'로 소급된다.
35) "~하외다"가 더 줄어들어 "~하오"가 되면 '옵'의 이형태인 '오'는 어미로도 쓰인다. 따라서 선어말어미와 어말어미의 확연한 구분이 어렵게 된다.
36) '소서'(<'쇼셔'), '니'(<'니'), {-시-}(<'사이') 등.

성이 높아졌기 때문이다[37]. 그 결과 두 형태가 같이 쓰인 경우가 그렇
지 않은 경우보다 청자존대의 정도를 강화시키게 되고 {-습-}이 단독으
로 잘 쓰이지 않게 되었다[38]. {-습-}이 존대하는 대상에 대한 화자의 인
식이 청자로 일반화된 것은 후기 근대국어에 들어서이나 종종 단순한
주어존대로도 나타나 아직 현대국어에서처럼 청자인 주어를 존대하는
기능만을 가지는 것 같지는 않다.

    (13) ㄱ. 주옵시는 오술 비록 감히 ᄉ양티 못ᄒ야시나 … 박훈고로 셕년에 ᄌ
            성이 일즉 날두려 닐러 굴오샤티 <경세, 5b>
        ㄴ. 우흐로부터 ᄯ혼 반드시 고이히 아옵실 거시니<명의, 상, 8a>
        ㄷ. 이는 곳 우리 셩조의 하교옵시라 <윤음(호남), 7a>
        ㄹ. 죠고만 病患의 托辭ᄒ여 巡使가 邑內 드옵시되 <인어, 1,6b>
        ㅁ. 너 혼ᄌ 술아 무엇에 쓰리오 ᄒ눌이 망케 ᄒ옵시니 니가 죽는 것이
            맛당ᄒ다 <김학(활), 148>
        ㅂ. 도련임 사ᄯ계옵셔 부릅시요 <열여 上, 36a>
    (14) ㄱ. 훈 보름이나 ᄒ여야 도임ᄒ옵시리이다 <남원(파)3, 4a>
        ㄴ. 셩상은 특별히 신의 희골을 빌니샤 고향에 도라가 병을 치료ᄒ와 셩
            셰의 일민이 되게 ᄒ옵시고 <일티용녀, 309>
        ㄷ. 어부을 불너 무릅시면 ᄌ셔ᄒ오리이다 <유옥>
        ㄹ. 나갓치 불초ᄒ온 것들을 여츳 과렴ᄒ옵시니 황숑무지ᄒ여이다 <정
            진, 108>
        ㅁ. 오늘날 우리게 일용홀 량식을 주옵시다 <훈아, 22b>
        ㅂ. 하ᄂ님끽셔 내 영혼을 구ᄒ야 주옵시기롤 ᄇ라노라 <천로,하, 114b>
        ㅅ. 츈싁니 충충훈듸 긔운 안영ᄒ압시온지 우러러 승망ᄒ옵나니다 <게
            우, 473>

---

37) 그 중에서도 특히 '옵시'와 '옵니'가 두드러진다. 다른 두 패러다임 사이에 높은
    관련성이 존재할 경우 둘 사이의 의미적인 변별이 점차 어려워지면, 이 두 패러
    다임의 구분이 없어져 하나의 패러다임을 이루게 된다는 사실을 염두에 두자.
38) 청자존대 표현으로서 단독적인 '옵'의 쓰임이 약화돼 대신 '요', '말입니다' 등
    조사상당어구의 발달이 상보적인 관계가 있다고 판단된다. 서정목(1993) 참조.

(13)은 '옵시'가 청자가 아닌 주어를 존대하는 경우이고, (14)는 청자와
주어가 일치하는 경우의 주어를 존대하는 경우이다. 특히 (14ㅅ)에는 /압
시/와 /ㅇ오/가 한 어간에 함께 결합하고 있어, {-습-}의 의미가 '옵시'로
쓰일 경우와 단독으로 쓰일 경우 다르게 인식되고 있었음을 보여주고
있다. 비록 {-습-}의 의미가 전체적으로 청자존대로 변해가고 있었다고
하나 /옵시/는 그 변화에 어느 정도 저항했던 것으로 여겨지며 이는 20
세기 전반 자료인 (11ㅁ)에서 화자가 아닌 주어에 대한 존대로서 '옵시'
가 쓰여지고 있었다는 사실에서도 확인이 된다. 그 이유는 /옵시/의 경
우 {-습-}의 기능이 청자존대로 완전히 변하기 전에 비행위성 논항을
주어로 취하는 1항 술어가 쓰인 문장에서 {-시-}와 함께 쓰여 같은 외
연에 대해 존대의 기능을 했고 이것이 일부 탈맥락화를 경험했기 때문
일 것이다. 단독으로 쓰이는 {-습-}의 기능 변화는 비교적 이른 시기에
완료되었다고 볼 수 있으나, 다른 형태와 결합하여 그 결합체가 일정한
기능을 갖고 고빈도로 사용된 경우 그러한 변화에 상당 정도 저항한 셈
인 것이다. 그렇더라도 '옵니'와 '옵시'를 {-습-}의 기능변화와 관련지어
똑같이 볼 수는 없다. 앞서 밝힌 대로 '옵니'는 '옵'의 전체적인 기능변
화를 선도한 결합형이고 '옵시'는 거기에 영향을 받은 결합체이기 때문
이다. 현대국어에서 '옵시'가 청자가 주어와 일치하는 경우에만, 즉 일정
한 담화맥락이 조건이 되어야만 청자 존대로 쓰이는 것은 그런 까닭이
다[39]. 그러나 인지적인 관점에서, 현재 국어사용에서 '읍니다'나 '읍시
다'의 경우를 제외하고는 거의 '읍', '습'이 사용되지 않는 이유로 언어
를 습득하면서 '읍'이나 '습'을 단독으로 분석해 내기 어려워졌고 이는
거의 死語가 된 '-ㅂ시-'의 의미변화가 끝까지 완전한 완료를 하는 데에
방해가 되었을지도 모른다. 어쨌든 비록 완료가 되지는 못했지만 후기

---

39) 앞으로도 '-ㅂ시-'의 탈맥락화는 일어나지 않을 것이다. '-ㅂ시-'의 쓰임자체가
　　빈번하지 않기 때문이다.

근대국어의 뒤로 올수록 '옵시'의 쓰임은 주어와 청자가 일치하는 경우에 한정되는 경향이 있고, 이는 바로 앞에서 언급했듯이 {-습-}의 기능 변화와 관련이 있는 것이다.

>   (15) ㄱ. 셔문 밧 나가오면 관황묘난 천고 영웅 엄한 위풍 어제 오날 갓삽고
>   남문 밧 나가오면 광한누 오작교 영쥬각 좃삽고 북문 밧 나가오면
>   쳥쳔삭츌금 부룡 기벽ㅎ야 웃둑 셔스니 기암 둥실 교룡산셩 좃사오
>   니 쳐분더로 가사 이다 <열여上, 4a>
>   ㄴ. 날마다 식벽이면 수우의 뵈옵스오시고 <한중, 12>

(15)는 {-습-}의 기능이 전기 근대국어보다 더욱 화자의 청자존대 쪽으로 변했음을 보여준다. (15ㄱ)에서는 {-습-}이 청자존대로 파악된다. 즉 일반 자동사와 형용사에 모두 {-습-}이 쓰이는데, 만약 논항과 관련된 기능을 한다면 같은 논항을 취하는 일반 자동사와 형용사에 동시에 쓰일 수는 없기 때문이다. (15ㄴ)은 비행위자 논항을 존대하는 '뵈옵-' 뒤에 '스오'가 결합하여 청자존대의 기능을 하는 예이다. 이렇게 {-습-}의 의미에는 논항과의 관계가 희미해지고 대신 화자·청자와는 관계는 강해져 결국 청자존대의 의미를 가지게 된다.

5. 후기 근대국어 존대법 선어말어미들의 결합 양상

{-습-}의 결합 순서가 밀리는 현상은 이미 전기 근대국어시기에서부터 관찰되어 왔다. 이는 {-습-}이 양상을 나타내는 어미들 가운데서도 명제 내부의 논항들과 상관성이 적게 변했다는 뜻이다. 후기 근대국어의 {-습-}의 결합 순서와 관련하여 특징적이라고 할 수 있는 것은 크게

세 가지이다. 하나는 후기 근대국어 시기에 새롭게 선어말어미로 자리 잡은 {-겟-}의 출현에 의해 {-습-}을 선행하는 선어말어미의 목록이 하나 늘었다는 것이고, 다음은 '옵시'의 존재에 의해 국부적으로 {-습-}의 결합 순서가 {-시-}를 선행하는 것이며 나머지 하나는 {-습-}의 결합 순서가 전기 근대국어와는 달리 국부적으로만 중세의 특성이 나타날 뿐 전체적으로는 {-시-}, {-엇-}, {-겟-}보다 뒤라는 점이다.

> (1) ㄱ. 나의 책도 살으지 못하엿겟고 <소강, 38>
>
> ㄴ. 엇지 하신 연고인지 모르겟삽나이다 <박씨, 429>
>
> ㄷ. 소자 갓튼 잔명을 구완ᄒᆞ야 실효의 두고자 ᄒᆞ옵시니 <유츙 86, 상 23b>
>
> ㄹ. 저허ᄒᆞᄂᆞᆫ ᄆᆞ음을 품엇다가 긔회롤 타 계신을 다 악역지과로 모니 <천의, 2,31b>

그전에 우선 {-시-}와 {-엇-}과 {-겟-}의 결합 순서에 대해 언급하고 넘어가도록 하자. {-시-}는 {-엇-}의 출현에서와 같은 이유로 {-겟-}보다도 선행하여 결합하는 것으로 볼 수 있다[40]. (1ㄱ)에서 {-엇-}과 {-겟-}

---

40) {-엇-}은 부동사적인 용법에서 발달했기 때문에 상관성에 관계없이 어간에 가깝게 결합할 수 있다. 그런데 문제는 {-시-}가 이런 {-엇-}보다도 결합 순서가 앞선다는 것이다. 이에 대해 필자는 {-시-}의 결합 위치와 기타 선어말어미들의 결합 위치가 과거시상 선어말어미 {-엇-}을 중심으로 갈리는 것을 {-엇-}의 발달 과정에 기인하는 것으로 판단한다. 과거시상 선어말어미 {-엇-}은 '-어] [잇-'이라는 우언적 구성을 통해 발달하였다. 명제에 대한 양상(modality)이 보조용언을 통해 우언적으로 표현될 수 있는 언어에서는 그 보조용언에서 기타의 굴절적으로 표현되는 양상들이 실현된다. 하지만 해당 양상의 문법범주가 특정 어간에 대해서 어휘적으로 표현된 경우가 있다면 그 어휘에 대해 해당 문법범주를 실현하기 위한 굴절적 표현은 제약을 받는다. 바로 여기에 {-시-}가 {-엇-}보다 선행하게 된 역사적인 이유가 숨어 있다. 하필 문법화를 겪어 선어말어미 {-엇-}으로 발달하는 부동사가 주어존대에 대해서는 '겨시-'라는 어휘로밖에 실현되지 않는 '이시-'였기 때문이다. 주어존대라는 문법범주는 보통 굴절요소인 {-시-}로 표현이 되지만, '잇-'에 대해서는 '겨시-'라는 어휘적

이 함께 쓰이고 있는데, {-엇-}이 먼저 결합하고 {-겟-}이 그보다 뒤에
서 결합하는 구조를 보여준다. 본고는 국어 선어말어미들의 결합 순서
가 술어 및 술어가 나타내는 상황에 대해 갖는 선어말어미의 상관성에
의해 결정된다고 본다. {-엇-}과 {-겟-}의 결합 순서의 선후도 상관성의
원리를 따르고 있다. {-겟-}은 상대적인 미래 사건에 대한 화자의 추측
을 나타내는 데에 비해 {-엇-}은 상적인 의미도 나타낸다. 현대에서도
그렇지만 {-엇-}이 만들어지던 근대국어의 시기에는 그 정도가 더욱 강
했을 것이다. 가령 (1ㄹ)의 '품엇다가'에는 과거완료상이 실현되어 있는

표현이 따로 존재한다. 따라서 처음에는 '-어〕〔잇-'과 마찬가지로 주어존대의
상황에서 완료상을 표현하기 위해 '-어〕〔겨시-'의 용법이 사용되었다. 여러 예
문들 가운데 몇을 추려보았다.

님그미 오히려 蒙塵ᄒ야 겨시니 <두시중 1,7a>
나라히 乾坤의 크믈 두겨시니 <두시중 8,10b>
판관딕 종 만나 함양딕 농소의 와 겨시다 <병자기, 40>
아ᄌ버이ᄂ 내 父母와 ᄒ 사ᄅᆷ의게로셔 나겨시니 <경민해, 6a>
茶禮ᄂ 明日 ᄒ오니 미리 출혀 겨시다가 <첩해초, 1,27a>

이러한 부사적 용법에서 '과거시상'라는 의미가 독립적으로 인식되어 '-어〕
〔잇-'에 대한 재분석이 이루어지고 그 결과 '-어〕〔잇-'은 {-엇-}이라는 융합된
형태로 변하였다는 것은 이미 알려진 사실이다. 그러나 주어존대라는 문법범
주가 반영된 '-어〕〔겨시-'의 경우 {겨시-}가 {잇-}처럼 {-어}와 쉽게 한 덩어
리로 융합할 수 있는 형태음소적 조건이 마련된 어휘도 아니거니와, '存在'라
는 실사적 의미에서 문법화를 통해 '상태 지속'과 '완료'라는 상적인 의미를
거쳐 '과거시상'이라는 하나의 의미 단위로 나타나게 될 새로운 선어말어미에
주어존대라는 기능이 추가될 수 있기도 어렵다. 과거시제를 만드는데 존대에
대한 과거시제를 따로 만들 필요가 없는 것이다. 그러므로 '상태 지속'과 '완료'
의 의미까지는 '-어〕〔겨시-'가 어떻게 담당할 수 있었겠으나, 과거시상이라는
문법범주를 나타내는 새로운 선어말어미 {-엇-}이 발달하는 과정에서 주어존대
는 '-어'로 활용되는 본용언에 의해 실현될 수밖에 없었을 것이다. 이로써 본
고에서는 {-시-}와 {-더-}, {-습-} 등의 선어말어미의 결합 위치가 {-엇-}을 중
심으로 갈리게 된 것을 모두 {-엇-}의 통시적 발달 과정의 결과로 판단한다.

것으로 보아도 무방할 것이다. 그리고 '화자의 추측'과 '상' 가운데 술어
에 의해 표현된 사건의 의미에 보다 직접적인 영향을 주는 것은 당연히
'상'이다. 화자의 추측은 술어에 의해 표현된 사건 자체에는 영향을 주
지 않고 다만 화자의 확신의 정도만을 결정해 준다. 반면 상은 사건의 구
성을 보는 시각이 변하는 것으로 일반적으로 시제보다 상관성이 높다고
알려져 있다(Bybee, 1985 : 2장). 비록 {-겠-}은 미래시제를 표현한다고 보
기도 하고 단순히 추측만을 나타낸다고 보기도 하지만, 어쨌든 상보다는
술어에 대한 상관성이 높지 못하다. 논리적으로도 사건의 시제나 상이 결
정되고 난 다음 그 사건을 나타내는 명제를 포함하여 명제의 시제나 상
에 대해서도 화자의 추측이 가능하여야 하기 때문에 {-겠-}이 {-엇-}보다
후행하는 것은 자연스러우며 이러한 설명은 결국 상이 추측보다 상관성
이 높다는 말의 다름 아니다. (1ㄱ)의 경우 과거의 사건에 대해 그보다
과거의 시점에서의 추측을 나타내고 있는 예이다. 이 예를 통해 {-겠-}
이 사건에 대한 추측을 나타내기 위한 전제는 어떤 사건이 시제와 상적
인 의미까지 정해져야 함을 알 수 있다. 추측은 시제와 상의 의미까지
그 대상으로 하는 것이다. {-겠-}은 미래에 대해서도 쓰일 수 있는데 가
까운 미래나 먼 미래의 사건에 대해 쓰일 수 있다. (1ㄴ)이 그러한 예가
된다. 요컨대 {-겠-}이 {-습-}이나 {-니-}, {-더-} 등의 다른 어미 형태들
보다 선행하는 것은 부사적인 발달에 기인하는 것이고, {-엇-}보다 후행
하게 된 것은 상관성 때문이다.

　　(1ㄷ)은 '옵시'가 주어와 청자가 일치하는 상황에서 주어인 청자에
대한 존대를 나타내기 위해 쓰이고 있는 예이다. {-습-}은 전체적으로
청자존대의 의미로 이전해 왔다. 따라서 상관성의 원리를 따른다면, '옵
시'와 같은 표현은 상관성의 원리를 어기게 되는 것이다. 즉 {-습-}은
명제 내부의 논항과 상관하지 않고 다만 화자와 청자의 관계에만 관여
하는 단위인 반면, {-시-}는 명제의 주어와 화자의 관계에 관여하기 때

문에 명제에 대한 상관성이 {-습-}보다 높다. 그러나 '옵시'와 같은 단위에 의해 이루어지는 결합 순서의 차이는 {-습-}의 의미변화 과정에서 나타나는 국부적인 현상이다[41]. 이러한 '옵시'는 동일 외연에 대한 존대를 하는 것으로써 즉 마치 하나의 기능 단위인 것처럼 인식이 되어서 전체적 {-습-}의 기능 변화에 따른 결합 순서 변화에 저항하게 된다. 그런 이유로 현대국어로 올수록 주어와 화자가 일치하지 않는 '옵시'의 쓰임이 사라지는 것으로 볼 수 있다. 거기에 이러한 '옵시'의 쓰임이 어느 정도의 빈도효과를 보이게 되면 '옵시'의 '옵'과 {-시-}의 표상은 좀 더 강하게 연결이 된다. '옵시'가 보이는 결합 순서의 국부적 유표성이 {-습-}의 전체적인 결합 순서 변동에 저항할 수 있었던 것은 이 두 단위가 청자가 주어인 경우에 동일 외연에 대한 존대를 하기 때문이고, 그것이 어느 정도의 빈도효과를 얻어 일정 정도 이상 강하게 연결되었기 때문인 것이다.

한 가지 더 언급하자면, '옵니'와 '옵시' 자체에서 {-습-}이 {-니-}와 {-시-}에 선행하는 것은 {-습-}이 기원적으로 명제와 상관성이 높은 단위였고 '옵니'와 '옵시'의 {-습-}도 거기에서부터 발달해 온 것이기 때문이지 서정목(1993), 서태룡(1990) 등에서 언급된 것처럼 화자와 가깝기 때문에, 즉 화자의 겸양을 나타내기 때문이 아니다. 존대에서 청자의 겸양은 기본적이고 무표적이다. '옵니'에서 {-습-}이 화자를 지향하기 때문에 청자를 지향하는 {-니-}보다 앞에 나타났다고 본다면 '옵시'에서도 그와 같은 방식의 설명이 가능해야 하나 {-시-}는 주어 즉 술어의 논항

---

41) 상관성은 규칙이나 원칙이 아니라 언어변화의 경향성을 포착한 것일 뿐이다. 그렇다고 상관성의 원리에 벗어나는 특이한 언어 현상에 대한 해명을 회피할 수는 없다. 상관성은 변화의 경향성을 포착한 원리이므로, 이를 뒤집어 생각한다면, 그 원리에 따르지 않는 특수한 조건을 가진 어형의 경우 상관성의 예측이 빗나갈 수 있고, 이를 바탕으로 예외적 현상을 설명할 수 있을 것이다.

을 지향하고 있어 {-시-}에 {-습-}이 선행하는 이유가 설명되지 않는다. 모든 발화는 기본적으로 객관적으로든 주관적으로든 화자 자신이 참조된다[42]. 따라서 선어말어미의 결합 순서에서 '읍니'와 관련하여 화자와 청자를 각각의 다른 축으로 설정하는 것은 옳지 않다. '읍니'와 '읍시'가 자주 함께 쓰여 한 단위처럼 인식되는 것은 담화적인 맥락이 조건이 되어 두 단위가 같은 외연에 대해 기능하게 되면서이고 그러한 쓰임이 빈번해지면서 맥락 조건의 탈맥락화가 일어난 결과이므로 이 두 결합체 내에서 {-습-}이 선행하는 것은 {-습-}의 기원적 결합 순서가 어간에 가깝기 때문인 것일 뿐이다.

'-읍', '-소오' 등의 예는 비록 '-니다'나 '-이다'가 생략되어 청자존대의 정도가 약간 낮아진 것이긴 하지만 {-습-}이 어말어미로도 나타날 수 있다는 점에서 상관성과 결합 순서의 상관관계를 잘 보여준다고 할 수 있다[43].

> (2) ㄱ. 내 이실 수이의 느려 오게 ᄒᆞ여 주웁. <인어, 9,2a>
> ㄴ. 그런 기ᄌᆞ식ᄃᆞ리 어ᄃᆡ 잇깃습. <삼선, 254>
> ㄷ. 이런 민망ᄒᆞᆫ 일은 업스외. <인어, 4,9a>
> ㄹ. 그놈이 ᄒᆞ는 말이 "우리집 방문 안 산다는 말이오 ᄯᅩ 져분은 어듸 계시오" ᄒᆞᆫ 놈이 ᄃᆡ답ᄒᆞ되 "나는 횟두루 목골소오" <흥부, 20b>
> ㅁ. 무슴 소리롤 그더지 질너소오 <남원(파) 1,35a>

---

42) 상황에 대한 화자 인식과 발해의 관계에서 나타나는 주관화에 대해서는 이기동(1989) 참조하라.

43) 현대국어의 '-오'는 '-외다'의 '이다'가 생략된 형태이다. 즉 '-오'의 '오'는 문장의 끝에 와야 하는 것도 아니거니와, 후행 요소의 생략에 의해 어미 결합체의 끝에 왔다는 이유로 종결 어미로 파악되는 것뿐으로 그 의미는 '-외다'의 '오'와 같다. 따라서 '-외다'에서의 '오'는 선어말어미로 처리하고 '-오'의 '오'는 어말어미로 처리한다면 선어말어미와 어말어미의 구분의 기준은 의미나 문장종결이라는 기능과는 상관없이 어미 결합체의 끝에 위치하느냐 아니냐에 의해 결정되는 것일 뿐이다.

ㅂ. 현질의 말이 하유ᄉ오 <엄효 4,414>

    (2ㄱ, ㄴ)은 {-ᄉᆞᆸ-}이 쓰인 경우이고, 나머지는 'ᄉ오'가 쓰인 예들이다. 그 가운데 (2ㄹ, ㅂ)은 /ᄋᆞ오/가 쓰인 예이다. (2ㄹ)은 '살다'에 /ᄋᆞ오/가 결합한 것으로 어간말음이 'ㄹ'인 경우 /ᅌᆞᆸ/, /ᄋᆞ오/가 결합하는 것에 대해서는 앞서 이미 언급한 대로이다, (2ㅂ)은 계사에 /ᄋᆞ오/가 결합한 것으로 문장의 의미는 "조카의 말이 何由事이오"이다. 이러한 예들에서 {-ᄉᆞᆸ-}이 어말어미로 나타날 수 있는 것은, {-ᄉᆞᆸ-}이 명제 내부의 논항들과 관련이 없는 의미단위가 되어 명제와의 상관성이 낮아졌기 때문이다.

    마지막으로 'ᅌᆞᆸ시'를 제외하면 {-ᄉᆞᆸ-}의 결합 순서가 {-시-}, {-엇-}, {-겟-}보다 뒤에 온다는 점도 이 시기의 중요한 특징이다. 'ᅌᆞᆸ'의 결합 순서가 뒤로 밀리는 경우가 생기는 것은 전기 근대국어에 들어서이고 그 원인은 {-ᄉᆞᆸ-}의 의미 변화에 있다는 것이 본고의 입장이다. 'ᅌᆞᆸ시'의 국부적인 유표성에 대해서도 위에서 언급하였다. 다만 전기 근대국어에서는 'ᅌᆞᆸ'의 결합 순서가 중세의 모습을 간직한 예들도 나타났던 데에 비해 후기 근대국어에 이르러서는 'ᅌᆞᆸ시'를 제외하고는 그러한 예가 나타나지 않는 것이 주목된다. {-ᄉᆞᆸ-}의 기능 변화가 일어나고 거의 완료를 보인 시기는 전기 근대국어 시기인데 결합 순서가 뒤로 밀리는 현상이 완료된 시기는 후기 근대국어에 들어서이다. 이는 의미(기능)의 변화와 형태, 통사적 변화에 선후관계가 존재하며 의미(기능)의 변화가 형태적인 변화와 통사적 변화를 이끈다는 가정을 지지하는 역사적인 사실이 된다.

6. 결론

지금까지 후기 근대국어에서 발견되는 국어 존대법의 변화를, 변화의 정도가 특히 심했던 {-습-}의 입장에서 {-이-}와 {-시-}까지 아우르며 간단하게 살펴보았다.

18세기 후반의 「地藏經諺解」, 「闡義昭鑑諺解」, 「明義錄諺解」 등 몇몇 문헌에서 객체존대로 기능하는 {-습-}이 발견된다. 그러나 /오/는 청자존대로 기능하고 있으며 {-습-}의 이형태가 음운론적 조건을 무시하고 교체되고 있었으나 <줍>은 거의 비행위자역 논항 존대의 의미를 보였다. 여기에서 두 가지를 추정해 냈는데 하나는 {-습-}은 의도적이고 복고적인 쓰이지 않는 한 이미 청자존대를 나타내고 있다는 것과 <줍>만은 객체존대라는 쓰임새를 유지하고 있다는 것이다. 이를 근거로 본 장에서 {-줍-}이 {-습-}의 이형태 목록에서 벗어나 객체존대의 의미를 동사어근에 더하는 접사로 독립했다는 결론을 이끌었다. 이는 현대어에서 /습니다/, /읍니다/ 등은 존재하지만 /줍니다/ 등은 존재하지 않는다는 사실에서도 방증이 된다.

또한 '습니'가 후기 근대국어에 들어 탈맥락화하여 논항과 관계없이 화자의 청자에 대한 존대를 나타내가 된 것과 비슷하게 '옵시'도 탈맥락화한 경우가 나타나 화자나 청자와 관계없이 주어존대의 쓰임새를 갖는 경우가 있다. 그러나 '옵시'의 이러한 쓰임은 '습니'의 쓰임과 충돌을 일으키고 경쟁에서 지게 되어 일반적인 언어사용 전반으로 번져나가지는 못한다. 결국 '옵시'는 청자와 주어 논항이 같은 경우의 맥락적인 조건에서 벗어나지 못하게 되었다. 그 이유는 비행위자 논항을 주어로 취하는 1항 술어가 많지 않다는 점, 빈도도 '습니'에 이를 정도로 높지 않다는 점 등을 들 수 있다.

또한 현대어에서 {-습-}이 형태소로서 분석이 될 만큼 투명한 분포를 보이지 않고 쓰임도 줄게 되어 언어 습득 시 {-습-}이 하나의 형태소로 습득되지 못하는 현실을 지적하였고 결과 고빈도로 사용되는 '습니다', '읍시다'의 경우에서만 남게 될 것이다. 그 증거는 본문에서 들었다. 간단히 요지를 말하자면, 21세기의 젊은 층의 언어 사용에서 '습니'가 하나의 의미단위로 인식이 되지 않고서는 일어나기 어려운 형태적 축약의 예로 /슴/, /음/ 등이 사용되고 있다는 것이다.

{-습-}의 병합층위에 대해서 크게 {-겟-}의 출현과 관련지어 한 가지, '읍시'에 나타나는 국부성과 관련지어 한 가지를 지적할 만하다. 대체적으로 {-습-}의 기능이 청자존대로 변함에 따라 {-습-}의 명제에 대한 상관성이 낮아지고 결과 {-습-}의 결합 위치가 다른 선어말어미들 뒤에 나타나게, 즉 어간에서 멀어지게 된 것으로 볼 수 있다. 상관성과 결합 순서의 관계에 대한 '읍시'의 국부적인 유표성은 '읍시'의 발달과정과 '읍시'가 어느 정도는 빈도효과를 보여 하나로 여겨질 수도 있는 연결 강도를 지닌 것에 기인한다. 그리고 그런 상태가 유지될 수 있는 것은 주어와 화자가 같다는 담화·통사적 맥락에서만 쓰였기 때문이다. {-겟-}이 {-습-}에 선행하는 것은 {-엇-}이 {-습-}에 선행하는 것과 같은 이유에서이다. 즉 부사적인 발달에 기인하기 때문이다. 부차적으로 {-겟-}이 {-엇-}보다 먼저 결합하는 것은 {-엇-}이 {-겟-}보다 상관성이 높기 때문이다.

참고문헌

고광주. 2001. 「국어 능격성 연구」 월인.

고영근. 1986. "서법과 양태의 상관관계." 「국어학신연구」 탑출판사.

권재일. 1987. "문법범주 실현의 다양성에 대하여." 「한글」 196.

김유범. 1998. "근대국어의 선어말어미 : 형태와 통합순서를 중심으로." 「근대국어 문법의 이해」(홍종선 편). 박이정.

김정수. 1979. "17세기 초기 국어의 때매김법과 강조영탄법을 나타내는 안맺음 씨끝에 대한 연구." 「언어학」(한국언어학회) 4.

김정수. 1980. "17세기 초기 국어의 높임법, 인칭법, 주체 대상법을 나타내는 안맺음씨끝에 대한 연구." 「한글」 167.

김 현. 2004. 「活用上에 보이는 形態音素論的 變化의 要因과 類型」 서울대학교 박사학위논문.

김현주. 2005. "존대법 {-숩-}의 역사적 변화." 고려대학교 석사학위논문.

류성기. 1997. "근대국어 형태." 「국어의 시대별 변천 연구」 2. 국립국어연구원.

박부자. 2003.12. "선어말어미 '-숩-' 통합순서 변화 : '-시-'와의 통합순서를 중심으로." 국어학회 전국학술대회.

박진호. 1994. "중세국어 피동적 '-어 잇-' 구문." 「주시경학보」(탑출판사) 13.

백동선. 2003. 「일본어의 대우표현 연구」. 동아시아일본학회.

서정목. 1988. "한국어 청자대우 등급의 형태론적 해석(1)." 「국어학」(국어학회) 17.

서정목. 1990. "한국어 청자대우 등급의 형태론적 해석(2)." 「강신항 선생 회갑 기념 논문집」 태학사.

서정목. 1993. "국어 경어법의 변천." 「한국어문」(한국정신문화연구원) 2.

서태룡. 1988. 「國語活用語尾의 形態와 意味」 탑출판사.

서태룡. 1990. "활용어미." 「국어연구 어디까지 왔나 : 주제별 국어학 연구사」 (서울대학교 대학원 국어연구회 편). 동아출판사.

석주연. 2004. "서술의 시점과 국어문법현상의 이해." 「국어학」(국어학회) 43.

성기철. 1976. "現代國語의 客體尊待 問題." 「어학연구」(서울대학교 어학연구소) 12-1.

이기갑. 1987. "미정의 씨끝 '-으리-'와 '-겟-'의 역사적 교체." 「말」(연세대학교 한국어학당) 12.

이기동. 1989. "언어 주관성 문제" 「한글」 206.

이동석. 2002. 「국어 음운 현상의 소멸과 변화에 대한 연구」 고려대학교 박사학위논문.

이봉원. 2002. 「현대국어 음성·음운 현상에 대한 사용 기반적 연구」 고려대학교 박사학위논문.

이지량. 1990. "서법." 「국어연구 어디까지 왔나 : 주제별 국어학 연구사」(서울대학교 대학원 국어연구회 편).

이현희. 1982. "국어 종결 어미의 발달에 대한 관견." 「국어학」(국어학회) 11.

정 광. 2003.6. "국어학의 언어학적 방법." 「인문언어(Lingua Humanitas)」(국제언어인문학회) 5.

최호철. 1993. 「현대국어 敍述語의 의미연구 : 義素 設定을 中心으로」 고려대학교 박사학위논문.

한동완. 1986. "과거 시제 '-었-'의 통시론적 고찰." 「국어학」(국어학회) 15.

홍고 테루오. 2001. 「이두자료의 경어법에 관한 통시적 연구」 고려대학교 박사학위논문.

홍종선. 1990. 「國語體言化構文의 硏究」 고려대학교 민족문화연구소

황화상. 2001. 「국어 형태 단위의 의미와 단어 형성」 월인.

Baker, Mark C. 1997. the semantic roles and syntactic structure. *Elements of Grammar:* Handbook in Generative syntax. Kluwer academic publishers.

Bybee, Joan L. 1985. *Morphology: a study of the relation between meaning and form.* Philadelphia: Benjamins.

Bybee, Joan L. 2001. *Phonology and Language Use.* Cambridge University Press.

Fillmore, C. 1968. The Case for Case. *in Universals in Linguistics Theory.* edited by Harms. Robert Thomas. Holt. Rinehart and Winston.

Goddard, C. 1998. *Semantic Analysis: a practical introduction.* Oxford University Press.

Hopper & Tragautte 2003. *Grammaticalization.* 2nd ED. Cambridge Univerty Press.

Jackendoff, Ray 1983. *Semantics and Cognition.* MIT Press.

Mathew, P. H. 1974. *Morphology.* Cambridge University Press.

Milroy, James 1991. *Linguistic variation and change: on the historical sociolinguistics of English.* B Blackwell.(「언어의 변이와 변화」 정영인 외 6인 옮김.

태학사.)

Ura, Hiroyuki 2001. Case. *The Handbook of Contemporary Syntactic Theory*. edited by
　　　M. Baltin and C. Collins. Blackwell.

小倉進平. 1929. 「鄕歌及び吏讀の硏究」京城帝國大學. 京都大學文學部國語學
　　　國文學硏究室　編(1975).(「小倉進平博士著作集(一)」 京都大學國
　　　文學會. pp.1-598에 재수록.)

이 논문은 2005년도 BK21 고려대학교 한국학 교육·연구단 연
구지원비에 의하여 연구되었음.

후기 근대국어 의문법의 변천 연구

|김혜영|

1. 서론

　본고는 후기 근대국어의 의문법의 변화를 살피는 것을 목적으로 한다. 중세, 전기 근대국어 및 현대국어와의 비교를 통해 드러나는 후기 근대국어 의문법의 특징을 밝히는 것은 물론, 18세기 중엽부터 1894년 갑오경장에 이르는 후기 근대국어 내에서의 변화를 정밀하게 고찰하도록 한다.

　이승욱(1963 : 440)은 의문법의 세 요소로 의문사와 의문형 종결 어미, 억양을 들었다. 여기서 의문사는 내용 의문문에만 나타나는 것이고, 억양은 문헌자료를 대상으로 할 때에는 확인하기 힘들기 때문에, 의문법을 형태적으로 실현시키는 필수 요소는 의문형 종결 어미라 할 수 있다. 따라서 본고는 의문법의 개념을 종결 어미나 첨사¹⁾에 의해 나타나

---

1) 최명옥(1976)에서는 의문법을 종결 어미에 의해 나타나는 의문 표시의 서법이라 하였으나, 현대국어 이전에는 체언에 의문 첨사(보조사)가 결합되어 의문법이 실현되었으므로, 본고에서는 첨사까지 포함하여 정의하였다. 의문법에 대한 정의는 이승욱(1963), 안병희(1965), 고영근(1976), 김광해(1983), 서정목(1987), 최현배(1937), 허웅(1975) 등을 참조.

는 의문 표시의 문체법으로 규정하며, 반어적 수사 의문이나 요청 의문
과 같이 의문의 내용이 아니더라도 의문의 형식을 갖추었을 경우 의문
법에 포함하도록 한다.

후기 근대국어의 의문법의 특징을 살피기 위해서는 앞선 시기의 모
습을 명확히 이해하는 것이 선행되어야 한다. 따라서 2장에서는 중세국
어와 전기 근대국어 의문법을 개괄하고, 3장에서는 의문형 종결 어미를
중심으로 하여, 판정 의문과 내용 의문, 직접 의문과 간접 의문의 대립
및 인칭법, 청자 대우법 등에 따라 질서정연한 체계를 갖추었던 15세기
의 의문법이 후기 근대국어에 이르는 동안 어떤 모습으로 변해갔는지를
문헌 자료를 토대로 살핀 후, 이를 바탕으로 하여 후기 근대국어 의문
법의 체계를 세우도록 한다. 그리고 4장에서는 내용 의문문의 핵이 되
는 의문사로부터 부정 대명사의 용법이 분화되는 과정과 부정 대명사
구문의 특징을 고찰한다.

2. 중세 및 전기 근대국어 의문법

의문법의 변화 과정을 살피기 위해서는 앞선 시기의 체계를 이해할
필요가 있다. 나진석(1958), 이승욱(1963), 허웅(1975), 안병희(1965) 등에
서 15세기 의문법 체계에 대한 연구를 살펴볼 수 있다. 나진석(1958)은
의문 어미를 분류하여 시상 선어말어미와의 결합 관계를 중심으로 그 특
징을 기술하였는데, '-고'계 어미를 의문사와 결부지어 설명함으로써 15
세기 의문법의 가장 큰 특징이라 할 수 있는 내용 의문 대 판정 의문의
대립을 밝히는 데에 기여하였다. 이승욱(1963)은 '-ㄴ다'계 어미와 '-ㄴ
가'계 어미의 기능을 각각 직접적 의문 표시와 간접적 의문 표시로 분

석해 냄으로써 15세기 의문 어미가 인칭법에 따라 대립한다는 또 하나
의 특징을 밝혔다. 안병희(1965)는 이 두 연구를 토대로 후기 중세국어
의문법 체계를 공손법의 등분에 따라 정리하였는데, 다음과 같은 표로
요약해 볼 수 있다.

(1) 안병희(1965)의 후기 중세국어[2] 의문법 체계

ᄒᆞ쇼셔체				판정	-잇가
				내용	-잇고
ᄒᆞ야쎠체					-ㅅ가
ᄒᆞ라체	직접	용언	1·3인칭	판정	-녀, -려
				내용	-뇨, -료
			2인칭		-ㄴ다, -ᄚ다
		체언		판정	-가
				내용	-고
	간접			판정	-ㄴ가, -ᄚ가
				내용	-ㄴ고, -ᄚ고
반말체					-니, -리

이승욱(1963)과 안병희(1965)가 '-ㄴ다'계 어미와 '-ㄴ가'계 어미의 기
능 차이에 근거하여 직접 의문과 간접 의문의 대립을 세운 것에 반해,
허웅(1975)는 인칭 의문법과 비인칭 의문법의 대립으로 설명하였다. 허
웅(1975 : 496)에서 제시한 15세기 의문법 체계는 다음과 같다.

---

2) 안병희(1965)는 후기 중세국어의 명칭과 내용을 이기문(1961)을 따른다고 하였다.

(2) 허웅(1975)의 15세기 의문법 체계

$$\begin{Bmatrix} 은 \\ 올 \end{Bmatrix} - \begin{Bmatrix} 2-인칭 물음법(-다) \\ 1,3-인칭 물음법\begin{Bmatrix} 고-물음법(-고) \\ 가-물음법(-가) \end{Bmatrix} \end{Bmatrix}\begin{matrix} 인칭물음법 \\ [-상대높임] \end{matrix}$$

$$비인칭물음법\begin{Bmatrix} \begin{Bmatrix} 니 \\ 리 \end{Bmatrix} - \begin{Bmatrix} 고-물음법(-고) \\ 가-물음법(-가) \end{Bmatrix} \\ 잡음씨 줄기에 바로 붙음 \end{Bmatrix}[\pm상대높임]$$

(2)에 제시한 허웅(1975)의 15세기 의문법 체계에서 인칭 물음법 어미로
는 '-ㄴ다', '-ㄹ다', '-ㄴ가', '-ㄹ가', '-ㄴ고', '-ㄹ고'가 있는데, '-ㄴ다'
계 어미는 2인칭 청자가 주어로 등장하는 2인칭 물음법 어미이며, '-ㄴ가'
계 어미는 1·3인칭이 주어로 등장하는 1·3인칭 물음법 어미이다. 한
편, '-가/고'가 시상을 나타내는 '-니-', '-리-' 뒤에 결합하거나 어간에 바
로 결합할 경우에는 주어의 인칭에 의한 구별이 없는 비인칭 물음법이
며, 이 때 상대높임이 동반되기도 하고 동반되지 않을 수도 있다는 점
이 인칭 물음법과 다른 점이라 하였다. 즉, 비인칭 물음법은 공손법에
따라 ᄒᆞ쇼셔체, ᄒᆞ야쎠체, ᄒᆞ라체로 구분되는 것이다.

안병희(1965)와 허웅(1975)는 '-ㄴ가'계 어미를 어떻게 처리하였느냐
에 그 차이가 있다. 안병희(1965)는 그것을 ᄒᆞ라체의 간접 의문 어미로
파악한 반면, 허웅(1975)는 상대높임이 동반되지 않는 1·3인칭의 인칭
의문 어미로 분석한 것이다. 허웅(1975)는 이 어미가 청자에게 바로 묻
는 경우에도 쓰이고 마음속에서 의문을 품는 경우에도 쓰인다고 하였다.
후자의 경우가 바로 간접 의문이다. 그렇다면 문제는 이 '-ㄴ가'계 어미
가 과연 청자에게 바로 묻는 경우에도 쓰이는가 하는 것이다. 허웅
(1975)에서 직접 의문문의 예로 제시한 것을 한 번 살펴보도록 하자.

(3) ㄱ. 王이 荒唐히 너기샤 니ᄅᆞ샤디 이 엇던 光明고 諸天ㅅ 光明인가 히
ᇰ닶 光明인가 <월석, 10,7b>

ㄴ. 므슴 饒益으로 이런 光明을 펴거시뇨 부톄 道場애 안즈샤 得ᄒ샨
妙法을 닐오려 ᄒ시ᄂ가 授記ᄅ 호려 ᄒ시ᄂ가 <석보, 13,25b-26a>
ㄷ. 우리 諸宮殿에 光明이 녜 아니 잇더니로시니 이 엇던 因緣이어뇨
各各 모다 求호미 올토다 大德天이 나민가 부톄 世間애 나샤미신
가 이 큰 光明이 十方애 다 비취샷다 <법화, 3,106b>
ㄹ. 王이 드르시고 소홈도텨 讚嘆ᄒ시고 무르샤ᄃ 眞實로 그러ᄒ니여
이 아니 내 鹿母夫人이 나혼 고진가 즉자히 靑衣ᄃ려 무르샤ᄃ 鹿
母夫人이 나혼 고ᄌᆯ 어듸 ᄇ린다 <석보, 11,32>

위 예에 쓰인 '-ㄴ가'계 어미는 모두 비인칭 의문 어미와 어울려 사용되
었다. (3ㄱ)에서는 "光明고", (3ㄴ)에서는 "펴거시뇨", (3ㄷ)에서는 "因緣
이어뇨", (3ㄹ)에서는 "그러ᄒ니여"의 비인칭 의문문이 '-ㄴ가'계 어미가
쓰인 인칭 의문문 앞에 나타나고 있다. 이들이 어떻게 어울려 쓰일 수
있는지에 대한 설명이 필요하다. 단순히 '-가/고'가 '-니/리' 뒤에 쓰이면
비인칭 의문이오, '-ㄴ/ㄹ' 뒤에 쓰이면 인칭 의문이라는 구분으로는 설
명이 부족해 보인다. 위 (3ㄱ), (3ㄴ), (3ㄷ)의 "諸天ㅅ 光明인가 히 둤
光明인가"와 "부톄 道場애 안즈샤 得ᄒ샨 妙法을 닐오려 ᄒ시ᄂ가 授
記ᄅ 호려 ᄒ시ᄂ가", "大德天이 나민가 부톄 世間애 나샤미신가"는
'A-ㄴ가, B-ㄴ가'의 구성이고, (3ㄷ)의 "이 아니 내 鹿母夫人이 나혼 고
진가"는 수사 의문문이다. 이들은 내용상 청자의 답변을 요구하는 직접
의문이라기보다 화자의 의구심을 표현하는 간접 의문이라고 보아도 무
방할 것이다.[3] 따라서 본고는 안병희(1965)의 의문법 체계를 따르도록

---

3) 김정아(1985 : 296)에서도 '-ㄴ가'문이 인용 동사나 사유행위 동사의 보문으로 쓰
이지 않고, 독립적으로 쓰이는 예를 언급한 바 있다. 그는 이런 예들이 주로 「월
인천강지곡」, 「두시언해」 등의 시작품 속에 많이 나옴을 지적하고, 시가 글을 통
한 독자와의 대면이란 점에서 실제 대화의 화자-청자의 관계와 달리 간접적인
관계이므로, 이 예들이 대화적 의문문인지의 여부는 확신하기 어려우며, 일종의
독백적 성격을 갖는 것으로 사유와 대화의 중간적 성격으로 볼 수 있다고 하였다.

한다. 다만, (1)은 16세기의 의문법 체계까지 반영된 것이므로[4] 본고에
서는 15세기에 ᄒᆞ야쎠체가 내용 의문 대 판정 의문의 대립을 유지하고
있는 다음 (4)와 같은 체계를 설정하였다.

(4) 15세기 의문법 체계

직접	ᄒᆞ쇼셔체			판정	-잇가
				내용	-잇고
	ᄒᆞ야쎠체			판정	-ㅅ가
				내용	-ㅅ고
	ᄒᆞ라체	용언	1·3인칭	판정	-녀(니여), -려(리여)
				내용	-뇨(니오), -료(리오)
			2인칭		-ㄴ다, -ㄹ다
		체언		판정	-가
				내용	-고
	반말체				-니, -리
간접				판정	-ㄴ가, -ㄹ가
				내용	-ㄴ고, -ㄹ고

안병희(1965)에서는 공손법에 따라 ᄒᆞ쇼셔체, ᄒᆞ야쎠체, ᄒᆞ라체로 대
분류 하고, ᄒᆞ라체 안에서 간접 의문을 구분하였으나 본고에서는 먼저
직접 의문과 간접 의문으로 대분류 하고, 직접 의문을 다시 ᄒᆞ쇼셔체,
ᄒᆞ야쎠체, ᄒᆞ라체, 반말체로 분류하였다. 공손법은 청자높임법인데, 간접
의문에서는 청자가 고려되지 않기 때문에 간접 의문 어미는 청자에 대
한 높임의 위계가 중화된다고 할 수 있을 것이다. 따라서 의문의 내용
에 따라 청자의 답변을 요구하는 직접 의문과 그렇지 않은 간접 의문으

---

4) ᄒᆞ야쎠체 어미의 경우 15세기에는 판정 의문에 '-ㅅ가', 내용 의문에 '-ㅅ고'가
    쓰여 형태 대립이 유지되나, 16세기에는 이러한 대립이 없어지고 '-ㅅ가'로 중
    화된다.

로 대분류 하여, 간접 의문 어미에 대해서는 공손법에 따른 높임의 등급을 매기지 않고 직접 의문 어미에 대해서만 공손법에 따라 다시 소분류 하도록 한다. 여기서 간접 의문은 간접 화법으로 나타나는 인용을 포함하여, 화자 자신의 마음속에 있는 의구, 회의, 의혹 등을 표시하는데, 주로 '너기-, 스랑ᄒ, 식브, 疑心ᄒ-' 등과 같은 사유행위 모문 동사의 보문으로 사용된다.

위 (4)에서 보듯이, 15세기의 의문법은 직접 의문과 간접 의문 및 판정 의문과 내용 의문의 대립, 인칭법, 공손법 등에 따라 질서정연한 체계를 갖추고 있다. 2인칭 의문 어미 '-ㄴ다, -ㄹ다'와 반말체 어미 '-니, -리'를 제외한 모든 의문 어미들이 판정 의문 대 내용 의문의 대립을 보이는 것이 가장 큰 특징일 것이다. 간접 의문 어미는 직접 의문 어미와 달리 높임의 위계가 중화되어 '-ㄴ가'계 어미만 쓰인다. 특히 ᄒ라체 의문문은 상당히 복잡한 체계를 가진다. 체언 의문의 경우 의문 첨사 '-가, -고'가 체언에 직접 결합함으로써 의문을 나타내고, 용언 의문의 경우에는 주어의 인칭에 따라 의문 어미가 구분되어 쓰이는데, 화자(1인칭)가 청자(2인칭)를 주어로 하여 묻는 2인칭 의문은 판정과 내용의 구분 없이 '-ㄴ다, -ㄹ다'가 쓰인다.[5] 그리고 특정한 의문법 어말 어미 없이 선어말 어미 '-니-', '-리-'로 끝나는 의문법이 있는데, 주로 내용 의문에 쓰이고, 의문사 없이 수사 의문에도 쓰인다.

전기 근대국어는 공손법 체계의 변화에 따라 ᄒ야쎠체 대신 ᄒ소체[6]가 자리 잡은 것을 제외하면 대체로 15세기 의문법의 대립 체계가 비교

---

5) 이현희(1982 : 39)에 따르면, 15세기의 '-ㄴ다'계는 서술어에 제약에 있는데, 동사와 계사에는 결합할 수 있었으나 형용사에 쓰인 예는 없다. '잇다(有)'는 동사의 성격과 형용사의 성격을 다 가지고 있어서 동사의 성격 즉, '머물러 있다(留)의 뜻일 때 '-ㄴ다'계 어미의 사용이 가능하다.

6) 장경희(1977 : 139)는 16세기 「번역노걸대」에 쓰인 명령법 어미 {-쇼/조}로부터 이들이 생겨난 것으로 보았다.

적 잘 유지되었다고 할 수 있다. 즉, ᄒ야쎠체 의문 어미 '-ㅅ가, -ㅅ고'는 사라지고, ᄒ소체 의문 어미 '-ㄴ가, -ㄹ가, -ㄴ고, -ㄹ고'가 ᄒ라체와 ᄒ쇼셔체의 중간 높임의 위계를 담당한다.

> (5) ㄱ. 우리 妷妷ㅣ 날을 브려 닐러늘 가져왓노이다 大娘의 몸이 됴ᄒ신가
> (안해 님이라 ᄒ닷 ᄒ 말) 요ᄉ이 高麗ㅅ ᄯᅡᄒ로셔 온 이 머육과 乾
> 魚와 脯肉을 婆婆롤 주어 젹이 입 브티쇼셔 ᄒ더이다 <박통, 중,
> 16b-17a>
>
> ㄴ. 자니네도 혜아려 보시소 客人이 와야 亭主ㅣ 보디 아니ᄒᆞᆸᄂᆞᆫ가
> <첩해 1,32a>
>
> ㄷ. 都船主도 요ᄉ이 됴히 겨시던가 젼의는 처음으로 보ᄋᆞᆸ고 그지업서
> ᄒᆞᆸ데 <첩해 3,4b>

위 (5)에 쓰인 '-ㄴ가'는 간접 의문 어미가 아닌 직접 의문 어미로 쓰인 예이며, 전후 문장에 나타난 평서형 어미로 미루어 보건대 이 '-ㄴ가'는 ᄒ라체와 ᄒ쇼셔체의 중간 높임의 위계를 가지는 것으로 파악된다. ᄒ 야쎠체 의문 어미 '-ㅅ가, -ㅅ고'는 16세기에 이미 판정 의문 대 내용 의문의 대립의 기능을 상실하여, '-ㅅ가'로 통합되고, 17세기에는 이마저 도 사라져 ᄒ소체 어미 '-ㄴ가, -ㄹ가, -ㄴ고, -ㄹ고'가 그 자리를 대신하 게 되는데, 이들은 다른 어미들과 같이 판정 의문 대 내용 의문의 대립 을 유지하였다. ᄒ야쎠체 어미가 17세기에 소멸함으로써 전기 근대국어 시기에는 판정 의문 대 내용 의문의 형태 대립이 2인칭과 반말체를 제 외한 모든 의문 어미에서 유지되고 있었다.

전기 근대국어 의문법의 또 하나의 변화로는 간접 의문 어미 '-ㄴ지 (디)'의 등장을 들 수 있다. 「박통사언해」에서 '-ㄴ디'가 간접 의문 어미 로 쓰인 것이 확인된다.

(6) ㄱ. 뎌 노미 고려 짜해셔 온 직샹네손디 가 즈름아비 도의엿느니 그 가
　　　희쎄 모로리로다 어듸 간고 느미 것 소겨 가지노라 <번박, 샹33b>
　　ㄴ. 뎌 놈이 高麗 짜흐로셔 온 宰相들희손디 즈름이 도엿느니 뎌 가희
　　　쎄 모로리로다 어듸 간디 사룸의 것 소기노라 <박통, 샹31a>

위 (6ㄱ), (6ㄴ)은 각각 '어듸 간고 모로리로다'와 '어듸 간디 모로리로다'
가 도치된 것인데, 「번역박통사」 (6ㄱ)의 간접 의문 어미 '-ㄴ고'가 「박통
사언해」(6ㄴ)에서는 '-ㄴ디'로 쓰여 '-ㄴ디'가 간접 의문 어미로 사용되
었음을 확인할 수 있다.
　이렇게 해서 전기 근대국어의 의문법 체계는 다음과 같이 요약할 수
있다.

(7) 전기 근대국어 의문법 체계

				판정	-잇가
직접	호쇼셔체			판정	-잇가
				내용	-잇고
	호소체			판정	-ㄴ가, -ㄹ가
				내용	-ㄴ고, -ㄹ고
	호라체	용언	1 · 3인칭	판정	-녀(니여), -려(리여)
				내용	-뇨(니오), -료(리오)
			2인칭		-ㄴ다, -ㄹ다
		체언		판정	-가
				내용	-고
	반말체				-니, -리
간접				판정	-ㄴ가, -ㄹ가, -ㄴ지(디), -ㄹ지(디)
				내용	-ㄴ고, -ㄹ고, -ㄴ지(디), -ㄹ지(디)

　15세기 의문법의 대립 체계는 이미 전기 근대국어 시기부터 흔들리

기 시작하였다. 18세기를 지나 19세기에 이르면 15세기의 대립 체계가 무너져, 직접 의문 어미는 현대국어와 같이 공손법에 의해 구분되는 단순한 모습을 가지게 된다.

다음 장에서는 간접 의문과 직접 의문, 판정 의문과 내용 의문의 대립 체계 및 인칭법, 공손법 등의 체계에 따라 복잡하면서도 질서정연한 모습을 갖추었던 15세기에 기초하여 그 규칙에 어긋나는 경우를 중심으로 후기 근대국어 시기에 이르기까지의 의문법 체계의 변화 과정을 면밀히 살피고, 전기 근대 및 개화기 국어와의 비교를 통해 후기 근대국어 의문법 체계를 세우도록 한다.

3. 후기 근대국어 의문법

3.1 후기 근대국어 의문법의 특징 및 변화

3.1.1 인칭법의 변화

주지하다시피 15세기에는 ᄒ라체의 직접 용언 의문문에서 주어가 2인칭일 경우 '-ㄴ다/-ㄹ다' 어미가 쓰였으나, 16세기에 이미 '-ㄴ다/-ㄹ다' 대신에 '-ㄴ가/-ㄴ고'와 '-녀/-뇨'가 사용된 용례가 다수 발견된다.

> (8) ㄱ. 샹공하 이제 디 됴ᄒ야 겨신가 몯ᄒ야 겨신가 <번박, 상38>
> ㄴ. 네 됴훈 고로 잇ᄂ녀 <번노, 하25>
> ㄷ. 형님 네 언제 길 나실고 <번박, 상11>
> ㄹ. 네 어딋 마롤 니ᄅᄂ뇨 <번노, 상51>

(8ㄱ), (8ㄴ)은 판정 의문으로 '-아'계 어미가 쓰였으며 (8ㄷ), (8ㄹ)은 내용 의문으로 '-오'계 어미가 쓰였다. '-ㄴ다/-ㄹ다'는 판정 의문과 내용 의문의 구분 없이 두루 사용되었던 것인데, '-ㄴ다/-ㄹ다' 대신 '-ㄴ가'계와 '-녀(냐)'계 어미가 쓰이면서 판정/내용의 대립에 따라 의문 어미가 각각 '-아'계와 '-오'계로 구분되었다. 18세기 전기에 이르면 '-ㄴ다'계 어미의 사용이 현저히 줄어들고, 특히 「어제내훈언해(1737)」에는 거의 '-냐/뇨'로 나타난다.[7]

> (9) ㄱ. 너희둘흔 춤흔 사룸이 되고져 ᄒᆞ느냐 凶흔 사룸이 되고져 ᄒᆞ느냐
>   <내훈(중) 1,21a>
>   ㄴ. 富貴는 사룸의 ᄒᆞ고져 ᄒᆞ는 배니 그듸 엇디 내의 許호믈 아쳐ᄒᆞ느
>   뇨 <내훈(중) 3,55b>

(9ㄱ)과 (9ㄴ)의 주어는 각각 2인칭 '너희둘'과 '그듸'인데, 의문 어미로는 '-ㄴ다' 대신 '-냐/뇨'가 쓰였다.

그런데 위 「어제내훈언해」의 예문을 아래 「내훈(1475)」과 비교해 보면 이미 「내훈」에서 2인칭 의문에 '-녀/뇨'[8]가 쓰였음을 확인할 수 있다.

> (10) ㄱ. 너희둘흔 춤흔 사ᄅᆞ미 ᄃᆞ외옷 ᄒᆞ녀 凶흔 사ᄅᆞ미 ᄃᆞ외옷 ᄒᆞ녀 <내훈
>   1,23a>
>   ㄴ. 富貴는 사ᄅᆞ미코져 ᄒᆞ는 거시니 그듸 엇뎨 내의 許호믈 아쳗ᄂᆞ뇨
>   <내훈 3,63a>

위 (10)에서 보이듯이 15세기의 「내훈」에 이미 '-녀/뇨'계가 2인칭 의문문에 사용되었다.[9]

---

7) 허재영(2000 : 168)에 따르면 16세기부터 '-ㄴ가' 계보다 '-녀(냐)'계 어미의 사용이 더 활발했으며, 17세기 이후 '-녀(냐)'계 어미의 사용은 더 두드러진다.
8) 3.1.2절에서 보이겠지만, '-녀'는 16세기 이후 '-냐'로 그 형태가 변화한다.

그러나 18세기 후기에도 여전히 '-ㄴ다'계의 사용이 많이 보이는 자료가 있다. 「박통사신석언해(1765)」가 바로 그 예이다.

(11) ㄱ. 원판 형님하 어듸 가시눈고 <번박, 7b>
　　　ㄴ. 언멋 쳔에 볼모 드릴고 <번박, 20a>
(12) ㄱ. 院判 형아 어더 가눈다 <박통, 상8a>
　　　ㄴ. 언멋 돈에 典儅ᄒ려 ᄒ눈다 <박통, 상19b>
(13) ㄱ. 院判 형아 네 어듸 가눈다 <박신, 1,08a>
　　　ㄴ. 언머 돈에 뎐당ᄒ려 ᄒ눈다 <박신, 1,23a>

위 (11), (12), (13)은 각각 「번역박통사(1517)」, 「박통사언해(1677)」, 「박통사신석언해(1765)」의 예이다. 「어제내훈언해(1737)」에서 이미 2인칭 의문 어미 '-ㄴ다'계가 '-냐/뇨' 어미로 대체된 것과 달리 (13)에서 보이듯 「박통사신석언해」는 18세기 후기 자료임에도 불구하고 여전히 '-ㄴ다'계 어미가 많이 나타난다. 이는 「박통사신석언해」가 「박통사언해」에 영향을 받았기 때문인 것으로 여겨진다. (12)를 보면 「박통사언해」에 '-ㄴ다'계 어미가 쓰이고 있는데, (13)의 「박통사신석언해」는 「박통사언해」에 사용된 어미를 그대로 따르고 있는 것이다.

---

9) 허웅(1983)에서 15세기 의문문 중 2인칭 의문법을 벗어난 경우로 다음을 들었다.
　　ㄱ. 너희 이 브를 보고 더본가 너기건마른 <월석, 10,14>
　　ㄴ. 엇뎨 네 眞性이 네게 性두외는 거슬 眞實 아닌가 ᄒ야 네 疑心ᄒ고 나를 가져셔 眞實을 求ᄒ눈다 <능엄, 2,38>
　　ㄷ. 네 여희요문 이 어듸러뇨 <두시, 21,30>

　　그러나 ㄱ의 〔너희 이 브를 보고 더본가〕는 모문 동사 '너기다'의 보문으로 쓰인 간접 의문이다. ㄴ의 〔엇뎨 네 眞性이 네게 性두외는 거슬 眞實 아닌가〕에서 주어는 '性두외는 것'으로 보이며, 〔엇뎨 네 眞性이 네게 性두외는 거슬 眞實 아닌가〕도 모문 동사 'ᄒ다'의 보문으로 쓰인 간접 의문으로 볼 수 있다. 또한 ㄷ의 주어는 '이'이다. 따라서 위 세 예문은 모두 15세기의 2인칭 의문법에 위배되지 않는다.

그런데 (11)과 (12)를 비교해 보면 16세기의 「번역박통사」보다 17세기의 「박통사언해」가 더 보수적인 형태를 띠고 있음을 확인할 수 있다. '-ㄴ다'계가 시기상으로 더 앞선 형태이고 후대로 오면서 '-ㄴ다'계 어미 대신 '-ㄴ가'계와 '-녀(냐)'계 어미가 쓰이게 되는데, 16세기 자료인 「번역박통사」에서 이미 2인칭 의문 어미 자리에 '-ㄴ다'계 대신 '-가/고'가 쓰인 것에 반해 후대의 자료인 「박통사언해」에서는 오히려 옛 형태인 '-ㄴ다'계가 사용된 것이다. 이를 통해 우리는 16~17세기 당시에 2인칭 의문 어미의 사용이 혼란스러웠고, 「박통사언해」를 편찬하면서 이 혼란스러운 표기를 원래의 형태로 바로 잡으려 노력했던 것으로 해석해 볼 수 있다. 3.1.3절에서 보이겠지만, 「박통사언해」의 이러한 보수성은 체언 의문문에서도 발견된다.

요약하자면 「박통사신석언해」는 「번역박통사」가 아닌 「박통사언해」를 따름으로써 결과적으로 2인칭 의문 어미 사용에 있어 18세기의 「박통사신석언해」가 16세기의 「번역박통사」보다 더 보수적인 형태를 띠게 되었다.

「중간노걸대언해(1795)」 역시 「노걸대언해(1670)」와 비교할 때 오히려 옛 형태를 고수하는 경향을 보인다.

(14) ㄱ. 너는 高麗ㅅ 사롬이어니 쏘 엇디 漢語 니롬을 잘 ᄒᆞᄂᆞ뇨 <노걸, 상2a>
　　ㄴ. 너는 高麗ㅅ 사롬이어니 며 漢ㅅ 글 비화 므슴홀다 네 니롬도 올커니와 각각 사롬이 다 主見이 잇ᄂᆞ니라 네 므슴 主見이 잇ᄂᆞ뇨 <노걸, 상 4b>

(15) ㄱ. 너는 쏘 이 朝鮮ㅅ 사롬이라 엇지 能히 우리 한 말을 니ᄅᆞᆫ다 <노걸(중), 상2a>
　　ㄴ. 너는 이 朝鮮ㅅ 사롬이라 져 한말을 비화 므슴홀짜 네 니ᄅᆞᆫ는 말도 올커니와 다만 각각 사롬이 다 主見이 잇ᄂᆞ니라 네 므슴 主見이 잇ᄂᆞᆫ다 <노걸(중), 상4b>

위 예에서 보이듯이 「노걸대언해」에서는 '-냐/뇨'계 어미가 쓰였으나 그 중간본인 「중간노걸대언해」에서는 오히려 옛 형태인 '-ㄴ다'계 어미로 회귀한 경우들이 있다. 이런 예들이 일부 나타나긴 하지만, 「중간노걸대언해」 역시 2인칭 의문에 '-냐/뇨'계 어미가 많이 나타난다.

한편, 「속명의록언해(1778)」은 「명의록언해(1777)」와 비교할 때, 새 형태로의 변화를 담고 있다. 즉, 「명의록언해」에서는 '-ㄴ다'계 어미가 다수 보이나, 이듬해에 간행된 「속명의록언해」에는 거의 '-냐/뇨'로만 나타난다.

> (16) ㄱ. 네 므슴 심쟝으로 감히 음참 두 글즈로 방즛히 편지의 **썻**눈다 <명의, 2,1a>
> ㄴ. 네 손으로 이 두 글즈룰 **썻**눈다 <명의, 2,1b>
> (17) ㄱ. 신이 꾸지저 굴오디 네 디처로뻐 감히 사롭을 의논ᄒ려 ᄒᄂ냐 <속명, 2,20a>
> ㄴ. 네 감히 죵시 불만히 굴까 시브냐 <속명, 2,11a>

「명의록언해」는 2인칭에 '-ㄴ다'계 어미가 제법 나타나지만, 「속명의록언해」에서는 '-ㄴ다'계 어미를 찾기 어렵다. 「속명의록언해」가 가지는 이러한 특징은 이 시기에 2인칭 의문 어미 '-ㄴ다'계의 '-냐/뇨'계 어미로의 대체가 완성되었음을 짐작케 한다. 즉, 인칭 의문법이 소실된 것이다.

한편, 18세기에는 2인칭 주어가 아닌 곳에서 '-ㄴ다'계 어미가 쓰인 것이 발견되는데, 이는 '-ㄴ다'계 어미의 소멸을 단적으로 보여주는 것이다.

> (18) 나의 동녁 빅셩들은 이를 아눈다 모로눈다 <윤음(원츈), 3b>

(18)의 주어는 2인칭 청자가 아니라 3인칭 '나의 동녁 빅셩들'인데, 의문

어미로 2인칭 어미 '-ㄴ다'가 쓰였다.

그리하여 19세기에는 문헌에서 '-ㄴ다'계 어미가 거의 사라진다. 19세기 자료 중에는 소설 「태평광기언해금」과 역학서 「청어노걸대」 두 곳에서만 그 흔적을 확인하였다. 아래에 그 예를 제시하였다.

(19) ㄱ. 뎡 왈 그디 노래와 춤과 줄풍뉴 대풍뉴 듕의 어늬롤 잘 ᄒᆞᄂᆞᆫ다 닐오
   디 <태평, 36a>
  ㄴ. 큰 형아 네 어디로셔 온다 <청노, 1,1a>

물론, 위 두 자료에서도 '-냐/뇨'계의 어미가 '-ㄴ다'계와 함께 나타난다. 아래에 '-냐/뇨'계의 어미가 쓰인 예를 제시하였다.

(20) ㄱ. 뎍닌이 닐오디 그디 엇디 아ᄂᆞ뇨 <태평, 04b>
  ㄴ. 네 왓ᄂᆞ냐 물을 모라 가져와 혼 곳에 거두어 두라 <청노, 4,9b>
  ㄷ. 네 보지 못ᄒᆞ엿ᄂᆞ냐 <청노, 7,5b>

특이한 것은 「청어노걸대」에서 위 (20ㄴ), (20ㄷ)의 두 예를 제외하고는 모두 옛 형태인 '-ㄴ다'계가 쓰인 사실이다. 이는 역학서가 가지는 보수성에 기인하는 것으로 생각해 볼 수 있을 것이다.[10]

따라서 문헌의 보수성을 고려한다면 18세기에 의문문에서 인칭법이 소멸하였다고 해도 무리가 없을 것이다. '-ㄴ다'계 어미가 '-냐/뇨'계로 통합된 데에는 '-ㄴ다'계 어미의 결합 제약도 하나의 원인으로 작용했으리라 추정된다.[11] 이현희(1982 : 39)에 따르면, 15세기의 '-ㄴ다'계는 동

---

10) 역학서가 주로 대화체로 구성되어 있으므로 당시의 현실어를 잘 반영하고 있으리라 기대되지만 실상 그 필자나 독자가 식자층이므로 보수성을 띠기 마련이다.
11) '-ㄴ다'계 어미의 소멸 원인으로는 크게 의도법의 상실과 설명법 어미 '-ᄂᆞ다 > -ㄴ다'와의 동음 충돌이 지적되어 왔다. 안병희(1965), 이현희(1982), 이승희(1996) 등 참조.

사와 계사에는 결합할 수 있었으나 형용사에 쓰인 예는 없고, 서술어가 형용사일 때에는 15세기에도 2인칭 주어에 '-녀(냐)/뇨'계 어미가 사용되었기 때문이다. '-ㄴ다'계가 '-냐/뇨'계로 통합되면서 이러한 결합 제약은 사라진다. 이는 15세기의 복잡했던 의문법 체계가 점차 단순화하는 경향과 상통한다.

3.1.2 '-녀/려'→'-냐/랴'로의 변화와 '-ᄯᆞ녀'의 소실

16세기에 이미 '-녀/려' 대신 '-냐/랴'가 널리 쓰였다.

(21) ㄱ. 沈同이 燕을 可히 伐ᄒᆞ얌즉ᄒᆞ냐 묻거늘 내 應ᄒᆞ야 ᄀᆞᆯ오ᄃᆡ <맹자, 4,21b>
ㄴ. 내죵내 부귀를 ᄒᆞ고져 ᄒᆞᆫ돌 가히 득ᄒᆞ랴 이 비록 ᄒᆞᆫ 이리라도 경계되요믄 여러 가지로다 <번소, 10,19a>

17세기 자료 중에는 「중간두시언해」에서만 '-녀' 형태를 확인할 수 있었다.

(22) ㄱ. 幕下앳 郎官은 便安ᄒᆞ녀 아니ᄒᆞ녀 <두시(중), 21,25b>
ㄴ. 至極ᄒᆞᆫ 性이 이러ᄒᆞ니 잇ᄂᆞ녀 업스녀 <두시(중), 22,2a>

이는 「중간두시언해」가 초간본을 그대로 따랐기 때문인 것으로 생각된다. 그리하여 18세기 전기에 이르면 '-녀'를 찾을 수 없고, 다만 수사의문문에 '-ᄯᆞ녀'의 화석형으로서만 나타난다.

(23) ㄱ. 사ᄅᆞᆷ이 孝心이 이시면 곳 이 죽엇다가도 사라 도라오려든 ᄒᆞ믈며 그저 青盲이ᄯᆞ녀 <오륜, 2,43b>

ㄴ. 쟝츠 君王을 爲ᄒ야 즉으려 ᄒ리니 ᄒ믈며 妾이ᄯᆞ녀 <내훈(중), 2,25b>

그러나 '-ᄯᆞ녀'도 18세기 후기에 이르러「어제사기호별진자윤음(1784)」를 마지막으로 사라지며, '-냐'계 어미가 이를 대신하게 된다.

(24) ㄱ. 비록 풍년이라도 힝 못도록 괴로오믈 면치 못ᄒ려든 ᄒ믈며 여러 번 주린 섯히ᄯᆞ녀 <사기, 2b>
ㄴ. 밥이 업고 오시 업스면 엇지 힝를 지내며 힝 지내기도 오히려 어렵거든 ᄒ믈며 이 궁혼 봄이ᄯᆞ녀 <사기, 3a>
ㄷ. 착혼 일은 늠의게 일ᄏᆞ고 허믈은 내게 도라 보내거든 ᄒ믈며 군신의 분의냐 <명의, 2,12b>
ㄹ. ᄒ믈며 네 편지에 ᄯᅩ 긔관이란 두 지 이시니 엇지 ᄡᅥ 발명ᄒ리오 <명의, 2,24a>

(24ㄱ), (24ㄴ)에서처럼 '-ᄯᆞ녀'는 주로 'ᄒ믈며'와 호응하여 수사 의문문에 쓰였으나, (24ㄷ), (24ㄹ)에 보이듯이 18세기 후기에 이르면 '-냐'계 어미와 수사 의문 어미 '-리오'가 그 자리를 대신한다.

'-어'계 어미가 '-아'계로 그 형태가 변화하는 것은 비단 의문 어미에 국한되는 것만이 아니다. 중세국어의 청유형 어미 '-져'나 의도를 나타내는 연결어미 '-고져' 역시 16세기부터 각각 '-쟈'와 '-고쟈'의 형태를 쉽게 발견할 수 있다.

(25) ㄱ. 우리 모돈 사ᄅᆞ미 에워 막쟈 자바다 짐시리 다 ᄒ야다 우리 녀져 <번노, 상46a>
ㄴ. 내 앗가 ᄀᆞᆺ 좀 ᄭᅵ와다 니러 가쟈 숨셩별도 놉거다 밤ᄯᆞᆯ인 못ᄒ다 <번노, 상57b>
ㄷ. 므어슬 ᄒ고쟈 ᄒ여 일오디 몯ᄒ리오마는 <소학, 5,99a>
ㄹ. 仁이 머냐 내 仁코쟈 ᄒ면 이예 仁이 니르ᄂᆞ니라 <논어, 2,24b>

(25ㄱ), (25ㄴ)에는 청유형으로 각각 '에워 막쟈'와 '니러 가쟈'가 쓰였고, (25ㄷ), (25ㄹ)에는 'ᄒᆞ고쟈 ᄒᆞ여'와 '仁코쟈 ᄒᆞ면'에 의도를 나타내는 연결어미 '-고쟈'가 쓰였다. '-고져'의 형태는 19세기까지도 활발히 사용되었으나, 청유형 어미 '-져'는 17세기 「노걸대언해」에 이르러 '-쟈'로 통일되었다.

3.1.3 의문 첨사의 소실

이미 16세기 자료에서 의문 첨사 자리에 '-이-(계사) + -ㄴ가/고' 구성이 쓰인 예가 하나 발견된다.

> (26) 널문인가 므슴 문인고 <번박, 58a>

체언에 의문 첨사(보조사)가 바로 붙어서 의문문을 구성하던 것에 반해 체언에 계사 '-이-'가 결합함으로써 체언문에서 용언문으로 변화한 것이다. 17세기 이후 이러한 구성의 비율이 점차 증가한다. 다음은 17세기 자료이다.

> (27) ㄱ. 엇디홀 손 사술 쌔혀 글 외오기며 엇디홀 손 免帖인고 <노걸, 상 3b>
> ㄴ. 小人의 문 앏픠 客이 이시니 이 뉜고 葛敎授ㅣ라 ᄒᆞ리 <박통, 하58a>
> ㄷ. 이빗는 무슴 빋고 <첩해, 1,10>

그런데 「박통사언해(1677)」는 역방향의 변화를 보인다. 즉, 「번역박통사(1517)」에서 용언문이었던 것이 「박통사언해」에서 체언문으로 나타나 오히려 옛 형태로의 회귀를 보이는 것이다.

(28) ㄱ. 녈문인가 므슴 문인고 <번박, 58a>

　　ㄴ. 녈문가 므슴 문고 <박통, 52a>

(29) ㄱ. 므슴 죠셰신고 <번박, 8a>

　　ㄴ. 므슴 詔書고 <박통, 8a>

「번역박통사」에서 (28ㄱ), (29ㄱ)과 같이 'NP + -이-(계사) + -ㄴ가/고' 구성의 용언문으로 쓰였던 것이 「박통사언해」에서는 (28ㄴ), (29ㄴ)처럼 'NP + -가/고' 구성의 체언문으로 나타난다. 이는 의문 첨사가 소실되면서 의문 첨사 자리에 '-이-(계사) + -ㄴ가/고' 구성이 쓰여 체언문에서 용언문으로 변화하는 흐름을 거스른 것이다. 「박통사언해」는 「번역박통사」보다 체언문 구조가 더 많은데, 「박통사언해」에 나타나는 의문법 형태의 보수성은 앞서 3.1.1절의 인칭법 변화에서도 확인한 바 있다.

　　한편, 의문 첨사 자리에 '-이- + -ㄴ가/고' 외에 '-이- + -냐/뇨'의 형태도 나타나는데, 「시경언해(1613)」에서 다음의 한 예를 발견할 수 있었다.

(30) 그 命이 新ᄒᆞ도다 周ㅣ 顯티 아니냐 帝의 命이 時아니냐 文王의 陟ᄒᆞ며 降ᄒᆞ샴이 帝의 左右에 겨시니라 <시경, 16,1b>

위 (30)의 "時아니냐"는 "時가 아니냐"의 뜻으로 '아니 + (-이-) + -냐' 구성으로 분석된다. 그러나 위 "周ㅣ 顯티 아니냐"의 '아니냐'는 '～지 아니ᄒᆞ냐' 구성에서 '-ᄒᆞ-'가 탈락한 형태일 것이다. 이러한 예들은 16세기의 자료에서도 발견되며, 17세기 '시경언해'에서는 다수 보인다.

(31) ㄱ. 昔者ㅣ면 내 이 言을 出홈이 ᄯᅩ 맛당티 아니냐 <맹자, 7,33b>

　　ㄴ. 於ㅣ라 顯티 아니냐 文王의 德의 純ᄒᆞ심이여 ᄒᆞ니 <중용, 41a>

　　ㄷ. 常棣의 華ㅣ여 鄂히 韡韡티 아니냐 <시경, 9,6b>

위 (31)의 예문들은 모두 '아니 + (-이-) + -냐' 구성이 아니라, '~지
아니ᄒ냐' 구성에서 '-ᄒ-'가 탈락한 것으로 분석된다.

18세기 전기에도 '-이- + -냐/뇨'의 구성은 그 예가 많지 않다.

> (32) ㄱ. 우는 거시 벅국이냐 푸른 거시 버들숩가 <악습, 133>
> ㄴ. 女色을 親히 아니ᄒᄂ니 엇데이뇨 毒蛇ㅣ 사롬 주교믄 ᄒ 번 주거
> ᄒ 번 나리어니와 <영가, 샹37a>

18세기 전기까지는 의문 첨사가 비교적 많이 쓰였으나 후기 근대국어
시기인 18세기 후기에 이르면 '-이- + -ㄴ가/고' 및 '-이- + -냐/뇨'의
계사 구성이 뚜렷하게 증가한다. 그러나 18세기 후기에도 역학서에서
의문 첨사의 쓰임을 발견할 수 있다.

> (33) ㄱ. 저도 쏘ᄒ 병이의 ᄆ움이 이시니 이 어인 심쟝인고 <명의, 2,31a>
> ㄴ. 네 니른되 다 이십셩 은이라 ᄒ더니 엇지 이 八成 銀이뇨 <박신,
> 3,30b>
> (34) ㄱ. ᄆ슴 生고 辰生이라 <첩몽, 3,2a>
> ㄴ. 이 네 ᄆ움으로 비ᄒ려 ᄒ 것가 도로혀 네 父母ㅣ 너로 ᄒ여 가 비
> ᄒ라 ᄒ 것가 <노걸(중), 샹5b>

위 (33)과 (34)는 18세기 후기 자료로서, (33)은 의문 첨사 대신 '-이- +
-ㄴ가/고' 및 '-이- + -냐/뇨'가 쓰인 용언 의문문 구성의 예들이고, (34)
는 여전히 의문 첨사를 가지고 있는 예들이다.

> (35) ㄱ. 공이 디경 왈 쟝샹지임을 엇지 가히 구ᄒ여 엇을 것가 나는 ᄉ졍을
> 밧지 아닛노라 <태상, 1,39b>
> ㄴ. 회ᄉ조드려 무러 왈 져 붉은 옷 닙은 사롬은 뉘뇨 귀신 답 왈 이는
> 송나라 참졍 범중엄이라 ᄒ더라 <태상, 2,26a>

ㄷ. 이믜 쟝원홀진딕 그 아릭 되지 아니믄 어인 말인고 <태상, 5,42b>

위 (35)는 19세기 자료인데, (35ㄱ)에서 의문 첨사의 쓰임을 확인할 수 있다. 의문 첨사는 19세기 중반까지도 쓰인 예가 있으나 「태상감응편도설언해(1852)」를 마지막으로 더 이상 찾아보기 어려우며, 체언 의문문은 'NP + -이-(계사) + 의문형 종결 어미'의 용언문 구성으로 정착한다.12) 이는 국어 문장이 명사문에서 서술문으로 완전히 변화하였음을 의미한다.

3.1.4 간접 의문 어미 '-ㄴ지'와 '-나'의 발달

중세국어 시기의 간접 의문 어미는 '-ㄴ가'계뿐이었으나 17세기에 이르면 '-ㄴ지(디)'가 간접 의문 어미의 영역으로 편입된다. 간접 의문 어미로 보이는 '-ㄴ디'는 15세기 자료에서도 찾을 수 있다.

(36) ㄱ. 현맛 劫을 디난디 모릭리로소니 <월석, 14,9b>
ㄴ. 나는 뉘 正호디 뉘 갓곤디 아디 몯호노이다 <능엄, 2,12a>

위 (36)은 '의문사 + … + -ㄴ디 + 모릭/아디 못호-' 구성을 가지는데, '의문사 + … + -ㄴ디'는 간접 의문으로서 모문 동사 '모릭/아디 못호-'의 보문으로 분석된다. 정재영(1996 : 262)는 위 (36ㄱ)에 쓰인 내포문을 인용문으로 볼 수 있는 가능성을 제시하고, 의문사가 나타나지 않는 구문에서의 '-ㄴ디'도 의문형으로 볼 수 있는지에 대한 의문을 제기하면서 '-ㄴ디 + 알지 못호/모릭-' 구문에는 의문사와 공기하지 않은 문장이 훨씬 더 많이 나타나므로 위 (36)의 예들에 쓰인 '-ㄴ디'를 간접 의문 어미로 파악하는 데에 문제를 표명했다. 그러나 아래 (37)은 'A-ㄴ지 B-ㄴ

---

12) 다만, 영남 방언에서는 오늘날에도 의문 첨사가 쓰인다.

지'의 구성으로서 오늘날의 간접 의문 형식과 다르지 않다.

    (37) 주근디 산디 내 一定호 긔벼를 몰라 ᄒᆞ노니 <월석, 22,61>

    현대국어의 간접 의문 어미 '-ㄴ지'는 동사 '알-', '모르-' 등의 보문에 '의문사 + … + -ㄴ지' 및 'A-ㄴ지 B-ㄴ지'의 구성으로 쓰이는데, 위 (36)과 (37)은 이러한 현대국어의 특성과 일치한다.

    그러나 정재영(1996)이 지적했듯이, 중세국어 시기에는 이러한 예들이 극소수에 지나지 않으며, '-ㄴ디'는 오히려 의문사가 나타나지 않는 구문에서 활발히 사용되었다.

    (38) ㄱ. 이 相公이 軍인디 아노니 <두시, 7,25a>
        ㄴ. 그뒷 지조는 이 내홀 건내는 功인디 아노라 <두시, 15,35a>

위 (38)의 예문들은 '…인 둘(줄) 알-'로 해석되는 것으로 '… + -ㄴ지'는 간접 의문이 아니라 명사구 보문으로 분석된다.

    그런데, 16세기 「번역박통사」에 나타나는 다음 예문 (39ㄱ)이 17세기 「박통사언해」에서 (39ㄴ)으로 나타나고 있다.

    (39) ㄱ. 뎌 노미 고려 짜해셔 온 지샹네손디 가 즈릅아비 도의엿ᄂᆞ니 그 가희ᄢᅥ 모로리로다 어듸 간고 느미 것 소겨 가지노라 <번박, 33b>
        ㄴ. 뎌 놈이 高麗 짜흐로셔 온 宰相들희손디 즈릅이 도엿ᄂᆞ니 뎌 가희ᄢᅥ 모로리로다 어디 간디 사룸의 것 소기노라 <박통, 샹31a>

위 (39ㄱ), (39ㄴ)의 '모로리로다 어듸 간고'와 '모로리로다 어디 간디'는 각각 '어듸 간고 모로리로다'와 '어디 간디 모로리로다'가 도치된 것인데, 「번역박통사」(39ㄱ)의 간접 의문 어미 '-ㄴ고'가 「박통사언해」(39ㄴ)

에서는 '-ㄴ디'로 쓰여 '-ㄴ디'가 간접 의문 어미로 사용되었음을 확인할 수 있다. 명사구 보문을 형성하던 것이 간접 의문 어미로 발달한 것이다. 그러나 전기 근대국어 시기까지만 해도 '-ㄴ디'의 간접 의문 어미로서의 쓰임을 찾아보기가 쉽지 않다.

(40) ㄱ. 즐겨 啓稟티 아니ㅎ니 모로리로다 언제 일인디 그리어니 즐겨 用心
　　　티 아니ㅎ느니 <박통, 중59b>
　　ㄴ. 各 衛門官人들히 一品으로 九品에 니르히 大小 衆官이니 모로리로
　　　다 언메런디 곳 이 人城이니 그저 구믈구믈ㅎ더라 <박통, 하30b>
　　ㄷ. 다만 書傳間의 만히 쁜 者를 닐러시니 엇더호디 아디 몯ㅎ리로다
　　　<가례, 7,25a>
　　ㄹ. 妾이 실로 뉘 사롬을 죽인디 아디 못ㅎ거니와 <여사, 4,11b>

17세기 자료에서는 위 (39ㄴ) 외에 「박통사언해」에서 (40ㄱ), (40ㄴ)의 예를, 「가례언해(1632)」에서 (40ㄷ)의 예를 더 발견할 수 있었고, 18세기 전기 자료에서도 위 (40ㄹ)의 한 예를 찾을 수 있었다.

　어미 '-디'는 17세기 후기에 이르면 '-지'의 형태로 나타나기 시작하는데, 17세기까지만 해도 '-지'는 간혹 쓰이고 '-디'의 형태가 주류를 이루었으나 18세기 들어 「삼역총해(1703)」에 이르면 '-지'가 '-디'를 대신하게 된다. 그러나 전기 근대국어 시기인 18세기 전기까지는 일부 문헌을 제외하고 여전히 '-디'의 쓰임이 활발하다. 이는 문헌 자료의 보수성에 말미암은 것으로 볼 수 있다.

　간접 의문 어미 '-ㄴ디'는 18세기에 이르러 '-ㄴ지'의 형태로 변하여, 후기 근대국어 시기에 간접 의문 어미로서 그 쓰임이 크게 확대되는데, 이는 '-ㄴ가'계의 직접 의문으로의 용법 확대와 관련된다. 15세기의 간접 의문 어미 '-ㄴ가'계는 앞서 지적하였다시피 16세기부터 2인칭 직접 의문인 '-ㄴ다' 자리에 쓰이기 시작하였고, 16세기 이후로는 계사 '-이-'

와 함께 의문 첨사 자리에도 쓰였으며, 17세기에 이미 ㅎ소체의 용언 의문 어미로 자리잡았다. '-ㄴ지'의 간접 의문 어미로의 발달은 '-ㄴ가' 계의 이러한 용법 확대와 더불어 설명될 수 있는 것이다.

그런데 간접 의문 어미 '-ㄴ가/고'와 '-ㄴ지'는 그 분포에 차이가 있다. '-ㄴ가/고'는 'ㅎ-, 너기-, ㅅ랑ㅎ-, 시브-, 보-, 저허ㅎ-, 젓-, 의심ㅎ-, 넘녀ㅎ-, 근심ㅎ-, 두려워ㅎ-, 붓그려ㅎ-, 묻-' 등의 동사 보문에, '-ㄴ지'는 '알지 못ㅎ-', 모르-' 등의 동사 보문에 주로 쓰인다.

> (41) ㄱ. 뭇노라 大將은 누고 져ㅎ돈 이 霍嫖姚인가 ㅎ노라 <두시(중), 5,31a>
> ㄴ. 듕간티 아니케 잇기 어려온 일인가 너기건마는 <첩해, 6,2a>
> ㄷ. 오직 감당티 못홀가 저허ㅎ거니 <오륜, 3,34b>
> ㄹ. 이 빈는 분명이 환틱션인가 시브외다 <첩해(중), 10,19b>
> (42) ㄱ. 비록 안니 여러날이라도 아모 고대 간디 모로너다 <지장, 상12b-13a>
> ㄴ. 스스로 죽게 ㅎ매 니뢰니 비록 그 가온더 므슴 곡졀이 잇눈디 아디 못ㅎ옵거니와 <천의, 1,55a>

위 (41)과 (42)는 18세기 후기의 자료로서, 각각 간접 의문 어미 '-ㄴ가/고'와 간접 의문 어미 '-ㄴ지'의 분포를 보여 준다.

> (43) ㄱ. 그릇 홀가 근심홀 비 업고 <이언, 1,34b>
> ㄴ. 이 거즛말인가 거즛말 아닌가 보라 <노걸(중), 상16b>
> ㄷ. 몸이 샹홀가 두려ㅎ노라 <태평, 12a>
> ㄹ. 무엇슬 구ㅎ눈가 무러도 <천로, 상14a>
> ㅁ. 예수ㅣ 능이 업스며 알으심이 업눈가 의심홀가 ㅎ샤 <주년, 10b>
> ㅂ. 폐단이 만홀가 념려되니 <이언, 1,15a>
> (44) ㄱ. 어디로 가눈지 주셰히 ㄱ르치라 <천로, 상7a>
> ㄴ. 當初에 엇지 나라흘 셰웟눈지 쳥컨대 그 주셰홈을 니르라 <박신, 3,57a>
> ㄷ. 사는 길이 잇눈지 업눈지 말홀 수 업노라 <천로, 상1b>

위 (43)과 (44)는 19세기 후기의 자료로서, 각각 간접 의문 어미 '-ㄴ가/
고'와 간접 의문 어미 '-ㄴ지'의 분포를 보여 준다. '-ㄴ지'는 '의문사 +
… + -ㄴ지' 혹은 'A-ㄴ지 B-ㄴ지'의 구성으로 쓰이는데, 19세기로 들
어오면서 '니르-, 말ᄒ-, ᄀᄅ치-' 등의 동사 보문에 이르기까지 그 분포
가 점차 확대된다. 그리고 이들 동사의 보문으로 쓰이는 간접 의문은
미지의 사실에 대한 것을 그 내용으로 한다.

한편, 19세기에는 간접 의문 어미로 '-나'가 쓰이기 시작한다. 다음
의 예를 보자.

> (45) ㄱ. 兒孫야 茅詹에 달 올낫다 벗 오시나 보아라 <가곡, 288>
> ㄴ. 혹 갈오되 용납하라 이러아가 와 구완하나 보쟈 하니 <성교 마태복
> 음, 27,49>
> ㄷ. 우리 쥬ᄯᅴ셔ᄂᆞᆫ 즉각에 죵을 구원ᄒ지 아니ᄒ시고 밋ᄂᆞᆫ ᄆᆞ옴이 잇나
> 업나 사험ᄒ심이오 <천로, 상56b>

간접 의문 어미 '-나'는 대체로 동사 '보-'의 보문에 쓰이는데, '-ㄴ가/고'
의 용법을 나누어 가진 것으로 보인다.

3.1.5 판정 의문 대 내용 의문 형태 대립의 중화

16세기 ᄒ야써체 의문 어미가 '-ㅅ가'로 통합된 데에 이어, 후기 근
대국어에 들어와서는 ᄒ쇼체 의문 어미와 간접 의문 어미에서 판정 의
문 대 내용 의문의 형태 대립의 중화가 먼저 이루어졌다.

판정 의문 대 내용 의문 대립의 예외적인 쓰임은 15세기에서도 나타
나는데, 주로 수사 의문문인 경우에 의문사가 있음에도 불구하고 '-아'
계 어미가 사용된 것이 특징이다. 그러나 그렇지 않은 예도 있다.

(46) ㄱ. 비론 바볼 엇데 좌시는가 <월인, 상, 기122>
ㄴ. 므슴 믈로 뻐 시스시는가 <월인, 상, 기124>
ㄷ. 이 엇던 짜히잇가 <월석, 21,24>
ㄹ. 겨집죵이 비디 언메잇가 <월석, 8,81>

수사 의문에서는 15세기부터 ㅎ쇼셔체 의문문에서 의문사가 있음에
도 불구하고 '-잇가'가 쓰인 예가 간혹 발견되는데, 점차 이러한 혼란이
확대되기는 하였으나 18세기 전기까지만 해도 비교적 판정 의문과 내용
의문의 형태 구별이 잘 이루어진 편이었다. 그러나 19세기 말엽에 이르
러 결국 판정 의문 대 내용 의문의 대립은 거의 사라지게 되고, 내용
의문의 '-오'계 어미는 판정 의문의 '-아'계 어미로 중화된다. 다만 영남
방언에는 오늘날에도 내용 의문의 '-오'계 어미와 판정 의문의 '-아'계
어미의 대립이 존재한다.

16세기에 ㅎ야쎠체 의문 어미 '-ㅅ가'가 판정 의문 및 내용 의문에
서 두루 쓰이다가 17세기에 소멸한 이후 18세기에 이르면 ㅎ쇼체 의문
문과 '-ㄴ가/고'의 간접 의문 어미에서도 이러한 혼란이 확대된다. 18세
기 후기만 하더라도 ㅎ라체의 경우에는 수사 의문문에서조차 '-오'계 어
미 자리에 '-아'계 어미가 쓰인 것은 다음의 예 정도에 지나지 않으며,
대부분 '-오'계 어미가 실현되었다.

(47) ㄱ. 엇디 줌아 니르랴 <속명, 차즈, 7a>
ㄴ. 엇디 일을 더지 아니ㅎ랴 <박신, 1,15a>

그러나 앞서 언급했듯이 ㅎ쇼체 의문문에서는 15세기부터 의문사를
가진 수사 의문에 '-잇가'가 쓰인 예가 간혹 발견되며, 이러한 양상은
18세기 전기까지 이어진다. 즉, ㅎ쇼셔체 의문 어미는 18세기 전기까지
만 해도 의문사가 있는 의문문에 '-잇가'가 쓰인 예가 수사 의문의 일부

예에 지나지 않는다.

> (48) ㄱ. 뎨 엇디 ᄆᆞᄋᆞᆷ애 걸닌 배 업스리잇가 <어내훈, 2,98b>
> ㄴ. 이 잔으란 부디 다 자ᄋᆞ소〔客〕엇디 남기리잇가 본디 먹디 몯ᄒᆞᆸ 것마ᄂᆞᆫ 다 먹습ᄂᆡ이다 <개첩해, 3,7b-8a>

그리고 18세기 후기에 이르면 의문사가 있는 의문문에서 '-잇가'가 매우 활발히 쓰이는데, 19세기에는 수사 의문이 아닌 내용 의문문에서 조차 '-잇고'가 쓰이지 않으며, '-잇가'가 그 자리를 대신하고 있다.

> (49) ㄱ. 무러 ᄀᆞᆯᄋᆞ디 이거시 무슴 의스니잇가 효시 ᄀᆞᆯᄋᆞ디 이 불은 ᄆᆞᄋᆞᆷ 가온디 성신이 감동홈을 비유홈이오 <천로, 상31b>
> ㄴ. 무르디 이거시 뉘 딕이니잇가 오늘밤에 쉬여 가기롤 쳥ᄒᆞᄂᆡ다
> <천로, 상49b>

위 (49)를 보면, 수사 의문이 아닌 내용 의문문에서 '-잇가'가 쓰이고 있음을 확인할 수 있다. (49ㄱ)은 '무슴'에 대한 내용을, (49ㄴ)은 '뉘'에 대한 내용을 묻는 의문문인데, 의문 어미로 '-잇고' 대신 '-잇가'가 쓰였다.

한편, ᄒᆞ라체의 내용 의문 어미 '-료'는 19세기에 (50)의 한 예를 발견할 수 있었는데, (51)에서 보이듯 '-뇨'가 여전히 많이 쓰이는 것과 대조적이다.

> (50) 만이 갈오디 뎌 귀신올 품어 밋쳐스니 엇지 드러료 ᄒᆞ고 <셩교 요한복음, 10,20>
> (51) ㄱ. 그 구혁을 치는 거슨 엇더ᄒᆞ미뇨 <이언, 1,49b>
> ㄴ. 네 엇지 보지 못혼 스룸을 如此히 아ᄂᆞ뇨 <국독, 2b>
> ㄷ. 스룸의 어지지 못ᄒᆞ미 엇지 이 극진혼 디 이르뇨 <윤음(중외), 6a>

그러므로 19세기에도 '-뇨'가 내용 의문에 여전히 많이 쓰이는 것에
반해 '-료'는 '-랴'로의 중화가 완료되었다고 할 수 있다. 그런데 '-리오'
의 형태는 19세기에도 활발히 쓰이는데, 그 예는 수사 의문에 한한다.

> (52) ㄱ. 내 쥬인으로셔 이 회롤 쟝만ᄒ야시니 엇디 먹디 못홀 리 이시리오
> <태평, 5b>
> ㄴ. 물읫 뼈 하ᄂᆞᆯ을 밧들며 샹뎨를 셤기ᄂᆞᆫ 재 엇지 ᄉ단과 오륜 밧게 나
> 미 이시리오 <윤음(중외), 1b>

박진완(1998)은 17세기 역학서 자료에서 '-리오'가 내용 의문 중에서
도 수사 의문문에, '-료'는 수사 의문 이외의 내용 의문문에 쓰였음을
지적한 바 있는데, 19세기에 이르면 내용 의문 어미 '-료'는 '-랴'로 중
화되고, '-리오'는 여전히 수사 의문 어미로 활발히 사용된다고 하겠다.
그러나 수사 의문문에서도 '-리오'뿐 아니라 '-랴'가 많이 쓰임을 확인할
수 있다. 아래에 그 예를 제시하였다.

> (53) ㄱ. 너ᅵ 뎌룰 밋고 이룰 밋지 아니면 엇지 도리랴 ᄒ시니라 <주년, 3b>
> ㄴ. 엇지 아람답지 아니며 엇지 아람답지 아니랴 <윤음(중외), 8b>

그런데 역학서인 「청어노걸대」에서는 여전히 '-리오'와 '-료'의 쓰임
이 구분되고 있다.

> (54) ㄱ. 눈 멀거니 보고 능히 디답지 못ᄒ면 다론 사롬이 우리롤 므슴 사롬
> 이라 ᄒ여 보리오 <청노, 1,7b>
> ㄴ. 하ᄂᆞᆯ이 붉기롤 기ᄃᆞ려 쳔쳔이 가면 므슴 어긋날 곳 이시리오 <청노,
> 2,19a>
> ㄷ. 우리는 朝鮮 사롬이라 눅은 국슈 먹기 비ᄒ지 못ᄒ여시니 므론 거슬
> 먹으면 엇더ᄒ료 <청노, 4,13a>

ㄹ. 우리 므어슬 먹으면 죠흐료 <청노, 4,12b>

위 (54)는 모두 의문사를 가진 의문문인데, '-리오'는 수사 의문문에, '-료'
는 수사 의문이 아닌 내용 의문문에 쓰이고 있다. 3.1.1절에서 지적하였
다시피 「청어노걸대」는 2인칭 의문문에서도 여전히 '-ㄴ다'계 형태를 고
수하고 있어서 동시대의 다른 문헌에 비해 특히 그 문법 형태가 보수적
이라 할 수 있다.

    ᄒᆞ소체의 경우 19세기까지도 내용 의문에 '-ㄴ고' 어미가 사용되었으며,
'-ㄴ가' 어미가 쓰인 것은 발견하지 못하였다. 그러나 같은 형태의 간접 의
문 어미는 16세기부터 이미 '-ㄴ고' 자리에 '-ㄴ가'가 쓰인 예가 보이며,
19세기에 이르러서는 '-ㄴ가' 어미로 중화되어 '-ㄴ고'가 보이지 않는다.

    (55) ㄱ. 힝혀 누고 완는가 누눌 ᄲᅧ ᄒᆞ니 구홰와 영이와 겨틔 안잣더고나
            <김씨 편지>
        ㄴ. 저ᄃᆞ려 무엇슬 구ᄒᆞᄂᆞᆫ가 무러도 <천로, 상14a>

위 예문은 간접 내용 의문으로 '-ㄴ고' 대신 '-ㄴ가'가 쓰이고 있음을
보여 준다. (55ㄱ)은 16세기 자료인데, 이 시기에 이미 간접 의문 어미
'-ㄴ고' 자리에 '-ㄴ가'가 쓰이기 시작하였음을 보여준다. (55ㄴ)은 19세
기 자료로서 이 시기에 이르면 더 이상 '-ㄴ고'가 나타나지 않고 '-ㄴ가'
로 그 형태가 중화된다. 같은 형태일지라도 ᄒᆞ소체의 직접 의문 어미는
19세기에도 여전히 내용 의문에 '-ㄴ고'가 쓰이는 것과 대조적이다.

3.1.6 공손법 체계의 변화에 따른 새로운 어미의 발달

    전기 근대국어의 ᄒᆞ소(오)체는 19세기에 이르러 ᄒᆞ오체와 ᄒᆞ게체로

분화한다. 그러나 19세기에도 여전히 ㅎ소체의 쓰임을 발견할 수 있다.

> (56) ㄱ. 졔ᄉ쟝이 여러 가지로 ᄒ소 ᄒ거늘 <훈아, 32b>
>   ㄴ. 글 세귀롤 지여 굴ᄋ디 텬노 힝인들아 좌편 길노 들지 마소 <천로, 하 144a>

위 (56)은 ㅎ소체의 명령문으로 쓰인 예문들인데, 이러한 예들은 「천로역정(1894)」에서 다수 발견된다.

ㅎ오체 어미 '-오'는 「한듕만록」과 여러 고소설에서 쉽게 찾을 수가 있다. 아래에 그 예를 제시하였다.

> (57) ㄱ. 스스로 아들 못나키로 ᄌ판ᄒ시니 이무슨 일이오 하 셜워ᄒ니 <한듕, 5,460>
>   ㄴ. 그 일을 그디도록 홀 일이오 져리 요란이 ᄒ야 셰샹의 모ᄅ리 업스니 마노라 무슨 사롬이 되게소<한듕, 5,404>
> (58)[13] ㄱ. 어허 불숭ᄒ오 당신은 과부시오 나는 홀아비니 두리 술면 엇더ᄒ오 <변강쇠가, 534>
>   ㄴ. 도령님의 손을 잡고 도령님의 낫슬 디며 이거시 원일이오 장부힝ᄉ 그러ᄒ오 <춘향가, 26>

그러나 위 자료들은 근대 후기의 것이라 추정되나 그 연대가 명확하지 않다.[14]

한편, 「국한회어(1895)」와 「신정심상소학학부간본(1896)」에서 평서문, 명령문, 의문문에 사용된 ㅎ오체를 상당수 발견할 수 있다.

---

13) 신재효 판소리 사설집에서 가져온 예이다.
14) 김용숙(1987)에 따르면, 「한듕만록」이 1795년에 간행되긴 하였으나 원본이 전하지 않고 5종의 필사된 이본만 전할 따름이므로 그것을 18세기 자료라 확언할 수 없으며, 이본이 필사된 시기 역시 명확하지가 않으나, 그 중 일사본은 근대 후기인 고종 9년 1871년의 것으로 추정된다.

(59) ㄱ. 가게ㅎ오 使人行之 <국한, 1>
    ㄴ. 가다가 노독 나거든 쉬어 가오 行有路毒休息而去 <국한, 1>
(60) ㄱ. 飮食 먹기보다 일을 갑절이나 ㅎ오 <신심, 10a>
    ㄴ. 여러분 싱각에는 이거시 무엇신 뜻ㅎ오 <신심, 17b>
    ㄷ. 여러분은 이 말슴을 잘 혜아려 보시오 <신심, 23a>

위 자료는 갑오경장 이후의 것이므로 본고에서 규정한 후기 근대국어에
서 제외가 된다. 그러나 이들 자료에 ㅎ오체 어미가 활발히 사용되는
점과 그 정확한 연대는 알 수 없으나 근대 후기라 추정되는 「한듕만록」
및 여러 고소설에서 ㅎ오체 어미가 발견되므로 후기 근대국어 시기에
ㅎ오체가 성립되었다고 말할 수 있을 것이다.

한편, ㅎ게체의 의문 어미로는 '-나(ㄴ)'가 새롭게 나타난다. 아래에
그 예를 제시하였다.

(61) ㄱ. 츈향이 디답ㅎ디 아니 가면 눌을 엇지ㅎ나 날노 죽이나 싱으로 발기
    나 <남원(춘) 1,21b>
    ㄴ. 이 스람 츈향어미 요ㅅ이도 집 팔기를 잘ㅎ나 오날도 과부집의셔
    오나 <남원(춘) 36b>[15]

「천로역정」 및 「교린수지(명치14년본, 1881)」, 고소설 등에는 하게체 평
서형 종결 어미로 보이는 예들도 발견된다.

(62) ㄱ. 텬노 힝인들아 좌편 길노 들지 마소 무지ㅎ 저 절망이 우릴 잡아 하
    옥ㅎ네 <천로, 하144a>
    ㄴ. 照 둘이 창의 빗취여쓰니 스랑허와 조름이 업네 <교린(명치14), 1,
    天文>

---

15) 「남원(춘)」은 1864~1869년에 걸처 쓰여진 필사본이다.

ㄷ. 이 스람아 향니에 죽갑 칠 푼 진 것 쥬고 가쇼 요ᄉ이 어려워 못 견
딕깃네 <남원(춘), 4,37a>

그런데 ᄒ오체와 ᄒ게체의 두 등급이 분화되기 이전부터 ᄒ소체로
두루 쓰이던 '-ㄴ가'계 어미는 공손법의 체계가 ᄒ오체와 ᄒ게체로 분화
되었다고 하더라도 청자가 누구인지 파악되지 않는 이상 현대국어와 같
은 ᄒ게체 어미로 단정하기에는 어려움이 있다.

19세기 말엽에는 합쇼체의 청자 대우법도 발달한다. 다음은 합쇼체
가 사용된 평서문의 예이다.

(63) ㄱ. 네부터 有名ᄒ 學者와 高明ᄒ 賢人이 만히 잇습니다 <신심, 3b>
　　　ㄴ. 밤에는 먹을 거슬 츳지라 나옵니다 <신심, 6b>

국내 자료로는 연대미상의 고소설에 '-ㅂ니다' 형태가 다수 발견되
며, 연대가 확실한 자료 중에서는 「신정심상소학(1896)」에 처음으로 '-ㅂ
니다'형의 합쇼체 평서형 종결 어미가 나타나지만, 앞서 근대국어 시기
를 1894년까지로 설정하였으므로, 이 자료는 후기 근대국어에 포함시킬
수 없다. 다만, 이 자료에 '-ㅂ니다'가 상당히 높은 빈도로 출현하는 것
으로 보아 합쇼체 평서형 종결 어미의 성립은 그보다 몇 년 앞선 시기
로 추정해 볼 수 있을 것이다.[16]

---

16) 「신정심상소학」에는 '-ㅂ니다'와 함께 '-ㅂ ᄂ이다'의 형태도 쓰인다. '-ㅂ ᄂ이다'
는 17세기 「첩해신어」에서 '-습ᄂ이다', '-옵ᄂ이다'의 형태로 처음 나타나고,
18세기 전기 「개수첩해신어」에서도 발견된다. 18세기 전기까지는 이 두 자료
에만 보이나, 18세기 후기에 이르면 「천의소감언해」, 「명의록언해」, 「인어대방」
등으로 그 쓰임이 확대된다. '-ㅂ니다'는 이 '-ㅂ ᄂ이다'가 축약된 형태로 여겨
지는데, '-ㅂ니다'와 '-ㅂ ᄂ이다'의 발음이 당시에 어떠하였는지에 대해서는 본
고에서 밝히지 않겠다. 'ㅐ, ㅔ'의 단모음화가 알려진 바와 같이 18세기 말엽
무렵에 이루어졌다고 한다면 「신정심상소학」에 쓰인 '-ㅂ니다'의 '-니-'는 이중

이러한 추정의 타당성은 일본의 한국어 학습서 「교린수지(명치16년본, 1883)」에 의해 뒷받침되는데, 이 자료에는 '-ㅂ네다, -ㅁ네다' 등의 형태 표기가 상당히 많이 나타난다.

    (64) ㄱ. 紙 죵희는 즁들이 쓰옵네다 <교린(명치16), 3, 文武>
        ㄴ. 古羅馬 고라몰은 거름을 잘 것슙네다 <교린(명치16), 2, 走獸>

「교린수지(명치37년본, 1904)」에서는 이들 어미가 '-ㅂ닉다'의 형태로 나타난다.

    (65) ㄱ. 紙 죠회는 즁들이 쓰옵닉다 <교린(명치37), 文武>
        ㄴ. 古羅馬 고라마는 거름을 잘 것슙닉다 <교린(명치37), 走獸>

그러나 아쉽게도 합쇼체 의문형 종결 어미는 찾을 수가 없고, 「성경직해」, 「천로역정」 등에 ᄒ쇼셔체의 '-닛가', '-오닛가'형만 다수 나타난다. 다만, 「성경직해」에 '-ᄂ닛가'형이 나타나는 것을 미루어 '-닛가'는 '-ᄂ-+-잇가'의 결합이 이미 하나의 형태소로 굳어진 것으로 해석할 수 있으며, '-ㅂ니까'는 여기서 발달한 것으로 추정할 수 있다. 또 「혈의 누(1906)」에서 '-ㅁ닛가'형의 합쇼체 의문 어미가 다수 발견되므로 합쇼체 의문 어미의 성립은 그보다 다소 앞선 시기리라 짐작해 볼 수 있다.

    (66) ㄱ. 짜님이 싱겼으니 얼마나 죠흐심닛가 <혈의, 26>
        ㄴ. 앗씨웨주무시다가 이러ᄂ슴닛가 <혈의, 53>

모음이 아닌 단모음으로 볼 수 있을텐데, '-ㅂᄂ이다'가 함께 쓰이고 있기 때문에 '-ㅂ닉다'에 쓰인 '-닉-'와 '-ㅂᄂ이다'에 쓰인 '-ᄂ이-'의 발음이 구별되었었는지, 아니면, '-ᄂ이-'가 '-닉'로 축약되는 과정에서 같은 발음을 혼란스럽게 표기한 것인지 분명하지 않다.

　그러나 이러한 근거만으로 합쇼체 의문 어미의 성립이 후기 근대국
어 시기까지 거슬러 올라간다고 말하기에는 무리가 있다. 이제 1897년
에 간행된 한국 최초의 근대 문법 연구서 「국문정리」를 살펴보자.

　　(67) ㄱ. 과거 : 흐엿슴네다 흐엿쇼 흐엿다
　　　　　 미러 : 흐겟슴네다 흐겟쇼 흐겟다
　　　　　 현지 : 흠네다 흐오 흔다 <국문, 9b>
　　　　ㄴ. 명령 : 흡시오 흐오 흐여라
　　　　　 금지 : 맙시오 마오 말아
　　　　　 반ᄉ : 아니 ㄱ겟슴넷가 아니 ㄱ겟쇼
　　　　　 동ᄉ : 흡시다 흐세 흐자 <국문, 10a>

위 (67)에서 우리는 청자 대우법이 합쇼체, 하오체, 하라체의 셋으로 분
류되어 있음을 확인할 수 있다. 더불어 합쇼체 의문 어미 '-ㅁ넷가'도
볼 수 있다. 「국문정리」는 1897년에 간행된 것이므로 근대 후기의 자료
로 볼 수는 없으나, 문법서가 가지는 보수성을 고려해 볼 때 그것이 근
대 후기의 문법 체계를 반영하고 있는 것으로 보아도 크게 무리가 없을
것이다. 다만, 하게체가 반영되지 않은 것이 아쉽다.
　또한 19세기에는 '-어, -지, -게' 등의 해체 종결 어미가 나타나며,
여기에 높임의 '-요'가 결합한 형태도 보인다.

　　(68) ㄱ. 셩국이 졔 무슴 심쟝으로 동궁의 그리 흉흔 뜻을 먹엇던지요 <한듕,
　　　　　 2,176>
　　　　ㄴ. 언졔라 언졔니 네 덕의 발강담비 맛 죠곰 보좃고나 이리흐엿지 <남
　　　　　 원(춘), 3,12b>
　　　　ㄷ. 빅셩에 지물을 륵넘흐야 빈부로 흐야곰 다 곤케 흐오미 이도 나에
　　　　　 ㅈ야요 여러 번 돈을 곳치고 ㅈ 업는 빅셩을 만히 죽여쓰니 이도 나
　　　　　 에 ㅈ야요 사원을 훼쳘흐야 츙현으로 졔사를 못흐게 흐니 이도 나에
　　　　　 ㅈ야요 완호지물을 광구흐고 샹샤흐오물 쥰졀 업시 흐니 이도 나에

ㅈᆞ야요 <윤음(팔도), 1a>
ㄹ. 눈 뜰나다가 안직빅이 되게요 <심쳥젼, 상18>

'-어, -지'는 의문법 외에 설명법, 명령법과 같은 다른 문체법에도 두루
쓰이는 것이나 '-게'는 의문문에만 쓰인다.

이 외에도 생략형 의문 어미 '-니, -리'가 있다. 이들은 중세국어 이
전부터 쓰였는데, 현대로 오면서 화계가 낮아지는 특징을 가진다. 홍종
선(2004 : 7)은 15세기에는 이들 어미가 ᄒᆞ쇼셔체나 ᄒᆞ야쎠체를 쓸 정도
의 대상에 사용되었으나, 16세기 후반에 이르면 이들 어미의 높임의 위
계가 거의 ᄒᆞ야쎠체와 ᄒᆞ라체 정도에 걸친다고 하였다.

그런데 근대 후기에 이르면 이들이 낮춤의 대상에 쓰여, ᄒᆞ라체 어
미들과 어울린다. 아래 예를 보자.

(69) ㄱ. 내 姓은 아뫼오 일홈은 아뫼라 네 父母ㅣ 잇ᄂᆞ냐 父母ㅣ 다 잇다
兄弟 들이 다 잇ᄂᆞ냐 다 잇다 다 므슴 구실에 잇ᄂᆞ니 <첩몽, 3,1b>
ㄴ. 生日이 언제니 正月 스므닷쇗 날이라 네 집이 어디셔 사는다 鼓樓
앏 東편에서 사노라 <첩몽, 3,2b>
ㄷ. 나히 몃치나 ᄒᆞ니 열아홉 술이라 므슴 生고 辰生이라 네 아ᄋᆞ의 나
히 언머니 비로소 여슷 술이 되엿다 <첩몽, 3,2a>
(70) ㄱ. 아희야 무릉이 어듸메니 도원이 여긔로다 <남원(춘), 1,2b>
ㄴ. 방ᄌᆞ야 도원이 어듸메니 무릉이 여긔로다 <남원(춘), 1,13a-b>
ㄷ. 범범창파 이니 흥을 녹녹셰인 졔 뉘 알니 쳔지 만지 억만지롤 여ᄎᆞ
여ᄎᆞ 늙으리라 <남원(춘), 1,4a>

위 (69)와 (70)은 후기 근대국어 자료로서, 각각 18세기 후기와 19세기
자료이다. (69)에서는 '-니'가 ᄒᆞ라체의 대상인 '너'에 사용되어, ᄒᆞ라체
어미인 '-냐', '-ㄴ다', 의문 첨사 '-고'와 어울리고 있다. (70ㄱ), (70ㄴ)에
서도 '-니'가 ᄒᆞ라체의 대상인 '아희'와 '방ᄌᆞ'에 사용되었다. (70ㄷ)은

혼잣말에 쓰인 것인데, 현대국어에서는 이러한 쓰임을 해라체로 간주하고 있다. 후기 근대국어에서도 이들 어미는 해체 또는 해라체 정도의 위계에 해당하는 것으로 보인다.

한편, 홍종선(2004)에서는 '-니, -리' 외에도 '-닉, -데, -뇌, -쇠, -스외, -새' 등의 반말체 어미를 제시하였다. 이들은 중세국어 시기에서부터 발견되는데, 근대 후기인 18세기 후기 자료에서도 쉽게 찾을 수 있다.

> (71) ㄱ. 여러 아희들이 굴무드려 씨오매 춤아 눕들 몯ᄒ옵닉 <인어, 1,14b>
> ㄴ. 진심 악상 눗쳐 올라 더면ᄒ기 놀납스외 나의 온심 모로거든 눔을 보와 씻티시소 <염불, 44a>
> ㄷ. 학희 눕혼 교만으로 빅두어신 되야 나고 보시ᄒ롸 교만ᄒ면 스복대마 되다얏데 <존설, 권션곡 6b>
> ㄹ. 이 보소 어로신네 이 내 말숨 드러 보소 머리도 꼬리도 굿도 업슨 마리로쇠 <염불, 31a>

그러나 위 예에서 보이듯 이들 반말체 어미는 주로 평서문에 쓰이며 의문문에 쓰인 예는 찾기 어렵다.

이리하여 20세기 초에 이르면 오늘날과 같이 공손법 체계에 따른 의문 어미의 분류가 가능하게 된다.

3.2 후기 근대국어 의문법의 체계

후기 근대국어는 의문법이 가장 큰 변화를 겪은 시기이다. 전기 근대국어만 하더라도 중세국어의 ᄒ야쎠체 어미가 소멸하면서 그 자리에 ᄒ소체 어미가 등장하고, 간접 의문 어미 '-ㄴ디(지)'가 나타난 것을 제외하면 중세국어와 크게 다르지 않다. 그런데 후기 근대국어 안에서도 18세기와 19세기를 구분할 필요가 있다. 18세기는 19세기에 비해 그 변화가 적어서, 전기 근대국어의 의문법 체계가 대체로 유지되기 때문이다.

18세기 후기에 이르면 인칭법이 소멸한다. 흐라체 의문 어미로서 판정 의문 대 내용 의문의 구분 없이 사용되던 2인칭 의문 어미 '-ㄴ다, -ㄹ다'가 사라지고 판정 의문 대 내용 의문의 대립을 가지는 1·3인칭 의문 어미 '-냐, -랴, -뇨, -료'로 통합된다.

또한, '-어'계 어미가 '-아'계 어미로 형태가 바뀌는 시대적 조류에 따라 흐라체 의문 어미 '-녀, -려'가 '-냐, -뇨'로 형태 변화하고, 더불어 수사 의문 어미 '-ㅼ녀'가 사라지면서 '-냐'와 '-리오'로 통합되었다.

이러한 변화에 따라 18세기 후기의 의문법 체계는 다음과 같이 정리할 수 있다.

(72) 18세기 후기 의문법 체계

직접	호쇼셔체		판정	-잇가
			내용	-잇고
	호소체		판정	-ㄴ가, -ㄹ가
			내용	-ㄴ고, -ㄹ고
	흐라체	용언	판정	-랴, -냐
			내용	-료, -리오(수사의문), -뇨
		체언	판정	-가
			내용	-고
	반말체			(-니, -리)
간접			판정	-ㄴ가, -ㄹ가, -ㄴ지, -ㄹ지
			내용	-ㄴ고, -ㄹ고, -ㄴ지, -ㄹ지

후기 근대국어를 특징짓는 주요한 변화들은 19세기에 이르러서야 비로소 나타난다. 먼저 공손법 체계의 변화에 따라 하게체와 하오체, 합쇼

체 및 비격식체 의문 어미들이 새로이 등장하였는데, 이는 대체로 19세기 후반에 이루어진 것으로 보인다. 전기 근대국어에서 중간 높임의 등급을 가졌던 ㅎ소체가 ㅎ오체와 ㅎ게체로 분화하는데, ㅎ게체 의문 어미에는 ㅎ소체 의문 어미였던 '-ㄴ가/고, -ㄹ가/고' 외에 '-나'가 새롭게 편입되고, ㅎ오체 어미로는 '-오'가 등장하여 의문문뿐 아니라 평서문, 명령문 등에도 두루 사용되었다. 상대 높임에서 가장 높은 등급을 차지했던 ㅎ쇼셔체 어미 '-잇가'는 합쇼체 어미 '-ㅁ넷가'로 발달하고, 비격식체 어미로서 '-아/어, -지, -게' 및 여기에 높임의 '-요'가 결합한 '-아요/어요, -지요, -게요' 등이 새로이 등장하였다. 그리고 다양한 해체 어미들과 이 어미들에 높임의 보조사 '-요'가 붙은 형태들이 나타난다.

　다음으로, 의문 첨사가 소실되었다. 의문 첨사는 19세기 중반 이후 영남을 제외한 지역에서 사라지며, '체언 + -가/고' 구성의 체언 의문 형식 대신 '체언 + -이-(계사) + 의문형 종결 어미' 구성의 용언 의문 형식으로 통합되었다.

　또한, 간접 의문 어미로 '-나'가 새롭게 쓰이는데, '-ㄴ가, -ㄴ지' 등과는 그 분포가 상보적이어서, 그것을 보문으로 취하는 모문 동사가 서로 구분된다.

　마지막으로, 간접 의문과 ㅎ쇼셔체 직접 의문에서 내용 의문 대 판정 의문의 형태 대립이 사라졌다. ㅎ쇼셔체 의문 어미는 18세기 전기까지만 해도 의문사가 있는 의문문에 '-잇가'가 쓰인 예가 수사 의문의 일부 예에 지나지 않으나, 18세기 후기에 이르면 수사 의문이 아닌 일반 내용 의문에서도 '-잇가'의 쓰임이 두드러지고, 19세기에 이르러 '-잇가'로의 중화가 완성된다. 간접 의문에서도 19세기에 '-ㄴ가'와 '-ㄹ가'로의 중화가 일어난다. 간접 의문 어미와 동일한 형태인 ㅎ소체 직접 의문 어미는 여전히 내용 의문과 판정 의문에 각각 '-ㄴ고, -ㄹ고'와 '-ㄴ가, -ㄹ가'가 쓰여 '-오'계 어미와 '-아'계 어미가 대립하고 있는 것과 대조적이다.

이러한 변화에 따라 19세기의 의문법 체계는 다음과 같이 정리할 수 있다.

(73) 19세기 의문법 체계

직접	ᄒ쇼셔체(합쇼체)		-잇가, (-ㅁ닛가)
	ᄒ오체		-오
	ᄒ게체	판정	-ㄴ가, -ㄹ가, -나
		내용	-ㄴ고, -ㄹ고, -나
	ᄒ라체	판정	-랴, -냐,
		내용	-리오(수사의문), -뇨
	해체		(-니, -리), -아/어, -지, -게
	해요체		-아요/어요, -지요, -게요
간접			-ㄴ가, -ㄹ가, -ㄴ지, -ㄹ지, -나

이상의 내용을 바탕으로 후기 근대국어 의문법의 체계를 다음과 같이 설명할 수 있다. 첫째, 2인칭 의문 어미 '-ㄴ다, -ㄹ다'가 사라지면서 인칭법이 소멸하였다. 둘째, ᄒ라체 의문 어미 '-녀, -려'가 '-냐, -뇨'로 형태 변화하고, 수사 의문 어미 '-ᄯ녀'가 사라지면서 '-냐'와 '-리오'로 통합되었다. 셋째, 의문 첨사가 소실되어, 체언 의문이 '체언 + -이-(계사) + 의문형 종결 어미' 구성의 용언 의문 형식으로 통합되었다. 넷째, '-ㄴ가, -ㄴ고' 외에 '-ㄴ지'와 '-나'가 간접 의문 어미의 영역으로 편입되면서 세 종류의 간접 의문 어미가 모문 동사에 따른 분포의 차이를 가지게 되었다. 다섯째, 판정 의문 대 내용 의문의 형태 대립은 ᄒ게체와 ᄒ라체 어미에만 나타난다. 여섯째, 공손법 체계의 변화에 따라 하게체와 하오체, 합쇼체 및 비격식체 의문 어미들이 새로이 등장하였다.

4. 의문사와 부정사

4.1 의문사와 부정사의 관계

현대국어의 의문사 목록은 다음과 같다.[17]

> (74) ㄱ. 체언 의문사 : 누구, 무엇, 어디, 언제, 얼마, 몇
> ㄴ. 부사 의문사 : 어찌, 왜
> ㄷ. 관형사 의문사 : 무슨, 어느, 어떤, 웬
> ㄹ. 용언 의문사 : 어떠하-(어떻-), 어찌하-(어쩌-)

위 목록에 있는 단어들이 항상 의문사로 쓰이는 것은 아니며, '왜'를 제외한 의문사는 동일한 형태가 부정 대명사로도 쓰인다. 국어에서 의문사는 부정사와 그 쓰임을 구분할 필요가 있다. 예를 들어 '누구'는 'who'와 같은 의문사의 쓰임 뿐 아니라 'someone'과 같은 부정사의 쓰임도 가진다. 의문사와 부정사가 영어에서는 형태적으로 구분되지만 국어에서는 같은 형태로 실현되는 것이다.

의문사가 내용 의문에 쓰여 그 대상의 내용을 묻는 구실을 하는 반면, 부정사는 그것 자체가 '모르거나 확실치 않은 어떤 것'을 가리킬 뿐, 그 대상의 내용을 묻는 구실은 하지 않으며, 평서문, 의문문에 두루 쓰일 수 있다. 다만 의문문에서는 의문사의 용법과 부정사의 용법 두 가지 모두 쓰일 수 있기 때문에 의문사일 경우 내용 의문, 부정사일 경우 판정 의문이 되어 중의성을 갖게 되지만, 구어에서는 억양으로 양자가 구별이 된다. 또한 경상 방언에서는 판정 의문과 내용 의문의 어미가 형태적으로 구분되기 때문에 "밖에 누가 왔노?"는 '누구'가 의문사로 쓰

---

17) 서정수(1996)의 분류를 수용하였다.

인 내용 의문이고, "밖에 누가 왔나?"는 '누구'가 부정사로 쓰인 판정 의문이다. 따라서 의문사와 부정사는 형태적으로는 같지만 그 쓰임은 전혀 다르다고 할 수 있다.

15세기의 중세국어에서는 (74)에 대응되는 단어들이 의문사로만 쓰였을 뿐, 부정사로는 쓰이지 않았다. 다음 절에서 밝히겠지만, 부정사적 용법은 16세기부터 나타난다. 따라서 동일한 형태가 두 가지 쓰임을 가지기 때문에 의문사와 부정사를 한 단어의 두 가지 쓰임, 즉 다의어로 볼 것이냐, 아니면 서로 다른 단어, 즉 동음어로 볼 것이냐 하는 문제가 제기된다. 기원적으로는 부정사적 용법이 의문사로부터 파생되었다고 할 수 있지만, 경상 방언의 경우 의문사와 부정사는 그 성조에 있어서 서로 다른 실현을 보이므로 과연 한 단어라고 해야 하는지 의문이 생긴다. 본고는 이러한 문제는 일단 접어 두고, 의문사가 오늘날과 같은 부정사적 용법을 가지게 된 과정을 살피고, 부정사 구문의 특징이 어떻게 변화하였는지를 살핀다.

4.2 의문사의 부정사적 용법

서정수(1990 : 247)에서 의문사와 동일 형태의 부정사가 본래 '-인가/-인지 모르는-'과 같은 기저 구조를 지닌 간접 의문문의 물음말이었으나 그 간접 의문문이 상위문에 내포되는 과정에서 일부 성분이 축약되고 물음말로서의 기능이 정지됨으로써 형성된 것이라고 주장한 바 있으며, 김충효(2000)은 이러한 주장을 후기 근대국어의 자료를 통해 입증하였는데, 그는 의문사로부터 부정사가 발달하는 과정과 시기를 다음의 표로 요약하였다.

(75) 의문사의 기능 분화 시기 : 김충효(2000)

자료 낱말	윤해 1752~	명의 1777	중무원 1782	성해광 1790	성해 1892~	소학독 1895	독립 1896~	귀성 1908	소년비 1917
누구		◎			■				
무엇				◎			■		
어디			◎	■					
언제							◎■		
얼마			◎■						
몇		◎		■					
무슨	◎		■						
어떤		◎	■						
어느		◎	■						
웬								◎■	
웨									
왜									◎
어찌									
어떻게						◎	■		
어찌하									
어떠하									

※ 무표 : 의문사   ◎ : 간접 의문문   ■ : 부정사

위의 표를 근거로 김충효(2000)은 내용 의문의 직접 의문문에만 쓰이던 의문사가 18세기 후반에 이르러 간접 의문문에도 쓰이기 시작하면서 의문사의 기능 분화가 이루어져 부정사의 기능도 가지게 된 것으로 보았다.

그러나 15세기 간접 의문문이 의문사가 없는 판정 의문일 경우 '-ㄴ가, -ㄹ가'의 어미가, 의문사가 있는 내용 의문일 경우 '-ㄴ고, -ㄹ고'의 어미가 쓰였음은 주지의 사실이므로, 18세기 후반에 이르러서야 비로소 의문사가 간접 의문문에도 쓰이기 시작했다는 김충효(2000)의 주장은 새

삼 확인할 필요도 없을 것이다. 더구나 우리는 이제부터 의문사가 부정사적 용법으로 쓰이는 것이 16세기 전반, 즉 중세국어 시기까지 올라간다는 사실을 밝힐 것이다.

한편, 서정수(1990 : 247)에서 주장한 바와 같이, 부정사가 본래 "-인가/-인지 모르는-"과 같은 기저 구조를 지닌 간접 의문문의 물음말에 기원한다면, 관형사보다 체언이나 부사에서의 기능 분화가 시기적으로 더 앞설 것이라는 추정을 해 볼 수가 있다. 왜냐하면 <관형사 + -인가/인지 모르는>의 구조는 불가능하기 때문이다. 그러므로 관형사 의문사는 체언이나 부사 의문사의 부정사 용법에 유추하여 부정사 용법을 가지게 되었을 것이라는 가설을 세울 수가 있다. 김충효(2000)에서 제시한 위의 (75)에서는 관형사에서 먼저 부정사의 용법이 나타나므로 이러한 가설과 상충된다. 앞으로의 논의에서는 우리의 가설을 문헌 자료의 확인을 통해 검증하게 될 것이다.

4.2.1 체언 의문사

① 누구

'누구'의 옛 형태로는 '누, 누고, 뉘' 등이 나타난다. 부정사적 용법은 김충효(2000)이 지적한 19세기의 「성경직해(1892~)」보다 앞선 시기인 「태상감응편도설언해(1852)」뿐 아니라 근대국어 전기라 할 수 있는 18세기 전반의 「악학습령(1713)」에서도 발견된다.

> (76) ㄱ. 만일 누구 너희게 말ᄒ거든 굴ᄋ디 쥬ᄡᅥ디 잇다 ᄒ라 <성직, 4,2a>
> ㄴ. 졀듕의 갑 을 두 효렴이 잇더니 갑의게 ᄒ 벗이 잇셔 을의 쳬 아롬
> 다옴을 보고 계교로 취코져 ᄒ여 갑으로 더부러 뫼ᄒ니 갑이 그 벗

> 을 위호여 획칙홀 시 말을 지어 을의 귀의 들여 보닉여 니로디 그
> 쳬 누구로 더부러 통간홈이 잇다 호니 을이 그 말을 듯고 갑으로 더
> 부러 의논호딕 갑이 힘뻐 권호여 출쳐호라 호고 인호여 니혼셔롤 디
> 신 지어 쥬니 을이 니혼셔롤 벗겨 가지고 가니라 <태상, 3,31b>
>
> ㄷ. 구름 낀 볏 뉘도 쐰 적이 업건마는 西山에 힉 지다 호니 눈물 계워
> 호노라 <악습, 13>

위 예에서 '누구'와 '뉘'가 쓰인 문장은 모두 의문문이 아니라 평서문이
므로, 이들이 분명 부정사적 용법으로 쓰인 것을 알 수 있다.

② 무엇

'무엇'의 옛형태로는 '무엇, 무어, 므슴, 무슴, 므슥, 므스것' 등이 있
다. '무엇'의 형태는 '므스것' 혹은 '므슥'으로부터 발달한 것으로 추정
되며[18], 오늘날 '무엇'과 '무슨'이 형태상으로 구별되는 것과 달리 '므
슴'은 대명사와 관형사의 용법을 모두 가졌던 것으로 보이므로, 여기서
함께 다루도록 한다.

'므슴'의 부정사적 용법은 김충효(2000)이 지적한 개화기의 「독립신
문」보다 1세기가 앞선 18세기 후기, 즉 후기 근대국어 자료에서도 나타
날 뿐 아니라 16세기 전기 자료인 「번역노걸대」에서도 찾을 수 있다.

> (77) ㄱ. 네 스스로 쟈랑 말라 쏘 이 므슴 됴혼 것 아니니 너를 여듧 돈을
> 혼 낫체 주리라 <박신, 3,31b>
>
> ㄴ. 수울옷 됴티 아니커든 갑슬 갑디 말라 둘워 먹져 므슴 됴혼 누무새
> 잇거든 져기 가져오라 <번노, 상63a>

---

18) 김광해(1984), 한글학회(1992) 참조.

위 예에서도 '므슴'은 평서문에 쓰여 부정사적 용법을 보이고 있다. 그런데 위 예문에 쓰인 '므슴'이 오늘날의 대명사 '무엇'에 대응하는 것인지 아니면 관형사 '무슨'에 대응하는 것인지는 정확히 알 수 없다. 후행하는 명사구 '됴혼 것'과 '됴혼 ᄂ마새'를 수식하는 관형사 '무슨'이 올 수도 있고, 아래 「귀의성」에 쓰인 예처럼 대명사 '무엇'이 올 수도 있기 때문이다.

(78) 무엇 먹을것이ᄂ 쥬며 살살 꾀히더냐 <귀의성, 89>

개화기 이전 자료에서는 위 두 예를 제외하고는 대명사 '무엇'의 부정사적 용법으로 파악되는 예를 찾기 어려우나, 관형사 '무슨'이 부정사적 용법을 가지는 예는 발견된다.

(79) ㄱ. ᄯᅩ 무슴 연괴잇서 셩노션공도 ᄒᆞ지 못ᄒᆞᄂ 쟈ᄂ 디숑으로 텬쥬경 두 ᄶᅦᆷ이룰 넘홀지니라 <천주공, 2,1>
　　 ㄴ. 무슴 모샹이 잇스면 그 모샹을 의지ᄒᆞ야 능히 손을 놀녀몯ᄃᆞ니 <성해광, 1,69>

위 (79ㄱ)과 (79ㄴ)에서 '무슴'은 각각 후행 명사 '연괴'와 '모샹'을 수식하는 관형사로 사용되었다. 위 두 예문에 나타나는 '무슴'은 평서문에 쓰였으므로 부정사적 용법으로 사용된 것임을 알 수 있다.

③ 어디

'어디'의 부정사적 용법은 전기 근대국어 시기인 18세기 전기 자료에서 찾을 수 있다.

(80) ㄱ. 어듸셔 반가온 방울 소리 구름 밧긔 들니더라 <악습, 465>
　　　ㄴ. 어디셔 넌닙픠 지는 비 소리는 니를 조츠 마초누니 나올 적 언제더
　　　　　니 秋風의 落葉 누네 <악습, 172>

위 두 예문에 쓰인 '어디' 역시 평서문에 쓰여 부정사적 용법으로 해석
된다.

④ 언제

'언제'는 명사와 부사의 용법을 모두 가지므로 여기서 함께 다루도
록 한다. '언제' 역시 전기 근대국어 시기인 18세기 전기에 부정사적 용
법으로 사용된 것이 보인다.

(81) 어디셔 넌닙픠 지는 비 소리는 니를 조츠 마초누니 나올 적 언제더니
　　　秋風의 落葉 누네 <악습, 172>

⑤ 얼마

'얼마'는 '언머, 언마, 엇마, 얼머, 현마, 몃마' 등 다양한 형태로 나
타난다. 17세기 자료에서 평서문에 쓰인 부정사적 용법의 용례를 찾을
수 있다.

(82) ㄱ. 내 싱각혼 일을 졈치디 아니코 이리 술오니 언머 無調法이 너기시
　　　　　를 알건마는 하 無斗方ᄒ여 숣는 일이오니 샤ᄒ옵소 <첩해, 1,6a-b>
　　　ㄴ. ᄯᅩ 아니 니ᄅᆞ셔도 얼현이 아니ᄒᆞ오리 東萊로셔 앗가 도라왓ᄉᆞ니 東
　　　　　萊 겨셔도 어제는 일긔 사오 나온 ᄃᆡ 언머 슈고로이 건너시도다 넘
　　　　　녀ᄒᆞ시고 問安ᄒᆞ옵시데 <첩해, 1,21b-22a>
　　　ㄷ. 알고도 無道히 된 仕合 붓쓰러오미 海山 ᄀᆞ티 너기ᄂᆞᆫ이다 모다 언

머 서의혼 거시라 흥보심을 싱각ᄒ면 측ᄒ건마ᄂ 힘대로 못ᄒ고 붓
그림을 모로ᄂ 거시 되얏ᄉ오니 <첩해, 9,13a-b>

⑥ 몇

'몇'은 '몃, 현, 혀나믄' 등의 형태로 쓰였다. '몇'도 '무엇'과 같이
16세기에 부정사적 용법으로 쓰인 용례가 발견된다.

(83) 쥬인공아 내 말 드르라 몃 사ᄅ미 공문리예 득도ᄒ얏거든 너ᄂ 엇디 댱
샹고취둥에 륜회ᄒᄂ다 <초발, 40a>

위 예문은 내용 의문으로 쓰인 복합문으로, '몃'은 조건절에서 부정사적
용법으로 사용되었다. '몇'은 수사와 관형사의 두 가지 용법을 가지는데,
위는 '사ᄅ'을 수식하는 관형사로 쓰인 것이다. 개화기 이전 자료에서
수사로 쓰인 부정사적 용법은 찾기가 어렵고, 관형사로 쓰인 것만 일부
나타나는데, 부정사적 용법의 용례가 턱없이 부족하므로 부정사적 용법
이 관형사에서부터 시작되었다고 말하기에는 무리가 있다.

4.2.2 부사 의문사

① 어찌

김충효(2000)에서는 '어찌'에 대해 부정사뿐 아니라 간접 의문의 용
법조차 밝히지 못했는데, 18세기 전기에 부정사로 쓰인 예를 찾을 수
있다.

(84) ㄱ. 곳 텨도 내게 엇디홈이 업게 홀 ᄶ시니 뎌 도적이 와 侵邊홀 때와

> 와 攻城홀 째롤 기두려 그저 야가 뎌를 拒禦홈을 싱각고져 말라
> <오전, 8,24a>

'어찌'는 '어떠한 이유로'의 뜻을 가질 때는 의문사로만 사용되고, '어떠한 방법으로'나 '어떠한 관점으로'의 뜻을 가질 때는 부정사로도 쓰인다. 즉, '어찌'는 '어떻게'와 교체되어 쓰이므로, (75)에서처럼 '어떻게'가 부정사로 사용된다면 '어찌'도 마찬가지여야 한다. '어찌'와 '어떻게'의 의미는 크게 〔+이유〕와 〔-이유〕(혹은, 〔+방법〕)으로 나누어 볼 수가 있는데, 〔-이유〕일 때만 부정사적 용법도 가진다.

　② 왜

'왜'는 현대국어에 이르기까지 유일하게 부정사로 쓰이지 않는 의문사이다. 영어에서도 'why'에 대응되는 부정사 형태는 존재하지 않는다.

4.2.3 관형사 의문사

① 어느

17세기에 부정사로 쓰인 용례가 보인다.

> (85) 우리 뎌 올리디 못ᄒ니 어ᄂ ᄒ나 댱방올 티기 니그니롤 보와 몬져 티게 ᄒ쟈 ᄒ 디위 사롬이 짓궤더니 새로 온 崔개 세 번을 년ᄒ야 뎌 올려다 다론 사롬이 닐오디 꿈이로다 <박통, 하 36a>

② 어떤

18세기 전기에 부정사로 쓰인 용례가 보인다.

(86) ㄱ. 엇던 사롬을 만나 사롬의 텨 죽임을 닙어 命이 업숫느이다 <오전, 1,46a>

　　ㄴ. 萬一 도적이 이셔 와 내 邊鄙을 侵ᄒ거든 내 뼈 等待ᄒᄂ 배 엇던 策을 行ᄒ고 엇던 사롬을 쁘며 만일 도적이 이셔 와 내 城을 티거든 내 엇디 設施ᄒ여야 데 곳 敢히 와 티디 못ᄒ며 곳 텨도 내게 엇디홈이 업게 홀 쩌시니 뎌 도적이 와 侵邊홀 때와 와 攻城홀 때를 기드려 그저 야가 뎌를 拒禦홈을 싱각고져 말라 임의 이 밋디 못ᄒ리이다 삼가 敎를 바드리이다 <오전, 8,24a>

③ 웬

‘웬’은 그 형태가 후기 근대국어 시기에 처음 나타나는데, 김충효(2000)는 근대국어 자료에서는 「완판본열여춘향슈졀가」에 쓰인 예가 유일하며, 모두 의문사의 용법이라고 하였다. 그러나 「천로역정(1894)」 및 19세기 자료이나 그 정확한 연대를 알 수 없는 「가곡원류」에서 부정사로 쓰인 용례가 나타난다.

(87) ㄱ. 이제야 스롭되야 웬 몸에 깃시 돗쳐 九萬里 長天에 술우룩 솟스올 나님 계신 九重宮闕에 굽어뵐ㄱ가 ᄒ노라 <가곡, 127>

　　ㄴ. 웬 사롬 둘이 길 왼편에셔 담을 쮜어 너머 와셔 급히 ᄯᆞ른니 ᄒᆞᆫ 사롬의 일홈은 시의오 ᄯᅩ ᄒᆞᆫ 사롬의 일홈은 위션이라 <천로, 41a>

4.2.4 정리

이상에서 살핀 바를 다음의 표로 정리하였다.

(88) 의문사의 부정사적 용법 출현 시기

	16세기	17세기	18세기	19세기
누구			■	
무엇	■			
어디			■	
언제			■	
얼마		■		
몇	■			
어찌			■	
어느		■		
어떤			■	
웬				■

'무엇'과 '몇'은 16세기에 처음으로 부정사 구문으로 쓰인 것이 발견되고, '얼마'와 '어느'는 17세기에 처음 나타나며, '누구', '어디', '언제', '어찌', '어떤'은 18세기에, '웬'은 19세기에 처음 나타난다. 김충효(2000)은 18세기 후반에 이르러서야 의문사의 부정사적 용법이 나타난다고 하였는데, 우리는 의문사가 부정사적 용법으로 사용되기 시작한 것이 후기 근대국어 시기가 아니라 16세기 중세국어 시기까지 거슬러 올라감을 확인하였다.

위 표를 보면 의문사에 따라 그 부정사적 용법의 출현 시기는 2세기에서 3세기까지 차이가 난다. 이러한 차이는 자료의 한계로 인한 우연일 수도 있겠지만, 심지어 3세기까지 차이가 나는 것은 각 의문사에 따른 부정사적 용법의 발달에 있어 편차가 있을 것이라는 가설을 지지해 주는 것 같다. 그러나 위 표의 부정사적 용법의 출현 시기가 그 발달 시기와 일치한다고 확언하기는 어렵다.

의문사가 부정사적 용법으로 사용된 용례의 수가 손에 꼽을 정도로 매우 적어 단정할 수는 없으나, 적어도 부정사적 용법으로의 쓰임이 관형사 의문사에서부터 시작하였다고 말할 수는 없다. 서정수(1990 : 247)

의 주장대로, 부정사가 본래 '의문사 + -인가/-인지 모르는-'과 같은 기저 구조를 지닌 간접 의문문의 물음말에 기원하고, 여기서 '-인가/-인지 모르는-'이 생략되면서 의문사가 부정사적 용법을 가지게 되었다면, 관형사보다 체언이나 부사에서의 기능 분화가 시기적으로 더 앞서야 할 것이다. 위 표는 이러한 가설의 가능성을 시사해 준다고 할 수 있다.

4.3 부정사 구문의 특징

전술하였다시피 국어에서는 '왜'를 제외한 모든 의문사가 부정사적 용법도 함께 가진다. 내용 의문문에 쓰였다면 그것은 물음의 내용을 묻는 의문사요, 의문문이 아닌 평서문에 쓰였다면 부정사적 용법으로 사용된 것임을 쉽게 확인할 수 있다. 그런데 부정사는 평서문뿐 아니라 의문문에 쓰일 수도 있는데, 이때는 내용 의문문이 아니라 판정 의문문이 된다. 의문문에서 내용과 판정에 따라 '-오/-아'계 어미가 명확하게 구분된다면 의문사로 쓰인 것인지 부정사로 쓰인 것인지 판단이 용이하지만, 근대 이후 '-오'계 어미가 '-아'계 어미로 점차 중화되므로 억양이 표현되지 않는 문헌 자료에서는 그 의문의 대답을 확인하여야만 부정사적 용법인지 아닌지를 파악할 수 있다는 어려움이 있다. 그래서인지 부정사가 쓰인 판정 의문문의 형태는 좀처럼 찾을 수가 없다.

현대국어의 부정사 구문과 비교되는 근대국어 부정사 구문의 특징을 살피기 위해서는 근대국어 부정사 구문 자료가 충분하여야 하는데, 실상은 그렇지 못하며, 개화기에 이르러서야 부정사 구문을 어느 정도 확인할 수 있다. 자료의 한계뿐 아니라 그 자료들을 하나도 빠짐없이 정확하게 분석해 내기도 어렵다는 시간과 능력의 한계 또한 장애 요소가 된다. 여기서는 필자가 발견한 용례들을 중심으로 현대국어와 구분되는 근대국어 부정사 구문의 특징을 살피도록 한다.

개화기 이전 자료에서 의문사가 부정사적 용법을 보이는 것은 고작 4.2절에 제시한 몇 개의 예들에 지나지 않는다. 따라서 이들 몇 개의 예들로 근대국어 시기의 부정사 구문의 특징을 논하는 것은 어불성설이다. 그러나 '무엇'의 경우 미약하게나마 그 특징을 지적해 볼 수가 있겠는데, 4.2절에서도 언급하였다시피, 'ᄆᆞᆺ, 므슴, 므슷' 등의 형태가 오늘날의 '무엇'에 대응하는 대명사로도 쓰이고 '무슨'에 대응하는 관형사로도 쓰였다.

(89) ㄱ. 네 스스로 쟈랑 말라 ᄯᅩ 이 므슴 됴흔 것 아니니 너를 여듧 돈을
　　　 ᄒᆞᆫ 낫체 주리라 <박신, 3,31b>
　　ㄴ. 수울옷 됴티 아니커든 갑슬 갑디 말라 둘워 먹져 므슴 됴흔 ᄂᆞᄆᆡ새
　　　 잇거든 져기 가져오라 <번노, 상63a>

위 두 예문에 쓰인 '므슴'은 대명사인지 관형사인지 그 구분이 명확하지 않다. 각각 '됴흔 것'과 '됴흔 ᄂᆞᄆᆡ새'라는 명사구가 후행하므로 후행 명사구를 수식하는 관형사 '무엇'으로 분석할 수도 있지만, 아래 예에서처럼 후행 명사구 앞에 대명사 '무엇'이 선행하는 것 또한 가능하기 때문이다.

(90) 무엇 먹을것이ᄂ 쥬며 살살 꾀히더냐 <귀의성, 89>

'언제'도 명사와 부사의 두 가지 용법을 가지는데, '언제'는 개화기 이전 자료에서 다음의 한 예만 찾을 수 있었다.

(91) 어디셔 넌닙픠 지ᄂ 비 소릭ᄂ 니를 조ᄎᆞ 마초ᄂᆞ니 나올 적 언제더니
　　 秋風의 落葉 ᄂᆞ네 <악습, 172>

위 예문은 명사로 쓰인 것이다. 다른 의문사와 달리 '언제'는 개화기 자료에서도 부정사적 용법이 매우 드물게 나타난다.

'얼마'는 오늘날 명사인데, 근대국어에서는 현대국어와 달리 명사구 앞에서도 자유롭게 쓰였다.

> (92) ㄱ. 내 싱각흔 일을 점치디 아니코 이리 술오니 언머 無調法이 녀기시
>   믈 알건마는 하 無斗方ᄒ여 숣는 일이오니 샤ᄒ옵소 <쳡해, 1,6a-b>
>   ㄴ. 相샹去거ㅣ 언마 尺寸을 자히라 <증무원, 19a>

또한, 아래 예에 쓰인 '언머'는 보조사의 결합 없이 용언을 수식하는 부사적 용법으로 사용되고 있다.

> (93) 쏘 아니 니ᄅ셔도 얼현이 아니ᄒ오리 東萊로셔 앗가 도라왓ᄉ니 東萊겨
>   셔도 어제는 일긔 사오 나온 디 언머 슈고로이 건너시도다 넘녀ᄒ시고
>   問安ᄒ옵시데 <쳡해, 1,21b-22a>

개화기 이전 자료에 나타나는 부정사적 용법은 그 활용 형태가 현대국어만큼 다양하지 못하다. 현대국어에서 전형적으로 부정사 구문에 쓰이는 '누구든지, 누구나, 누구는, 무엇이든지, 무엇이나, 무엇이라도, 무슨 ~이든지, 무슨 ~이라도, 어디나, 어디든지, 언제든지, 언제라도, 언제는, 얼마든지, 어찌 ~하면, 어느 ~나, 어느 ~든지, 어느 ~라도, 어떤 ~나, 어떤 ~든지, 어떤 ~라도' 등의 구성은 아직 보이지 않는다.

한편, 의문사 구문 중에 자칫 부정사 구문으로 오인하기 쉬운 예들이 있다. 다음 예문에 나타난 명사구는 현대국어의 의문사 구문에서 찾아 볼 수 없는 독특한 형태이다.

> (94) ㄱ. 머리로부터 검흐야 시작홀ᄉ 나히 언마나홈을 헤아리고 크크며 젹음

과 面면體톄에 肉육色식이 엇더홈과...<증무원, 24a>
ㄴ. 司馬溫公이 굴ᄋ샤디 믈읫 婚姻 의론홈애 반ᄃ시 몬져 그 사회와
다믓 며느리의 텬셩과 힝실과 믿 집읫 法이 엇더홈을 술피고 그 가
ᄋ멸며 貴홈을 혼갓 ᄉ모티 말올디니라 <소학, 5,64a-b>

위 예의 '언마나홈을', '엇더홈과', '엇더홈을'에 쓰인 의문사들은 의문
어미를 갖는 의문문의 형식으로 사용되지 않고 명사형으로 쓰여 부정사
구문으로 오인하기 쉽다. 그러나 그 의미를 살펴보면 각각 '얼마나 하는
지를/얼마나 하는가를', '어떠한지와/어떠한가와', '어떠한지를/어떠한가
를' 등의 간접 의문으로 해석되는 의문사 구문이다. 현대국어에서는 간
접 의문으로 표현하는 것이 자연스러우나 개화기 이전 자료에서는 간접
의문으로 쓰이지 않고 명사형으로 쓰였다.

5. 결론

중세국어의 의문법 체계를 기준으로 할 때, 전기 근대국어가 변화의
시작 및 전개 단계라면 후기 근대국어는 변화의 절정 및 마무리 단계라
할 수 있다. 18세기 중엽부터 갑오경장에 이르는 후기 근대국어 시기
의문법의 특징은 이전의 복잡했던 대립 체계의 단순화로 요약된다.

먼저, ᄒ라체의 직접 용언 의문문에서 주어가 2인칭일 경우에 쓰이
던 의문 어미 '-ㄴ다/-ㄹ다'가 18세기 후반에 '-냐'계 어미로 통합되었고,
수사 의문 어미 '-ᄯ녀'도 18세기 후반에 '-냐'와 '-리오'로 통합되었다.
그리고 'NP + 의문첨사' 구성의 체언 의문문은 19세기에 'NP + -이-
(계사) + 의문형 종결 어미'의 용언문 구성으로 정착한다. 또한 내용 의
문에 '-오'계, 판정 의문에 '-아'계 어미가 쓰여 그 형태가 대립되던 것

이 18세기 후기에 들면 일부 의문 어미에서 상당히 혼란한 모습을 보이는데 19세기에 이르러 ᄒᆞ쇼셔체 의문 어미와 간접 의문 어미에서 '-아'계 어미로의 중화가 완성된다. 간접 의문 어미로는 '-ㄴ가, -ㄹ가, -ㄴ고, -ㄹ고' 외에 '-ㄴ지, -ㄹ지'가 18세기 후반 이후로 활발히 사용되고, 19세기에는 '-나'도 간접 의문 어미로 자리 잡는다. '-ㄴ가'계, '-ㄴ지'계, '-나'는 그 분포가 상보적이어서, 그것을 보문으로 취하는 모문 동사가 서로 구분된다. 19세기에는 공손법에도 분화가 일어나서 ᄒᆞ소체가 ᄒᆞ게체와 ᄒᆞ오체로 분화되고, 합쇼체를 비롯하여 비격식체인 해체와 해요체가 발달하는데, 이러한 변화는 의문 어미에서도 나타난다.

그리하여 간접 의문과 직접 의문, 판정 의문과 내용 의문의 대립 체계 및 인칭법, 공손법 등의 체계에 따라 복잡하면서도 질서정연했던 의문법 체계는 근대 후기에 공손법의 위계에 따른 의문법 체계로 변화하여 현대국어와 유사한 모습을 가지게 된다. 다만, ᄒᆞ라체와 ᄒᆞ게체에서는 현대국어와 달리 내용 의문 대 판정 의문 어미의 형태 대립이 여전히 유지되는데, 오늘날 영남 방언에서도 해라체는 내용 의문에 '-노', 판정 의문에 '-나'가 쓰이고, 체언 의문문에서도 의문 첨사 '-고'와 '-가'가 대립을 이루며, 하게체와 간접 의문에서는 '-ㄴ고'와 '-ㄴ가'가 대립을 이루고 있다.

마지막으로, 의문법의 세 요소 중의 하나인 의문사가 부정사적 용법을 가지게 되어 그 기능이 분화된 시기는 지금까지 알려진 바와 달리 후기 근대국어 시기가 아니라 늦어도 중세국어 시기까지 거슬러 올라갈 수 있다.

참고문헌

고영근. 1976. "현대국어의 문체법에 대한 연구."「어학연구」 12-1.

김광해. 1983. "국어의 의문사에 대한 연구."「국어학」 12.

김성란. 2002. "근대국어의 의문법어미 '-다'에 대하여."「자하어문논집」 17.

김용숙. 1987.「한중록 연구」, 정음사.

김정아. 1985. "15세기 국어의 '-ㄴ가' 의문법에 대하여."「국어국문학 」 94.

김혜영. 2002.「국어 의문사의 작용역 연구」, 고려대 석사학위논문.

김충효. 2000.「국어의 의문사와 부정사 연구」, 박이정.

나진석. 1958. "의문형 어미고."「한글」 123.

서정목. 1987.「국어 의문문 연구」, 탑출판사.

서정수. 1990.「국어 문법의 연구」, 한국문화사.

서정수. 1996.「국어문법」, 한양대학교 출판원.

안병희. 1965. "후기 중세국어의 의문법에 대하여."「학술지」(건국대) 6.

이기문. 1961.「국어사개설」, 민중서관.

이승욱. 1963. "의문첨사고."「국어국문학」 26.

이승희. 1996. "중세국어 의문법 '-ㄴ다'계 어미의 소멸 원인."「관악어문연구」 21.

이영민. 2001. "근대국어 의문어미에 대한 연구."「국제어문」(국제어문학회) 23.

이태욱. 1988. "번역박통사와 박통사언해에 나타난 의문법에 대하여."「수선논집」(성균관대학교대학원) 13.

이현희. 1982. "국어의 의문법에 대한 통시적 연구."「국어연구」 52.

장경희. 1977.「17세기 국어 종결 어미 연구」, 서울대 석사학위논문.

정재영. 1996.「의존명사 'ᄃᆞ'의 문법화」, 태학사.

최명옥. 1976. "현대국어의 의문법 연구-서남경남방언을 중심으로."「학술원 논문집」 15.

최현배. 1937.「우리말본」, 정음사.

허웅. 1975.「우리 옛말본」, 샘문화사.

허웅. 1983.「옛말본-형태론」, 샘문화사.

허재영. 2000. "의문문의 통시적 연구."「인문과학논총」(건국대인문과학연구소)

35.

홍종선 엮음. 1998. 「근대국어 문법의 이해」 박이정.

홍종선 외. 2000. 「현대국어의 형성과 변천 1, 2, 3」 박이정.

홍종선. 2004. "중세 한국어의 상대 높임법 'ᄒᆞ니체'의 설정." 「조선학보」 190.

후기 근대국어의 보조용언 연구

-통시적 흐름을 중심으로-

|박상진|

1. 서언

보조용언은 전통적으로 본용언을 도와 문장의 의미를 분명히 해주는 문법단위로 규정되어 왔다. 지금까지 이에 대한 연구는 대부분 현대국어를 대상으로 통사적 특징을 밝히는 방향과 의미적 특징을 밝히려는 방향의 두 가지로 나뉘어져 왔다. 그 결과 보조용언이 단순히 본용언의 의미를 보조하는 기능만이 있는 것이 아니라 모문의 본용언으로 기능할 수 있음이 논의되기도 했고, 의미적으로는 문장의 상이나 양태를 나타내고 있음이 논의되기도 하였다.[1] 한편 현대 이전 시기의 보조용언에 대한 연구는 상대적으로 소략한 편인데, 대부분 중세국어를 대상으로 현대국어 보조용언의 분류체계를 적용하여 설명하는 경향을 보인다. 손세모돌(1996 : 285~396)에서 통시적 접근이 어느 정도 이루어졌으며, 근대국어나 개화기 국어를 대상으로 한 것으로 이지선(1991), 이동혁(1998), 정은

---

1) 보조용언에 대한 구체적인 연구사는 안명철(1990), 박진호(1998)가 참고된다.

정(2000)을 참고할 수 있다.

근대국어 시기는 흔히 17세기부터 19세기까지를 일컫는데, 이를 다시 전후기로 나누었을 때, 전기는 17세기에서 18세기 전반으로, 후기는 18세기 후반에서 19세기말(1894년, 갑오경장)까지로 구분할 수 있다. 이 글에서는 기본적으로 후기 근대국어 시기를 중심으로 그 전후 시기를 살펴보는 통시적인 태도를 견지하고자 한다. 또한 후기 근대국어 시기일지라도 결국 국어사의 일부라는 점에서 중세국어나 전기 근대국어, 개화기까지도 필요에 따라 언급될 것이다. 이러한 방법을 통해 국어 문법사 중 보조용언 범주에 대한 미시적인 기술에 작은 도움이 될 것을 기대한다.

2. 보조용언의 설정과 범위

통시적 접근으로 국어의 문법요소를 추출하는 방법은 현대국어에 나타나는 형태를 중심으로 하여 역시적으로 검토하는 방법과 해당 시기의 자료에 나타나는 형태를 직접 검토하는 방법이 있을 수 있다. 역시적인 방법은 현대국어에 나타나는 문법적 요소의 변화를 직접 비교해서 살필 수 있을 뿐 아니라 검색이 비교적 쉽다는 장점이 있지만 특정 시기의 고유 형태와 특징 등을 놓칠 수 있다는 단점도 있다. 이 글에서는 원칙적으로 해당 시기의 자료를 직접 검토하되 현대국어와의 연계를 고려해 역시적인 방법을 보충하여 검색을 시도했다. 그러나 적어도 개화기 이전의 보조용언 범주에서는 기존에 알려진 목록과의 차이는 발견되지 않았다. 따라서 이 글에서는 기존의 목록에 대해 후기 근대국어 시기를 중심으로 중세국어에서 개화기 즈음까지 개별 보조용언들의 시대별 특징을 폭넓게 살펴보는 태도를 취한다.

표면적으로 보조용언은 합성동사, 특히 통사적 구성을 보이는 합성동사와 '선행용언 + 연결어미 + 보조용언'의 동일한 구성을 보인다. 따라서 공시적으로는 양자의 구분을 명확히 할 필요가 있다. 이러한 구분을 위해 문장의 문맥과 함께 현대국어 보조용언 설정에 대한 기존의 기준들을 배경으로 보조용언 목록을 설정하였다.[2] 한편 통시적으로는 보조용언의 성립과정에 대해 '본용언→ 보조용언→ 접사'의 문법화 과정으로 설명하는 것이 일반적이다.[3] 물론 개별적인 성립 시기의 시차가 있어서 합성동사, 보조용언, 접사의 단계나 그 중간 단계에 있는 것을 구분할 필요가 있다. 후기 근대국어 시기 역시 이러한 검토를 통해야만 범주의 설정과 목록화가 좀더 정확할 것으로 생각된다.[4] 그러나 이 글에서는 보조용언과 접사 이전의 단계를 따로 구분하지 않고 함께 묶어서 다루기로 한다. 이는 일종의 정도성으로 설명할 문제로 생각되는데, 필자로서는 이 시기에 대하여 문법화의 정도를 구분할 정도로 직관이 명확하지 않기 때문이다. 따라서 '내다'나 '버리다'처럼 다른 것들보다 문법화의 정도가 크다고 알려진 것들도 동일한 층위에서 다루게 된다. 그러나 개별 보조용언 형태들을 통시적으로 검토해가는 과정에서 실제 사용량의 차이 등으로 이러한 정도성의 추이는 자연스럽게 드러날 것으로 생각한다. 이러한 논의를 바탕으로 생각할 수 있는 보조용언 목록은

---

2) 선행용언과 보조용언 간에 '-서'를 개입시키는 방법, 선행용언과 보조용언 각각을 대동사화시켜 보는 방법 등이 있다. 손세모돌(1996 : 48)에서는 선행연구를 검토해 다음과 같이 정리하였다.
    1. 논항과의 무관성   2. 내적 비분리성
    3. 문장 대용형과의 결합 가능성   4. 선행용언까지의 분리 대용
    5. 동일 형태의 선행 용언 사용 가능성 6. 의사 분열문 형성 가능성
3) 손세모돌(1996), 김명희(1996), 고영진(1997), 김미영(1998), 이동혁(1998) 등이 모두 이러한 관점의 연구들이다.
4) 이동혁(1998)에서 이러한 관점을 볼 수 있다.

다음과 같다.

> (1) ㄱ. -어 가다, -어 오다, -어 잇다, -고 잇다, -어 나다, -어 브리다(버리
> 다), -어 닉다(내다), -어 보다, -어 주다, -어 드리다, -어 놓다, -어
> 두다, -고 시브다
> ㄴ. -어 아니ᄒ다(않다), -어 말다, -게 아니ᄒ다(않다), -게 말다
> ㄷ. -어 디다(지다), -게 ᄒ다
> ㄹ. -어 가지고

(1)에서 (ㄴ), (ㄷ)은 부정과 피동·사동을 만드는 형태이다. 이들은 보조용언 구성이기는 하지만 분명한 문법 범주를 보인다는 점에서 (ㄱ)과는 차이가 있다. 또 (ㄹ)은 현대국어에서 후치사로 처리되는 것인데, 후기 근대국어에서도 후치사로 처리하는 것이 좋으리라 생각된다. 보조용언도 본용언과 마찬가지로 활용을 하고 몇 종류의 선어말어미와 통합하는데, '가지고'는 '-고'로만 활용하고 또 선어말어미와 통합하지도 않는다. 따라서 이 글에서는 (ㄴ), (ㄷ)과 함께 검토대상에서 제외하도록 한다. 그러면 이 글에서 살펴보게 될 보조용언 목록은 (ㄱ)에 해당하는 형태로 한정된다.

용례의 검색은 우선 21세기 세종계획의 말뭉치 자료에서 연결어미와 결합된 복합용언류를 검색하고, 보조용언 구성이 아닌 것을 삭제하는 방법을 취한다. 또한 보조용언은 보조적 연결어미 '-아/-어, -고' 등을 반드시 선행어미로 취하기 때문에 이들을 따로 표시하지는 않는다. 다만 '-어 잇다'와 '-고 잇다' 등과 같이 구분이 필요할 경우에 한해서 표시하도록 하겠다. 그리고 이 경우 연결어미의 대표형으로 '-어'형을 취하는데, 후기 근대국어에서 확인되는 연결형어미는 중세국어에서와 달리 '-아'형보다는 '-어'형이 상대적으로 출현빈도가 높기 때문이다.

3. 개별 보조용언의 검토

3.1 가다

현대국어에서 보조용언 '가다'는 '오다'와 함께 '지속'의 의미를 보인다. 또한 양태적으로는 '오다'가 화자에게서 가까워짐을 뜻하는 반면, '가다'는 화자에게서 멀어짐을 뜻한다. 이에 따라 '가다'는 현재를 기점으로 하여 미래로의 지향을 표현하며 '오다'는 과거에서 현재에 이르는 시간성을 표현하는 것으로 알려져 있다. 기존 논의에서는 '가다'의 보조용언 기능이 중세국어에서 발견되기는 하지만 소수에 지나지 않다고 하였다. 그러나 검색 결과 결코 적다고는 할 수 없을 것 같다.

(2) ㄱ. 네 이제 므슴 그를 비호ᄂ다 어드메 닑거 갓ᄂ다 혼 두 날만 기드리면 ᄆᆞᄎᆞ리라 <번박, 상 : 49b>

ㄴ. 새벼리 놉거다 하ᄂᆞᆯ도 ᄒᆞ마 ᄇᆞᆰ가 가ᄂᆞ다 우리 ᄆᆞᆯ 모라 가 하ᄎᆈ에 가 짐ᄃᆞᆯ 설엇노라 ᄒᆞ면 마치 ᄇᆞᆰᄀᆞ리로다 <번노, 상 : 58a>

ㄷ. 利煩惱ᄂᆞᆫ 더어 가ᄂᆞ 煩惱ㅣ라 <월석, 9 : 6b>

ㄹ. 과ᄀᆞ론 가슴 알파 氣分이 답가와 주거 가ᄂᆞ 니치 프르고 <구방, 상 : 27a>

ㅁ. 나도 녀ᄂᆞ 병 업시 심증이 날로 디터 가니 민망타 <김씨 편지>

ㅂ. 블리다가 침물 마즈니 그려도 헐티 아녀 더 브어 가거ᄂᆞᆯ <김씨 편지>

위의 예는 중세국어에서 볼 수 있는 용례들이다. (ㄱ), (ㄴ)은 손세모돌(1996 : 316)에서 인용한 것이고 (ㄷ)~(ㅂ)은 추가적으로 찾은 것들이다. (ㄱ)과 (ㄷ)에서는 타동사가 선행하고 그 밖의 예는 자동사와 형용사가 선행하였다. 위의 예로 보아 중세국어에서 선행용언에 대한 제약은 없었던 것으로 보인다. 손세모돌(1996 : 317)에서는 '가다'의 선행어로 형용사가 많이 있음을 보이면서 '뵈다, 드물다, 너출다, 늙다'의 예를 들고 있는데, 이 중 '드물다'를 제외하고는 모두 동사로 보아야 할 것이다. 따라서 중세국어에서 '가다'가 형용사와의 결합이 활발하였다고 단정하기는 어려울 듯하다.

(3) ㄱ. 가는 쥴을 울워러 보고 妖怪ᄒᆞᆫ 氣運ㅣ 훤히 업서 <u>가믈</u> ᄀᆞ으로 아노라 <두시(중), 1 : 7b>

ㄴ. 오히려 길 녀는 中에 이슈라 사호미 나날 그처 <u>가니</u> 乘輿ㅣ 九重에 便安히 <두시(중), 19 : 44a>

ㄷ. 됴셕에 게을리 아니ᄒᆞ고 어미 ᄎᆡ시 병이 극ᄒᆞ여 주거 <u>가거늘</u> 손ᄀᆞ락을 버혀 <동신효, 7 : 47b>

ㄹ. 뫼셔 나ᄀᆞᆯ 거시니 져근덧 믈너시라 ᄒᆞ니 날은 느저 <u>가고</u> 하 민망ᄒᆞ야 힐난ᄒᆞ다가 <서궁, 26b>

위의 용례들은 전기 근대국어 시기의 용례들이다. 선행하는 '없다, 그치다, 죽다, 늦다'는 모두 자동사들이다. 18세기 전기에 해당하는 용례들을 찾을 수 없었는데, 문헌상의 제약에 따른 것으로 생각된다.

다음은 후기 근대국어 시기 중 18세기 후기의 용례들이다.

(4) ㄱ. 쇼민이 가난ᄒᆞ더 아ᄃᆞᆯ이 이시면 기르디 아니리 만흐니 뎡귀 졈졈 쇠ᄒᆞ야 긋처 <u>가ᄂᆞ디라</u> <종덕, 중 : 35b>

ㄴ. 퍼져 <u>가다</u>(開廣) <몽보, 37b>

ㄷ. 돌 금을어 <u>가다</u>(月將盡) <역보, 3b>

ㄹ. 여러 슌 먹ᄉᆞ올 ᄲᅮᆫ 아니라 날도 어두어 <u>가오매</u> 그만ᄒᆞ여 罷ᄒᆞ면 언더ᄒᆞ시오리잇가 <인어, 10:15b>

ㅁ. 밋처 비ᄒᆞ지 아니ᄒᆞ면 눈 ᄭᅢᆷ격일 ᄉᆞ이예 곳 늙어 <u>가ᄂᆞ니</u> <첩몽, 1:16b>

위 용례들은 모두 어떠한 상태가 미래까지 '지속'됨을 나타내는 것으로 본용언의 의미보다는 보조용언의 용법으로 사용되었음을 알 수 있다. 모두 자동사와 형용사가 선행했고, 타동사가 선행한 용례는 보이지 않는다.

19세기에 이르러 보조용언 '가다'의 출현은 이전 시기에 비해 상대적으로 많아진다.

(5) ㄱ. ᄌᆞ빅이에 건져 그 끌ᄂᆞᆫ 물을 부어 **가며** 기야 죽만허거든 얼음가치 식혀 <규합, 2b>
　　ㄴ. 반만 마르거든 홍독게에 올녀 미러 **가며** 붉아 다듬으면 술이 올ᄂᆞ 반반ᄒᆞ고 고오니라 <규합, 23b>
　　ㄷ. 원긔는 눌노 모숀ᄒᆞ고 고질은 눌노 깃터 **가니** 이 ᄲᅥ를 일코 다스리지 아니 ᄒᆞ면 반ᄃᆞ시 소셩ᄒᆞ지 못ᄒᆞ리라 <이언, 셔:2a>
　　ㄹ. 한 지샹이 와 졀ᄒᆞ여 갈오ᄃᆡ 니의 ᄯᅡᆯ이 거즌 죽어 **가니** 다못 쥬 와셔 손으로 안찰ᄒᆞ면 곳 살갓ᄂᆞ이다 <셩교, 마9:18>
　　ㅁ. 그 부뫼 션군의 병셰 졈졈 깁허 **가믈** 보고 우황 초조ᄒᆞ여 <숙영(경), 3b>

선행용언으로 (ㄱ), (ㄴ)은 타동사, (ㄷ)~(ㅁ)은 자동사와 형용사를 취하는데, 이들 외에도 타동사 '잇글다, 풀다, 들시다, 치다' 등을 취하는 예를 더 볼 수 있다. 타동사가 선행한 예들은 구체적인 행위가 완료되지 않은 채 지속됨을 의미하고, 형용사가 선행한 예들은 상태의 변화가 지속됨을 의미한다.

위 용례들을 통해 보조용언 '가다'는 중세국어부터 형용사와의 결합보다는 동사와의 결합이 보다 일반적이었던 것으로 보인다. 동사에서도 자동사나 타동사에 대해 특별한 제약이 있었던 것 같지는 않다. 다만 분포상 후대로 갈수록 타동사와 결합하는 용례가 늘어남을 볼 수 있다.[5] 형용사로는 대체로 '붉다, 어둡다, 깊다' 등이 선행하는데 대체로 현대국어에서도 '가다'와 통합하는 형용사의 목록들이다. 다만 '붉다'는 현대국어에서 '오다'와 결합하는 것이 자연스럽다.

4.2 오다

'오다'는 본용언으로 쓰일 경우 '가다'와 상대가 되는 또다른 이동동사이다. 그러나 '오다'는 '가다'와는 다른 분포를 보인다. 현대국어에서는 '가다'와 함께 '시간적 이동', '사태의 지속', '상태의 변화' 등의 의미를 보이지만, 통시적으로 '오다'는 '가다'보다 그 생성이 늦게 이루어진다. 그 이유가 이동동사로서의 대표성이 '오다'에 비해 '가다'가 더 높기 때문인 아닌가 한다. '오다'의 보조용언 기능은 중세국어에서는 확인되지 않고 적어도 근대국어에서 확인되는 것으로 알려져 있다.6)

> (6) ㄱ. 권농(勸農)ᄒᆞᆸ는 졍ᄉᆞ는 아됴(我朝)의 가법(家法)이라 녈됴(列朝)로브터 써 <u>오므로</u> 슈츈(首春)애 권농(勸農)ᄒᆞ오시는 뎐지롤 ᄂᆞ리오시고 <훈서 가색편, 1b>
>
> ㄴ. 그 아비 벼슬 ᄒᆞ더니 나라 직물롤 거느려 <u>오다가</u> 흠츅ᄒᆞ야시므로 쳡을 ᄑᆞ라 갑흐려 ᄒᆞ다 ᄒᆞ거눌 <종덕, 하 : 12b>

위 용례들은 18세기 후반에 발견되는 것으로 모두 타동사가 선행하였다. 문맥적으로 볼 때 이들은 모두 시간 경과에 따른 선행 동작의 지

---

5) 손세모돌(1996 : 320)에서는 신소설에서 이러한 경향이 두드러져 현대국어의 특징을 보여주고 있음이 지적되었으나 이러한 경향은 이미 이전부터 나타났던 것으로 보아야 할 것이다.

6) 손세모돌(1996 : 321)에서는 개화기에 처음 나타난다고 하였으나 이동혁(1998)에서는 18세기의 일례를 들어 그 시기를 앞당긴 바 있다.

· 그 乃祖와 乃父는 곳 녯날 신해라 님금과 다ᄆᆞᆺ 신해 써 오늘날ᄭᆞ디 니르러 <u>와</u> 싀니 그 만일 네더티 아니ᄒᆞ며 <훈서, 13a>

속을 뜻한다. 공간적인 '이동'이 시간적인 '지속'의 뜻으로 확대된 것으로 보조용언의 의미가 본용언의 다의적 용법 중 하나가 발달한 것이라는 설명에 부합한다. 형용사가 선행한 예는 보이지 않아 현대국어와 달리 '상태변화'의 의미를 찾을 수 없다.

19세기에도 보조용언 '오다'는 고전소설[7]에서 약간 발견될 뿐이다.

(7) ㄱ. 팔계는 낫치 검프르러 오며 눈청이 달느 오고 사승은 두 눈의 절노 눈물을 흘니고 삼장은 닙의 뉘우츔을 흘니더니 <서유, 하 : 13b>
　　ㄴ. 하날이 붉아 오면 우리를 두려 쌋호지 안이 홀 거시니 붉기를 기드려 보즈 ᄒ더니 <서유, 상 : 29b>
　　ㄷ. 동방이 밝긔 오니 심청이 제의 부친 진지나 망종 지여드리리라 <심청(경) 상:24>
　　ㄹ. 밤의 어두워 오니 명화를 부러 보너여 <심청(경), 상 : 28>

모두 고전소설 작품인 「서유기」와 「심청전」에서 볼 수 있는 용례인데, 모두 형용사가 선행하여 18세기와 달리 형용사의 '상태변화지속'을 의미하고 있다. 현대국어에서는 '가다'와 '오다'가 보조용언으로 쓰일 때 주로 '가다'는 부정적 의미를, '오다'는 긍정적 의미를 보이는 경향이 있다(손세모돌, 1996 : 134~138). 그런데 위의 용례들을 살펴보면 '붉다, 어둡다'와 모두 결합하고 있어 아직 그러한 의미 차이가 드러나지는 않는다. 따라서 이러한 제약은 적어도 이후 시기에 나타나는 것으로 생각된다.

보조용언 '오다'는 문헌을 통해 볼 때, '가다'와 달리 후기 근대국어에서 처음 나타나며 선행용언으로는 타동사와 결합하는 경우가 우세하

---

7) 고전소설류는 방언적 요소를 감안해 경판본에 국한하여 검토하였다. 또한 시기적으로 19세기에 이루어진 것으로 보았는데, 그 근거로 이창헌(1995)에 의한다 (신은경, 1997 : 8).

다. 그러다가 19세기 고전소설에서 형용사와 결합하는 예들이 나타난다. 한편 20세기 신소설 자료에서는 동사, 형용사의 결합에 별다른 제약이 없다고 하였는데(손세모돌, 1996 : 321), 어느 정도 자료의 제약을 감안하더라도 선행용언 결합양상의 추이에 대해 시사하는 바가 있는 것으로 생각된다.

4.3 -어 잇다

'-어 잇다'는 현대국어 '-어 있다'의 소급형이다. 현대국어에서는 선행용언으로 타동사, 형용사와 결합하지 못하고 자동사와만 결합하여 '결과상태지속'의 의미를 보인다. '-어 잇다'는 역사적으로 유사한 기능을 보이던 '-고 잇다'보다 많은 분포를 보이다가 과거시제 형태소 '-앗/엇-'으로 문법화하여 근대국어 이후로 약화되지만 현대국어까지 남아있는 형태이다.

'-어 잇다'는 중세국어부터 활발하게 쓰였으며 선행용언으로 자동사나 타동사, 형용사에 제약이 없음을 확인할 수 있다.

> (8) ㄱ. 네 이제 …(중략)… 부텨를 맛나 잇느니 <석보, 6 : 11>
> ㄴ. 우리 바비 니거 잇느니 나그내네 먹고 디나가라 <번노, 상 : 40>
> ㄷ. 호놀히 <u>몰갯거놀</u> ㅂㄹ미 帳을 걷고 <두시, 10 : 10>

(ㄱ), (ㄴ)은 각각 허웅(1975 : 415, 1989 : 253)에 제시된 15, 16세기 문헌의 용례인데 각각 타동사와 자동사가 선행하였고, (ㄷ)은 형용사가 선행한 예이다. 위 용례들은 문맥상 모두 '결과 상태의 지속'을 의미한다.

다음은 전기 근대국어 시기의 보조용언 '-어 잇다'의 용례들이다.

(9) ㄱ. 원컨대 낭군는 이롤 렴ᄒᆞ여 뼈 사라 잇기ᄂᆞᆯ 도모ᄒᆞ라 <동신열, 4 : 9b>
　　ㄴ. 손가락 버혀 수리 ᄣᅡ 뼈 받ᄌᆞ오니 병이 됴하 잇더니 <동신효, 2 :
　　　47b>
　　ㄷ. 병을 드러 골아올 ᄣᅡ 잇거ᄂᆞᆯ <동신충, 1 : 32b>

　이들은 모두 『동국신속삼강행실도』(1617)에 나타난 예들로 (ㄱ), (ㄴ)
은 자동사와 형용사가 선행했으며,[8] (ㄷ)은 타동사 'ᄣᅡ-'가 선행했다. 선
행용언과는 특별한 제약이 보이지 않는 점이 중세국어와 같다.

　아래의 후기근대국어 자료에 보이는 '-어 잇다'에 선행하는 요소는
자동사 '머믈다, 살다, 깃들다, 남다(餘), 둘다(圍), 들다(入), 벌다(列)' 등
이다. 또 피동사 '사로잡히다, 걸니다, 달니다(掛), 구치다'가 보이기도
한다.

(10) ㄱ. 先生아 앗가 니ᄅᆞ든 그 秀才ㅣ ᄯᅩ 어디 머므러 잇ᄂᆞ뇨 <박신, 3 :
　　　55b>
　　ㄴ. 본 창 잇는 곳은 우심읍이오 본 창 곡식 흐터 잇ᄂᆞᆫ 고을이 ᄯᅩᄒᆞᆫ 다
　　　우심인즉 <윤음(경사), 2b>
　　ㄷ. 아모가 病患이 非輕ᄒᆞ매 밤낫 侍藥ᄒᆞ여 일소오니 아마 來日도 몯ᄂᆞ
　　　려오게 ᄒᆞ엳ᄉᆞ니 <인어, 6 : 20b>

　(ㄱ)은 자동사 '머믈다'가 선행어로 나타났다. (ㄴ)의 '흩다'는 현대국
어에서 '-어 잇다' 구문의 제약에 비추어 타동사에서 '디(지)-'가 생략된
것으로 이해할 수 있지만, '흩다'가 중세국어에서 자타 양용동사로 기능
하였다는 점에 주목하여 자동사로 해석한다.[9] (ㄷ)은 '-ᄒᆞ다'와 결합해

---

8) 한동완(1999 : 235~244)에 의하면 현대국어의 '-어 있다'는 선행용언으로 〔+순
　간성〕 자질을 갖는 자동사만을 취하며 형용사와는 결합하지 않는다. 한편 중세
　국어와 근대국어에서 형용사와 결합하는 예들은 이후에 대부분 '-어 지다'와
　결합해 자동사로 전성되는 경향을 보인다. 현대국어 구어에서는 여기에 다시 '-어
　있-'과 결합하는 것이 간혹 보이는데 자연스러운 것 같지는 않다.

동사가 되는 한자어명사의 예인데, (ㄱ), (ㄴ)과 달리 '결과의 지속'보다 '반복'으로 해석된다. 더욱이 시간부사 '밤낮'에 의해 '侍藥하는' 행동이 반복되는 것임을 보인다. 따라서 (ㄷ)의 예는 '-어 잇다'가 보여주는 일반적인 해석과는 다른 예로 현대국어라면 '-고 있다'로 나타나야 하는 예이다.

(11) ㄱ. 우리들이 어디 머믈너 잇ㄴ뇨 <훈아, 1a>
ㄴ. 톡기가 잇스니 굴을 파고 드러 잇스며 <훈아, 8a>
ㄷ. 령혼의 둔홈과 슬홈과 령혼의 약홈이 또혼 남아 잇스니 <성직, 3: 76b>
ㄹ. 련옥에 사로잡혀 잇ᄂ 령혼을 구홈이 또혼 너희 본분이라 <주년, 32b>
ㅁ. 몬져 드러온 언약은 혜아려 구쳐 잇스리니 공은 의혹지 말ᄂ <장자, (경) 상:16a>

(11)은 모두 19세기 자료에서 보이는 것들이다. 모두 [+순간성]의 자질을 갖는 자동사만이 선행하고 있다. (ㄹ), (ㅁ)의 '사로잡혀'와 '구쳐'는 각각 '사로잡-', '굳(固)-'에 피동접미사 '-히-'가 통합해 자동사가 되었다.

'-어 잇다' 구문의 선행어는 중세국어 시기에 별다른 제약이 없었던 것이 근대국어 시기를 거치며 자동사와 결합하는 경향을 보인다. 그리고 이 선행용언들은 대체로 [+순간성] 자질을 갖는데, 이는 현대국어의 제약조건과도 대체로 부합한다. 이러한 경향은 '-고 잇다'의 출현으로 인한 경쟁과 과거시제 '-앗/엇-'으로의 변화에 따른 기능축소의 과정을 거치는 동안 자동사와 결합하는 제약을 갖게 된 것으로 생각할 수 있다.

---

9) 양용동사 '흩다'의 성격은 다음의 경우처럼 적어도 17세기까지 유지되고 있다.
· 드듸여 다 죄믈을 흐터 권당을 주고 스스로 목 졸라 죽다 <동신열, 2:28b>
· 도적이 크게 오니 그 물이 흐터 두라나거늘 <동신충, 1:59b>

4.4 -고 잇다

현대국어에서 '-고 있다'는 '-어 있다'와 달리 자동사와 타동사 모두를 선행동사로 취할 수 있다. 그리고 선행동사의 〔순간성〕 자질 여부에 의해 '진행'과 '결과상태의 지속'을 의미하게 된다.[10] 중세국어에 '-고 잇다'가 나타나는 예는 앞서 언급했듯이 적은 편이다.

(12) ㄱ. 어느 제 퍼깃 대롤 占得ㅎ야 머리예 져근 頭巾을 스고 의식려뇨
　　　 <두시, 16 : 34>
　　 ㄴ. 하눌홀 괴와 셔셔 치위 초ᄆ며 눈 투디 아니코 잇ᄂᆞ 프른 솔와 <번박, 상 : 69b>
　　 ㄷ. 도경이 … ᄉ당올 디킈오 잇다가 자피여 <이륜, 23>
　　 ㄹ. 네 유무 보고져 나 그토록 울오 잇노라 <김씨 편지>

(ㄱ)~(ㄷ)은 이동혁(1998 : 448)과 허웅(1989 : 253~254)에서 제시된 것으로 타동사가 선행했으며 (ㄹ)은 필자가 추가한 것으로 자동사가 선행했다. 이들은 모두 어떤 '행위의 지속'이라는 의미를 보이고 있다. '-어 잇다'에 자동사가 선행하는 것이 이 시기의 일반적 특징이고 19세기까지 자동사가 선행한 '-고 잇다'의 예를 찾지 못했다는 점에서 (ㄹ)의 예는 예외적이라 할 만하다. 구어체를 반영하는 「순천김씨간찰」의 문헌적 특징에 따라 구어에서는 어느 정도 사용되었던 것이 아닌가 추측해 볼 뿐이다.

전기 근대국어와 후기 근대국어에도 '-고 잇다' 구문은 다음의 예 정도 밖에는 보이지 않는다.

(13) ㄱ. 풀히 오히려 어믜 주검을 안고 잇더라 <동신효, 8 : 15b>
　　 ㄴ. 니존 스이 업시 僉官들ᄭᅴ 니르고 잇ᅀᆞᆸᄂᆡ이다 <첩해, 2 : 17a>

---

10) 현대국어 '-고 있다'의 제약조건에 대해서는 한동완(1999) 참조.

(14) ㄱ. 入歸ᄒ실 째논 마좀 알코 <u>잇스와</u> 드러와 拜別도 몯ᄒ오니 至今 섭
섭이 너기읍ᄂᆡ <인어, 5 : 2b>

ㄴ. 우리들은 전혀 공만 믿고 <u>잇스오니</u> 부듸 괴롭다 마ᄅ시고 <인어,
10 : 24a>

ㄷ. 날이 치운다라 후개 훗옷 닙고 <u>잇더니</u> 흰 금을 주ᄂᆞ니 잇거눌 <오
류봉, 21a>

ㄹ. 산듕에 드러가 가쇠덤블 속에 숨어셔 풀을 키여 먹고 <u>잇더니</u> 도적이
ᄯᅡ라와 산듕에 니ᄅᆞ러 녕ᄒ여 굴오디 <오륜열, 39a>

(13)은 전기 근대국어, (14)는 후기 근대국어의 용례들인데, (14)는 「인
어대방」(1790)과 「오륜행실도」(1797)의 예이다. 이들 모두 타동사가 선행
해 선행동사의 행위에 대한 '지속'을 뜻하며, 전시기와 출현이나 기능
등에서 큰 차이를 보이지 않는다.

19세기에 이르면 보조용언 '-고 잇다' 구문이 이전에 비해 양적으로
상당히 많아짐을 볼 수 있다.

(15) ㄱ. 너의 손으로 너의 입 압흘 가리우고 <u>잇스면</u> 무슴 긔운이 잇서 너의
손에 다 닷침을 알거시 <훈아, 1a>

ㄴ. 우리가 스울 거시니 잠간 기드리고 <u>잇거라</u> ᄒ고 팔계를 그릇슬 들니
고 <셔유, 하 : 4b>

ㄷ. 그디를 좀간 보고 <u>잇지</u> 못ᄒ더니 <조웅(경), 16b>

ㄹ. 졔갈냥의 신기묘산은 쳔 니 밧 일를 알고 <u>잇는</u> 스람이온즉 맛당이
방비ᄒ오리이더 <삼국, 상 : 19a>

ㅁ. 소리도 못ᄒ고 슬푸믈 먹음고 <u>잇더니</u> 이윽고 사관이 와 젼지ᄒ되
<강태, 상 : 14b>

이 시기의 '-고 잇다' 구문은 일반 문헌자료들 보다 고전소설에서 다
양하게 확인되어 구어에서의 사용이 많았음을 추측하게 한다. 선행용언
은 이들 외에 '놓-, 밋(信)-' 등을 더 볼 수 있는데 모두 타동사들이다.

그 의미 역시 행위의 '지속'으로 이전과 차이가 없다. 현대국어에서처럼 '진행'의 의미는 아직 볼 수 없는데, 선행용언의 종류가 그리 많지 않음과 무관하지 않을 것으로 생각된다. '진행'의 의미는 적어도 다양한 선행용언이 출현하는 개화기 이후에 나타난 것으로 생각된다.[11]

이제까지 살펴보았듯이 '-고 잇다'는 '-어 잇다'보다 후대에 출현하고 그 빈도도 높지 않다. 또한 선행용언에 대해서도 '-어 잇다'가 자동사와 결합하는 경향을 보이는 데 비해 '-고 잇다'는 타동사와 결합하는 경향을 보인다. 그러다가 '-어 잇->-앗/엇-'의 발달과 이에 따른 기능약화로 '-고 잇다'는 개화기 이후 선행용언과의 결합제약이 완화되어 현대국어에서는 자동사와도 결합해 '진행'의 의미를 나타내게 되었다.

4.5 보다

보조용언 '보다'는 현대국어에서 '시험'이나 '경험'의 의미를 갖는다. 전자의 경우 동작성 동사와만 결합하는데 비해 후자의 경우는 문맥상 과거의 의미를 갖는 경우에 국한되어 나타난다. '경험'이라는 의미가 현재시점에서의 과거를 전제한다는 점에서 지극히 당연한 제약이다.

보조용언 '보다'는 중세국어 시기부터 나타나지만 합성용언이나 연속동사와 명확하게 구분하기는 어렵다.[12] 그렇다고 이 시기에 '보다'의

---

11) 손세모돌(1996 : 326)에서는 독립신문(1896~1899)에서도 '진행'의 의미로 사용된 예가 많지 않음을 지적하고 있다. 이는 당시 실제 사용례가 많지 않았음을 뜻하며, 이들의 사용례가 증가하는 것이 이보다 후기임을 시사한다고 할 수 있다.

12) 다음의 '보다'는 '시험'의 의미를 갖는 보조용언으로도 해석할 수도 있고 연속동사의 본용언으로 해석할 수도 있는 것들이다. 이러한 것들은 원문이 있는 경우 대응 한자로 판별할 수도 있으나(손세모돌, 1996), 대응 한자가 일률적으로 확인되는 것이 아니라는 점에서 해석을 어렵게 한다. 이러한 예들로 '가보다, 열어보다, 블러보다, 니르러보다, 걷어보다, (눈을)떠보다, (눈을)들어보다' 등이 있다.

보조용언 기능이 약했다고 할 수는 없다. 오히려 합성어의 구성소로 많이 나타나는 것은 그만큼 기본동사로서의 기능이 강해서 이른 시기부터 보조용언으로 기능했을 가능성이 더 큰 것으로 해석할 수 있다고 본다.

> (16) ㄱ. 그저긔 쌌마시 뿔ㄱ티 돌오 비치 히더니 그 衆生이 머거 보고 맛내 너겨 漸漸 머그니 <월석, 1:42a>
>
> ㄴ. 부톄 니ᄅ샤ᄃᆡ 네 가 무러 보라 難陁ㅣ 獄卒ᄃ려 무로ᄃᆡ <월석, 7:13a>
>
> ㄷ. 제 아비 病ᄒ야 주글 제 내게 付屬ᄒ야 닐오ᄃᆡ 이대 길어 보라 ᄒ야ᄂᆞᆯ <내훈, 3:19a>

이들은 중세국어 시기에 생략이 가능해 보조용언으로 생각되는 용례들이다. 이들 모두 선행용언의 행동에 대해 '시도'의 의미를 갖는다. 이들 외에도 선행용언으로 타동사 '듣다, 브르다, 거슬다, 딮다, 접다' 등을 더 볼 수 있다.

(17), (18)은 전기 근대국어와 후기 근대국어 시기에 나타난 '보다'의 보조용언 용례이다. 손세모돌(1996:363)에서는 자료의 제약으로 17세기 용례를 제시하지 못했으나 필자는 아래와 같은 예들을 찾을 수 있었다. 그러나 선행용언의 종류가 많아질 뿐 이전 시기와 기능상의 차이는 없다.

> (17) ㄱ. 쏭을 맛보아 길흉을 시험ᄒ야 보고 약을 달히매 <동신효, 7:51b>
>
> ㄴ. 사오나오니 아모커나 혼인ᄒᄂᆞᆫ 일 드러 보쟈 <병일, 374>
>
> ㄷ. 됴흔 술이니 네 먹어 보라 술곳 됴티 아니커든 <노걸, 상:57a>
>
> ㄹ. 브듸 홀 양으로 ᄒᆞᆸ소 힘뼈 술와 보오려니와 <첩해, 1:32b>
>
> (18) ㄱ. 아직 ᄒᆞᆫ 판 두어 시험ᄒ여 보믜 엇더 ᄒᆞ뇨 <박신, 1:26b>
>
> ㄴ. 이 보소 어른신네 이 내 말ᄉᆞᆷ 드러 보소 머리도 쏘리도 굿도 업슨

· 쇼거이 쯍을 잘 노ᄂᆞ이다 王이 불러보니 즈갯 太子ㅣ러라 <석보, 24:52a>
· 新亭에셔 누늘 드러보니 風景·이 ᄀᆞ장ᄒᆞ니 <두시, 10:46a>

마리로쇠 <보권, 1 : 31a>

ㄷ. 흉흥 도모롤 품어 널니 거즛말을 부쳐내여 흔드러 볼 계교롤 짓고져
ᄒ야 <윤음(신서), 3a>

ㄹ. 만치 몯ᄒ여도 連續ᄒ게 ᄒ여 보면 前頭의 아니 죠ᄉ올가 <인어, 6
: 4a>

ㅁ. 드레 가져오라 나도 깃기롤 비화 기러 보쟈 <노걸(중), 상 : 31b>

ㅂ. 맛당이 집안사롬과 의논ᄒ여 보라 <오륜츙, 22b>

위의 용례에서 '보다'는 모두 '시도'를 뜻한다. 선행용언에 제약이
거의 없는 것으로 알려져 있으나 위의 용례에서는 타동사가 대부분이다.
이들 외에 '안다, 묻다, 부르다, 相考ᄒ다, 셤다, 들다, 니르다, 흔들다,
붓들다' 등을 더 찾을 수 있는데, 이들 역시 타동사들이다. 자동사 '가
(去)-', '니르(到)-' 등과 결합한 예가 있으나 연속동사 구성과 명확하게
구분되지 않는다.13) 또한 '한자어명사+ᄒ-'의 구성을 선행용언으로 취
함도 볼 수 있다.

19세기에도 '보다'는 전대의 특징을 변화없이 보여주며 출현도 많아
지고 선행용언의 종류도 훨씬 다양해진다.

(19) ㄱ. 밤의 심지의 불을 혀 독 속의 녀허 보면 덜되면 불이 꺼지고 다되면
아니 꺼지니 <규합, 2b>

ㄴ. 절문 사나희와 절문 녀인을 점검ᄒ여 보라 ᄒ니 혹 음양이 덜여 ᄌ
손이 ᄯ너 지눈지라 <명성, 13b>

ㄷ. 져 큰 길 가의 가 파라 보라 ᄒ고 드러가거늘 <강태, 상 : 3a>

ㄹ. 태평훈 지 오리여 싸홈을 격거 보지 못ᄒ야시미 <이언, 3 : 61b>

ㅁ. 공이 죠신을 만나 긔록헌 글을 일거 보니 죠신이 은근ᄒ고 <조군,
25b>

---

13) · 션악을 굴히디 몯ᄒ야 눈귀예 니르러 보미 업거든 <지장, 중 : 26b>
· 사롬을 시겨 그 뒤흘 ᄯ라가 보라 ᄒ니 과뷔 나가 혼 도ᄉᄃ려 닐너 <종덕,
하 : 63b>

선행하는 용언으로는 이외에도 '흔들다, 만지다, 벌이다, 더지다, 불이다, 닙다, 막다' 등이 더 있다. 이들도 이전 시기처럼 모두 타동사들이다. 의미 역시 '시도'로 파악되는데, (ㄹ), (ㅁ)처럼 이 시기에 현대국어에서 볼 수 있는 '경험'의 의미를 갖는 것이 확인된다.[14]

앞의 예들은 모두 연결어미 '-어'와 결합한 예인데, 이와 달리 '-고'와 결합된 예가 있다. 현대국어에서 '-고 보니, -고 보면'의 형태로 쓰이는 것으로 이러한 구성의 보조용언 용법은 19세기경부터 뚜렷하게 나타난다.

> (20) ㄱ. 부졀 업시 닉 몸을 몬져 바려 부모의게 불칙흔 환을 끼치고 원슈도
>   갑지 못ᄒ고 보면 그 안이 원통ᄒ냐 <곽해, 18>
>   ㄴ. 만일 셔가가 술이 끼고 보면 츄질 터이니 이 싱각을 ᄒ면 몸이 소
>   스치고 마옴이 썰니는지라 <쇼학, 17>

현대국어에서 '-고 보다'는 '앞말이 뜻하는 행동 후에 뒷말이 뜻하는 사실을 깨닫게 됨'의 의미를 갖는데 위의 용례도 앞뒤 행동의 변화를 나타내고 있어 동일한 의미를 추출할 수 있다. 이와 함께 '-어 보아'의 축약형인 '-어 봐'형은 20세기 이후의 소설자료에서 많이 볼 수 있는데, 대체로 구어체에서 나타나는 것이기 때문으로 생각된다.[15]

---

14) 손세모돌(1996 : 362)에서는 아래 18세기의 일례를 제시하면서 '경험'의 의미로
    처리하였는데, 필자가 보기에는 '시험'의 잉여적 의미를 갖는 것으로 생각된다.
    따라서 이 시기 '경험' 의미에 대해서는 유보하도록 한다.
    · 또 일즉 텬하의 드는 비슈룰 구하야 약믈로뻐 둠가 뻐 사룸을 시험ᄒ야
      보니 피실ᄭ고 즉졔 죽더라 <십구, 2 : 95b>
15) 이보다 시기적으로 앞서는 것으로 16세기의 일례를 들 수 있다. 이 자료 역시
    언간자료로 구어체의 특징을 보인다.
    · 너희도 ᄌ시글 ᄀ초 나하시니 디내여 봐라 <김씨편지>

4.6 놓다

보조용언 '놓다'는 중세국어 시기에는 나타나지 않는다. 그리고 대부분 대응한자가 있거나 문맥상 본용언으로 해석되는 것들이다.[16]

'놓다'의 출현시기에 대해 손세모돌(1996 : 337)에서는 19세기부터라고 했으나, 이동혁(1998 : 457)은 후기 근대국어 시기로 정정한 바 있다. 그런데, 다음과 같은 용례를 통해 전기 근대국어 시기에 해당하는 17세기에도 보조용언으로 기능했던 것으로 생각된다.

> (21) ㄱ. 고기 녀허 뒤이즈며 져기 소곰 두고 져로 뒤저어 봇가 반만 닉거든 쟝믈의 파와 교토를 뼈 노화 섯고 <노걸, 상 : 19b>
> ㄴ. 浮橋 믈애 뛰워 노흔 드리 <역어, 상 : 14b>

위 (ㄱ)은 쟝믈(醬水)에 파와 고명을 탄 상태가 반만 익은 고기와 섞이기 전까지 지속되었음을 나타낸다. (ㄴ)은 선행어인 '뛰우-'를 생략해도 비문이 되지는 않지만, 자석서라는 점에서 '浮'를 해석하지 않을 수 없었을 것으로 생각된다. 따라서 다리가 물 위에 띄워진 상태가 지속되는 것으로 해석할 수 있다. 위의 용례를 통해 '노흐다'는 '상태의 지속', 특히 '완료된 상태의 지속'이라는 의미를 찾을 수 있다.

후기 근대국어 시기 중 18세기에 해당하는 용례로 이동혁(1998 : 457)에서 제시된 것 외에도 다음과 같은 예를 추가할 수 있다.

> (22) 슈죡을 좀가 비 안히 가도고 대쇼변만 좀은 거술 여러 노흐니 <낙일사, 69>

---

16) 아래의 예는 중세국어 시기에 볼 수 있는 '노흐다'의 일례인데, 협주문의 일부로 해당 자석에 의해 '노흐다'가 〔放〕에 대응하고 있음을 알 수 있다.
 · 放ᄋᆞᆫ 노ᄒᆞᆯ 씨오 逸ᄋᆞᆫ 便安ᄒᆞᆯ 씨니 제 便安ᄒᆞᆯ 야ᄋᆞ로 ᄆᆞᅀᆞᆷᄭᆞ장 펴 노화 조심 아니ᄒᆞᆯ 씨라 <월석, 21 : 208a>

'놓다'는 흔히 '두다'와 함께 '보유'의 의미를 갖는 것으로 알려져 있다. 그런데 '놓다'의 경우는 위의 용례에서 보듯 선행용언 '열(開)-'의 완료된 상태를 지속시키는 것으로 해석하는 것이 다른 보조용언들의 의미해석 방식과 평행한 것이라고 생각된다.[17) 선행하는 용언은 대부분 타동사이다.

(23)은 19세기에 나타나는 용례들로 수적으로도 많아지고, 선행용언의 종류도 훨씬 많아진다. 그렇지만 아직 본용언과의 구분이 분명하지 않은 것들도 있다.

> (23) ㄱ. 비에 고동 트러 **노흔** 거시라 <이언, 4:13a>
> ㄴ. 성과 의가 홀노 **놉**다고 일커르니 신명을 흙으로 믿드러 **노코** <명성, 23b>
> ㄷ. 뉘에 치로 금울을 둘어니여 **노코** 뉘에 담앗던 글웃슬 졍니 뚱을 쓸고 <잠상, 12b>

이들에 선행하는 용언은 대체로 〔완료성〕을 갖는 타동사들이다. 18세기와 달리 눈에 띄는 특징은 '놓다'의 활용에서 접속어미 '-고'와 결합한 형태들이 늘어났다는 점이다. 그로 인해 앞 문장의 결과가 뒷 문장보다 시간적으로 선행하고 뒷 문장의 시간까지 영향을 주고 있음을 분명히 나타낸다.

'놓다'는 현대국어에서 형용사나 '이다'와 결합해 '뒷 말의 원인이나 이유'를 나타내는 기능을 하기도 하는데, 이러한 기능은 아직 나타나지 않고 있다. 개화기 이후의 어느 단계에서 나타났을 것으로 추정한다.

---

17) 이동혁(1998 : 458)에서는 '보유'의 의미로, 손세모돌(1996)에서는 '완결상태지속'의 의미로 보았다. 전자는 '놓다'의 문맥 의미를 보인 것이고, 후자는 상적인 의미를 표현한 것이다. 정은정(2000 : 387)은 이들을 비교하면서 단순한 '보유'의 의미가 아니라 어떤 일이 완료된 상황까지를 포함하는 것으로 보았다.

4.7 두다

'두다'는 '놓다'와 함께 '보유'의 의미를 갖는 것으로 알려진 것이지만 이 글에서는 '놓다'와 마찬가지로 '결과지속'의 의미를 갖는 것으로 기술한다. 보조용언 '두다'의 출현을 손세모돌(1996 : 334)에서는 18세기경으로 추정하고 있으나, 이동혁(1998 : 456)에서는 최남희(1996)의 논의를 빌어 고대국어에서도 흔적이 남아있으며 중세국어시기에도 나타난다고 하였다.[18] 필자 역시 중세국어 시기에 다음과 같은 예들을 찾을 수 있었는데, 실제는 이보다 더 많다.

> (24) ㄱ. 과ᄀᆞᆯ이 ᄀᆞ오눌엿거든 雄黃올 ᄀᆞᄂᆞ리 ᄀᆞ라 ᄀᆞᆯ로 부러 두고 혀 너흐라 <구방, 상 : 23a>
> ㄴ. ᄆᆞ레 ᄲᅡ딘 사ᄅᆞ몰 더운 ᄌᆡ예 무두더 머리와 발왜 다 들에 ᄒᆞ고 오직 눈과 고콰 귀와 입과ᄅᆞᆯ 여러 두어 ᄆᆞ리 나면 즉재 살리라 <구간, 1 : 71a>
> ㄷ. ᄀᆞᄅᆞ치ᄂᆞᆫ 글월에 ᄀᆞ로더 져믄 아히 비호ᄆᆞᆫ ᄆᆞ슘애 다마 두며 외올 ᄹᆞᄅᆞ미 아니라 <번소, 6 : 4b>
> ㄹ. 니ᄅᆞ건댄 ᄐᆞᆼ심ᄃᆞ외니 너희 ᄲᅧ에 사겨 두ᄆᆡ 맛당ᄒᆞ니라 <번소, 6 : 20b>

(ㄱ), (ㄴ)은 15세기, (ㄷ), (ㄹ)은 16세기에 해당하는 용례로 선행용언은 모두 타동사들이다. 위에 제시된 선행어들 외에도 '긷다, 넣다, 얻다, 묻다, 노ᄒᆞ다, 나ᄒᆞ다(生), 삼다, ᄇᆞ리다' 등 많은 용언들을 볼 수 있다. 이들 역시 타동사들로 통사적으로나 의미적으로 특별한 제약을 보이지

---

[18] 이동혁(1998)은 고대국어에서 한자 '置'의 존재를 통해 보조용언 '두다'의 기능을 인정하고 있는데, 정은정(2000)에서는 오히려 대응 한자가 있다는 점에서 본용언으로 볼 가능성이 더 크다고 하였다. 필자 역시 같은 이유로 고대국어에서의 존재에 대해 재고되어야 한다고 본다.

는 않는다. 손세모돌(1996 : 334)이 18세기를 '두다'의 출현시기로 본 것은 아마도 중세국어 시기에 연속동사 구성과 명확하게 구분되지 않는 예들 때문이 아닌가 한다. 그러나 위의 용례들에서 '두다'는 선행용언의 행동이 완료되고 그 결과가 일정 시간 지속되고 있음을 분명히 보이고 있다. 또한 이들은 '두다'를 빼놓고서도 문장이 성립한다. 따라서 보조용언 '두다'가 이미 중세국어 시기에 나타났을 것으로 생각한다.

(25) ㄱ. 소곰 쟝 먹디 아니ᄒ더니 무덤 겨틔 ᄉ당 지어 두고 아춤 나죄 뫼 제호믈 산 적 ᄀ티 ᄒ야 <속삼효, 32b>
ㄴ. 음월경과 데미고 등 약을 미리 츌려 두었다가 먹ᄂᆞᆫ대로 만히 머겨 <두경, 59a>
ㄷ. 믈을 ᄯᅳᆯ 거시니 茶飯을 다 準備ᄒ여 두라 <박통, 중 : 12a>
ㄹ. 親히 檢數ᄒ며 調煮ᄒ야 밧ᄌ올 거시니 다만 婢僕의게 맛뎌 두미 可티 아니ᄒ니 <가례, 2 : 5b>
ㅁ. 爺爺ㅣ 너를 ᄀᄅ치시ᄂᆞᆫ 거시 다 이 됴혼 말ᄉᆞᆷ이니 句句마다 다 ᄆᆞ ᄋᆞᆷ에 긔록ᄒᆞᆫ야 두과뎌 ᄒ노라 <오륜, 3 : 37a>

위의 예들은 전기 근대국어 시기에 볼 수 있는 '두다'의 용례들인데 전 시기와 큰 차이를 발견할 수 없다.

후기 근대국어 시기에는 (26)과 같은 용례를 찾을 수 있으며, 선행용언으로 타동사와 '명사 + ᄒ-' 구성이 나타난다.

(26) ㄱ. 암쇼 여ᄉ술 외아자비니 진의 집의 머므러 두어 먹연지 오년에 삿기 삼십을 나흐니 <종덕, 하 : 37a>
ㄴ. 양이 셩ᄒ여 쳔여 두에 니르니 젼퇵을 사 두었더니 그 아이 가산을 다 패ᄒ거ᄂᆞᆯ <오륜형, 5a>
ㄷ. 밥 먹는 곳과 왕릭ᄒᄋᆞᄀ야 ᄌ로 보ᄂᆞᆫ 곳에 브텨 두고 시시예 보와 <염불, 38b>
ㄹ. 銀貨ᄂᆞᆫ 優數이 辨備ᄒ여 두얻ᄉᆞ오니 失時치 마ᄅᆞ시고 蔘貨를 入執

ᄒ시면 <인어, 1 : 24b>

ㅁ. 몬졋 大米나 粘米 밥 우희 노하 두엇다가 손 세 가락으로써 糯米飯
을 돈돈이 쥐여 <무원, 3 : 53b>

선행하는 용언으로 위의 용례 외에도 '녀흐다, 젹다(書), 닐다, 묻다,
머믈다, 거두다, ᄇ리다, 맛지다' 등을 더 볼 수 있다.

19세기에 이르러 '두다'는 더욱 용례가 늘어난다. 선행하는 용언으로
는 이전 시기에서 볼 수 있었던 것들과 함께 '품다, 얽다, 담다, 닉이다'
등을 더 볼 수 있다.

(27) ㄱ. ᄀ늘게 뼈흐러 볏헤 물뇌여 셰말ᄒ야 체에 처 두엇드ᄀ 쓰기 임시ᄒ
야 놋그릇식 담고 <규합, 13a>

ㄴ. 다시 명ᄒ야 ᄀᆯᄋ디 비롤 갈나 간과 쓸기롤 거두어 두면 후에 능히
쇼경의 눈을 열고 마귀롤 몰 거시오 <쥬년, 41a>

ㄷ. 가셔 ᄉ오지 못ᄒᄂ 법이니 맛당히 평시의 쥰비ᄒ야 둘 거시라 <이
언, 2 : 4a>

ㄹ. 마리아는 이 모든 말슴을 품어 두시고 ᄆᄋᆷ에 궁구ᄒ시더니 <셩직,
1 : 65a>

ㅁ. 눌롤 보와 동편 쳠하 단장 아러 심거 두엇더니 삼ᄉ 일의 슌이 ᄂ
셔 <흥부(경), 9a>

'-어 잇다'와 '놓다', '두다'는 '결과지속'이라는 공통 의미를 갖고 있
다. 손세모돌(1996 : 339)에서는 '-어 잇다'가 자동사를, '놓다/두다'는 타
동사를 선행어로 한다는 차이와 함께 '놓다/두다'에 대해서도 '두다'가
상대적으로 지속성이 강한 것으로 파악한 바 있다.

한편, 이들의 발달에 대해 '-어 잇다'의 약화에 따른 기능대체와 연
관시킨 손세모돌(1996 : 340~341)의 논의가 상당한 타당성이 있다고 생
각된다. 그러나 이 논의에서는 '놓다/두다'를 비슷한 시기에 보조용언으

로 발달한 것으로 보았다. 그런데 '두다'의 출현을 중세국어 시기까지 올릴 수 있을 것으로 생각된다. 그렇다면 이미 '-어 잇다'와 '두다'가 중세국어에 유사한 기능을 하고 있다가 '-어 잇다'의 약화에 따라 상대적으로 '두다'의 기능이 강화되는 과정에서 유사한 어휘적 의미를 갖고 있던 '놓다'도 같이 보조용언으로 기능하게 된 것으로 설명할 수 있을 것 같다. 후기 근대국어 시기 이후의 '놓다'와 '두다'의 분포에 있어서 '놓다'가 상대적으로 적게 나타난다는 점도 이에 대한 근거가 될 것으로 생각한다.[19]

4.8 내다(ᄂᆡ다)

보조용언 '내다'의 출현 시기에 대해 손세모돌(1996 : 365~369)에서는 20세기 신소설에서부터라고 하였으나 이동혁(1998 : 456~457)에서는 낮은 빈도이기는 해도 중세국어 시기부터 있었다고 한 바 있다. 그렇지만 구체적인 용례를 들고 있지는 않다.

보조용언으로 설정하기 까다로운 것들은 대체로 본용언과 형태나 의미적으로 명확히 구분되지 않기 때문이다. '가다'나 '-어 잇다'처럼 이전부터 보조용언으로 발달한 것들은 선행어의 제약 등으로 어느 정도 구

---

19) '두다'와 '놓다(노흐다)'의 선행용언을 시기적으로 살펴보면 선행용언이 같은 경우로 후기 근대국어 시기의 '담다, 만들다' 정도를 볼 수 있다. 그리고 '놓다(노흐다)'의 선행어로는 'ᄲᅡ다, 열다, 누르다, 붓다, ᄲᅴ우다, 사다, 몰다, 걸다, 만들다, 쏟다, 바꾸다, 젓다, 트다, 틀다, 짓다, 풀다, 일우다, 받다, 들이다, 올리다'가 확인되며, '두다'의 선행어로는 '긷다, 넣다, 얻다, 더디다, 덮다, 묻다, 짓다, 덜다, 열다, 삼다, 격다, 거두다, ᄇᆞ리다, 붙다, 품다, 닉이다'가 확인되어 어느정도 상보적인 분포를 보인다. 또한 양적으로도 '두다'가 '놓다'에 비해 많음을 확인할 수 있다. 무엇보다 '두다'의 선행어로 '놓다(노흐다)'는 가능하지만 '놓다(노흐다)'의 선행어로 '두다'가 가능하지 않음은 '두다'의 보조용언 발달이 '놓다'보다 앞서는 것임을 방증한다.

분이 되기도 하지만, '두다, 놓다' 등 어휘적 의미가 강한 것들은 구분
이 어려운 것이 사실이다. '내다'에 대한 선행연구에서도 이러한 이유로
출현 시기에 대한 이견이 있을 수 있다고 생각한다. 그러나 다음과 같
은 예들은 '내다'가 이미 중세국어 시기부터 보조용언으로 기능하고 있
음을 추측하게 한다.

> (28) ㄱ. 拯은 거려 낼씨오 <월석, 서1 : 9a>
>   ㄴ. 내 비록 가난코도 훈 중승을 길어 내요라 ㅎ더라 <삼강효, 14a>
>   ㄷ. 盂蘭盆을 지서 부텨와 중의게 施ㅎ야 父母이 길어 내욘 慈愛ㅅ恩
>   惠룰 갑푤디니 <월석, 23 : 98a>
>   ㄹ. 諸身等海로 몸마다 無量阿僧祇 諸手海雲을 지서 十方애 ㄱ독ㅎ며
>   쏘 一一微塵分中에 無量 供養海雲을 지서 내야 十方애 ㄱ독게 ㅎ
>   야 一切 諸佛菩薩衆海룰 가져다가 供養ㅎᅀᄫᅥ디 <월석, 10 : 46b>

(ㄱ)은 「월인석보」 협주문의 자석 부분이다. '拯'에 '거려내다'가 모
두 대응되어 있지만, 다른 자석서들에서 이에 대한 자석을 찾아보면 '건
질 <유합, 하 : 11a>, 건널 <유합(칠), 23a>, 건딜 <유합(영), 23a>' 등
을 확인할 수 있다.[20] 이는 '내다'가 본용언이 아닌 보조용언으로 사용
되었다는 근거가 될 수 있다. (ㄴ)도 '내다'는 보조용언으로 사용되는 것
으로 현대국어에서는 일반화된 예이다. 보조용언의 기능이 선행 명제에
대한 주체 내지 화자의 태도를 보인다면 중세국어의 보조용언은 선어말
어미 '-오/우-'와의 결합이 많을 것으로 생각되는데, (ㄴ), (ㄷ)이 이러한
예를 보여주고 있다. (ㄹ)은 같은 문장구조가 반복되는데 선행문장이 '…
지서 十方애…'이고 후행문장은 '…지서 내야 十方애…'로 나타나 '내
다'를 생략할 수 있음을 보여준다.

---

20) 동시대 문헌의 다음과 같은 예도 '拯'이 '거리다'에 대응함을 보인다.
   · 群生을 거려 濟度ㅎ리오(拯濟群生) <금삼, 5 : 47>

(29) ㄱ. 변호야 믈거품 ㄱ티 되요더 오직 니마히 변호야 허디 아니면 가히
     고텨 **내고** 더데 지을 제 모딘 증이 다 나 뵈되 <두창, 상 : 46b>
  ㄴ. 날을 나흐사 괴롭고 브즈러니 졋 머기시며 갓가스로 길러 **내시니** 父
     母의 은혜와 덕은 할놀ㄱ티 ㄱ이 업더라 <경민(규), 1b>

(29)는 전기 근대국어 시기의 용례들이다. 이들은 '내다'가 생략되어
도 문장에 지장이 없고, '내다'의 목적어가 분명하지 않다. 또한 '내다'
가 쓰임으로써 선행 명제에 대한 '행위의 완료'라는 의미를 나타내고 있
다. 특히 부사 '가히, 갓가스로'와 공기해 '행위의 완료'와 함께 '어려움
의 성취'라는 부가 의미를 분명히 보여준다. 그리고 이들의 선행용언은
모두 타동사들이다.

(30) ㄱ. 누물 닙히 글즈롤 **뻣더니** 명일에 쟈재 가 아라 **내여** 도젹을 잡으니
     라 <종덕, 하 : 60a>
  ㄴ. 이 어려온 글을 슈유지간의 지어 **내니** 이런 敏捷호 少年이 어이 일
     스올고 <인어, 6 : 1a>
  ㄷ. 디난 봄의 뎌 톳터 삿기 둘을 사셔 우리 굴머도 톳튼 비브르 먹여
     길너 **내야** 울히 니르러 싱일 미처 푸라 <낙일구, 190>
  ㄹ. 눈곰쟉홀 스이에 혼 ㄱ장 큰 금빗히 鯉魚를 낙가 **내니** 엇지 快樂지
     아니ㅎ리오 <박신, 3 : 50a>
(31) ㄱ. 죵으로 창구의 뼈 박여 안찌 못ㅎ고 약을 부쳐 썩여 **내여** 뼈 삽십
     뉵 기롤 쎄히고 죽으니라 <태상, 2 : 65a>
  ㄴ. 벼술의 오른죽 위엄과 권셰를 지어 **내여** 비리의 지물을 모화 즈손계
     를 ㅎ며 <이언, 2 : 55b>
  ㄷ. 님 글여 깁히든 病을 무음 藥으로 곳쳐 **내리** <가곡>

(30), (31)은 후기 근대국어 시기의 용례들로 18세기 후기와 19세기
의 용례들이다. 앞 시기와 마찬가지로 선행용언으로 모두 타동사를 취
하며 '행위의 완료'와 '성취'의 의미를 나타낸다. 19세기의 경우는 표기

상으로 고형인 '니-'의 형태가 더 많은 것이 특징이다.

보조용언 '내다'는 흔히 '종결, 완결'의 의미를 갖는 것으로 파악된다. 그 외에도 '어려운 일에 대한 성취'라는 의미기능을 갖고 있어 유사한 '종결, 완결'의 의미를 갖는 '버리다, 놓다' 등과 차이를 보인다.[21] 이는 현대국어에서 더욱 뚜렷하며 이러한 의미가 나타나는 것은 (29)에서 보듯 전기 근대국어 시기부터인 것으로 생각된다.

4.9 ᄇᆞ리다(버리다)

'ᄇᆞ리다'는 다른 보조용언들과 달리 상대적으로 의미적 유연성의 상실 정도가 크다. 그래서 의미가 다르고 형태가 같은 동형어로 취급하려는 경향도 있으나 보조용언 구성의 진행이 다른 형태보다 일찍 시작된 것으로 보는 것이 다른 보조용언들과 설명의 일관성을 유지할 수 있을 것이다. 이는 앞의 '내다'의 경우와 같다. 'ᄇᆞ리다'의 의미는 '완료'보다는 '종결'로 해석하는데, 그만큼 '순간성'의 속성이 강하다고 할 수 있다.[22] 현대국어에서는 이러한 기본적인 의미 외에도 '부담 제거', '망설이던 일의 결행', '기대나 예상의 어긋남'과 같은 화자의 감정에 대한

---

21) 19세기 「한불자전」에는 '내다'에 대응하는 한자로 '得'을 볼 수 있는데(아라 내다(解得) <한불, 9>), 이는 '성취'의 의미로 볼 수 있다. 이전 시기에 '내다'에 대응하는 한자는 대부분 '出, 生, 發' 등으로 이들은 본용언으로 쓰였지만(᭜ᅢ아내다(拔出) <한불, 296>, 자아내다(引出) <한불, 523>), '得'은 보조용언의 의미를 나타내는 것으로 해석할 수 있다. 이는 '시행, 시도'의 의미를 갖는 보조용언 '보다'가 한자 '試'에 대응하는 것(ᄒᆞ야 볼 試 <유합, 하 : 33>)과 같은 맥락에서 해석된다(손세모돌, 1996 : 360 참조).

22) 손세모돌(1992 : 83~85)에서는 'ᄇᆞ리다'의 의미를 '선행동사의 동작 강조'로 보면서 적어도 동작의 [완료]나 [미완료]에 관점이 있는 것은 아니라고 하고 있다. 그런데 'ᄇᆞ리다'에 선행하는 용언은 대체로 [순간성]의 속성이 강하다. 따라서 선행동사의 동작을 강조하는 것은 결국 '종결'을 뜻하는 것으로 해석할 수 있다.

부가 의미를 보이기도 한다.

'브리다'의 보조용언 기능은 중세국어 시기부터 이미 확인된다.

(32) ㄱ. 열 머리 龍올 내니 種種 보비 비와 天動 번게를 사룸이 놀라더니
金翅鳥ㅣ 나니 그 龍올 자바 올오리 쯔저 다 머거 브리니 <월인,
상 : 59b>

ㄴ. 쏘 섈리 斑猫 닐굽 나츨 머리와 발와 놀개 아아 브리고 ᄀ루 밍ᄀ
라 <구간, 1 : 24a>

ㄷ. 남진이 머리 간 주롤 혜아려 보고 관원손디 실로 고ᄒᆞ니 즉제 주겨
브리니라 <삼강열, 10a>

ㄹ. 크게 비븨여 춤기름 저져 블 혓다가 부러 쩌 브리고 <구간, 7 :
67a>

ㅁ. 엇디 可히 졈은 아ᄒᆡ돌로 ᄒᆡ여곰 스스로이 飮食을 믄두라 家法을
허러 브리게 ᄒᆞ리오 ᄒᆞ니 그 嚴홈이 이러툿 ᄒᆞ더라 <소학, 6 : 6b>

위의 용례에서 중세국어 시기의 '브리다'는 선행어로 모두 타동사를
취하는데, 현대국어에서 자동사도 취할 수 있는 것과는 다른 양상을 보
인다. 이들은 모두 '순간적인 행동'을 나타내는 용언인데, '브리다'와 결
합하여 '종결성'을 강조하고 있다. (ㄱ)은 부담이 되는 '용'의 존재를 '금
익조'가 해소시켜주었다는 화자의 심리태도를 보이고 있다. (ㄴ)에 이어
지는 뒷 문장은 "녀릆 전국 마ᄉᆞ 아홉 나츨 거플 앗고 믈 츳들여 ᄀ라
골 밍ᄀ라"로 같은 구조를 보이는데, 이 문장에서는 '앗고'만이 쓰였다.
따라서 (ㄴ)에 쓰인 '브리다'는 보조용언으로 쓰였음을 알 수 있다. (ㄷ)
~(ㅁ) 역시 문맥에서 보조용언의 기능을 확인할 수 있다.

(33) ㄱ. 믈읫 열을 과ᄀᆞ리 업시 말고 잠ᄭᅡ 프러 브리미 맛당ᄒᆞ니 힝역이란
거시 열 곳 업스면 부러 나디 몯ᄒᆞᄂᆞ니 <두창, 상 : 39a>

ㄴ. ᄒᆡ 돗ᄂᆞ니 덥고 溫和호매 나그내 시르믈 훗터 브리노라 <두시(중),
14 : 30a>

ㄷ. 흔가지로 살기롤 처엄과 ᄀ티 ᄒ니 덧덧흔 거슬 허러 <u>ᄇ리며</u> 풍쇽을
어즈러이는 빅셩은 <경민, 23b>

ㄹ. 몬져 드는 칼흐로뻐 주근 굽 돈돈흔 톱을 싹가 <u>ᄇ리고</u> 그 약을 굽
에 ᄇ르고 블에 다론 그릇스로 지지라<마경, 하 : 69a>

(33)은 전기 근대국어 시기의 용례들이다. 18세기 초기에 해당하는
용례가 보이지 않는데, 이는 문헌자료의 제약에 불과한 것으로 후기 근
대국어 시기에도 많은 분포를 보이는 것으로도 짐작할 수 있다. 이 시
기에도 선행용언은 타동사만 나타나며 의미상 '종결'을 뜻한다. 위의 용
례에서는 '역병의 열, 시름, 죽은 굽' 등 부담이 되는 제거 대상이 드러
나 '부담 제거'의 부가 의미를 드러내고 있다.

18세기 초기에는 문헌상의 부족으로 용례를 찾을 수 없었으나 이후
의 후기 근대국어 시기에는 용례가 많아진다.

(34) ㄱ. ᄀ마니 그 됴셔롤 다시 보고 이에 힝ᄌ롤 글거 <u>ᄇ리고</u> 고텨 가ᄲ롤
믿ᄃ랏더니 <죵덕, 상 : 18b>

ㄴ. 庫에 둔 ᄲᆞᆯ을 다 제 먹으미 만코 橫 속에 너흔 衣服도 제쳐 <u>ᄇ린</u>
거시 만흐니 믜오되 <박신, 3 : 2a>

ㄷ. 사롬이 신근이 모흔 거시라 일됴의 일허 <u>ᄇ려</u> 혹 고향으로 도라가디
못ᄒ거나 <죵덕, 하 : 29b>

ㄹ. 내 보매 ᄀ장 아니ᄭᆞ오니 밧비 닛븨 가져다가 ᄲᅳ러 <u>ᄇ리고</u> ᄯᅩ 두
ᄌᆞᆮ 安息香을 가져와 픠오라 <박신, 3 : 7b>

ㅁ. ᄒ여곰 中指甲을 댱가락 손톱이라 버혀 <u>ᄇ리고</u> 소옴으로뻐 싸감고
屍親과 <무원, 1 : 26b>

(35) ㄱ. 스스로 제 열 손가락을 너흘어 <u>ᄇ리고</u> 죽으니라 <태상, 5 : 5a>

ㄴ. 흔ᄌᆞ 면목을 변홀 ᄲᅮ니 아니라 ᄆᆞᆷ을 뻐셔 <u>ᄇ리고져</u> ᄒ리라 <이
언, 4 : 51b>

ㄷ. 각박히 ᄒ야 모흔 거슬 후손은 빅 가지로 훗허 <u>ᄇ려</u> 필경 업셔지니
리셰 당연흔 빈오 <이언, 2 : 56b>

ㄹ. 맛당이 알지라 오늘ᄭ지 텬쥬ㅣ 너롤 ᄭ너 <u>ᄇ리지</u> 아니ᄒ시고 그

곳치기롤 기드리시눈 은혜롤 <성직, 2 : 57b>

　ㅁ. 스부의 명으로 폐하를 도와 혼군을 쳐 <u>바리고</u> 도탄의 든 빅셩을 건
　　지미오 <강태, 하 : 18b>

　ㅂ. 승샹이 훈번 보민 크게 침혹ᄒ여 셰상만ᄉ를 다 후리쳐 <u>바리고</u> 일시
　　를 쩌느지 아니ᄒ니 <양풍, 1b>

　ㅅ. 옷ᄉ미를 붓들고 츠죵을 벽의 니여쳐 <u>보리니</u> 도시 노ᄒ여 니로더
　　<서유, 하 : 14b>

　(34), (35)는 각각 18세기 후기와 19세기 자료에 보이는 용례들이다. 현대국어의 경우 '버리다'에 선행하는 용언에 자동사, 타동사가 자유롭다. 손세모돌(1996 : 201)에서는 '-ㄴ다'의 활용이 가능한 몇몇 형용사(낡-, 헐-, 크- 등)도 올 수 있다고 하였는데 동사의 특성을 일부 보이는 특이한 형용사들이기 때문이다. 그렇지만 중세국어나 근대국어 시기에 이러한 예들을 찾을 수 없으며 오로지 타동사와 결합한 예들만이 확인된다.

　'버리다'가 중세국어 시기부터 많은 분포를 보이고 근대국어나 현대국어에까지 큰 변화를 보이지 않는 것은 이것이 매우 이른 시기부터 보조용언으로 발달했기 때문으로 생각된다. 그리고 현대국어의 일부 방언권에서 '삐리다', '삐다' 등의 이형태가 확인되는데, 문법요소로 발달한 이후 본용언과의 관련에서 벗어나고 있음이 지적된 바 있다(이동혁, 1998 : 451).

4.10 주다(드리다)

　'주다(드리다)'는 현대국어에서 '봉사'의 의미를 갖는데 이는 근대국어 시기에서도 마찬가지이다. 보조용언으로 쓰인 시기는 대체로 근대국어, 특히 후기에 쓰였다고 알려져 있다. 다른 보조용언들과 마찬가지로 중세국어 시기나 전기 근대국어 시기에 쓰인 '주다(드리다)'를 연속동사

구성과 뚜렷하게 구분되지 않는 것으로 판단했기 때문이다. 그러나 다음의 용례들은 중세국어 시기와 전기 근대국어 시기에서 보조용언으로 해석하는 것이 좋을 것으로 생각된다.

(36) ㄱ. 너희 비들 마가 줄 靑錢을 ᄒ마 일워 뒷노니 반드기 됴ᄒᆞᆫ 마ᄉ로
　　　ᄒᆞ여 내 이베 들에 ᄒᆞ라(已辨靑錢防雇直當令美味入吾脣) <두시, 3
　　　: 32b>
　　ㄴ. 내그에 맛딘 사ᄅᆞ미 죽거ᄂᆞᆯ 그 아ᄃᆞᆯ 주니 받디 아니 ᄒᆞ느니 願ᄒᆞᆫ
　　　ᄃᆞᆫ 그 아ᄃᆞᆯ 블러 주쇼셔 尹이 그 아ᄃᆞᆯ 브르니 <내훈, 3 : 59b>
(37) ㄱ. 다ᄉᆞᆺ 죡으로 흔 당을 밍ᄀᆞ라 서르 구케 ᄒᆞ며 다ᄉᆞᆺ 당으로 흔 쥬를
　　　밍ᄀᆞ라 서르 도아 주게 ᄒᆞ며 <정속, 13a>
　　ㄴ. 권당이 서르 어르면 졀흔 권당이면 주글지오 먼 권당이면 ᄎᆞᄎᆞ로 죄
　　　ᄅᆞᆯ 더러 주ᄂᆞ니 <경민(동), 15b>

(36ㄱ)에서는 '주다'에 해당하는 한자가 드러나 있지 않다. 또한 문맥에서도 '채무를 막는' 행동에 대한 '봉사' 내지 '유익'의 의미를 덧붙이고 있다. (36ㄴ)은 '죽은 사람의 아들을 달라'는 의미가 아니라 '부르는 행동'을 청원하는 의미이다. '주다'가 '봉사'의 의미를 갖다 보니까 청원문에 많이 나타나며 이러한 용법은 중세국어 시기부터 확인되지만 양적으로는 후기 근대국어 시기에 많이 나타난다.

(38) ㄱ. 괴 ᄭᆞᆯ오디 돈은 엇기 쉽거니와 인명은 엇기 어려오니라 ᄒᆞ고 ᄭᅮ어
　　　 쓴 돈을 다 갑하 주다 <종덕, 중 : 16a>
　　ㄴ. 淡彩 그림을 바다 주옵쇼셔 <인어, 9 : 1b>
　　ㄷ. 診脈ᄒᆞ시고 病勢를 아라 주옵쇼셔 <인어, 1 : 8b>
　　ㄹ. 아모커나 今明間의 差定ᄒᆞ시게 다시 催促ᄒᆞ여 주쇼셔 <인어, 1 :
　　　22a>
　　ㅁ. 시톄를 건지며 ᄶᅡᄒᆡ ᄇᆞ리이고 드러는 ᄒᆡ골을 무더 주며 <경신,
　　　79a>

ㅂ. 남의 숨은 악을 덥허 주며 슈창ᄒ야 긴요ᄒ 교량과 험ᄒ 길을 닥그
며 <경신, 80a>

(39) ㄱ. 또ᄒ 세샹의 잠고롤 인하야 텬쥬ㅣ 영복으로 갑하 <u>주심</u>을 ᄇᄅᄂ니
라 <성졀, 16b>

ㄴ. 너희 두 집 챡ᄒ 사ᄅᆷ을 호위ᄒ야 도아 <u>주려</u> 왓시니 <쥬년, 43b>

ㄷ. 잘우을 만들어 뽕나무 안에 벌네 나거든 일노 잡아 <u>쥬면</u> 다시 병니
나지 안니ᄒ난니라 <잡상, 40a>

ㄹ. 쥬ㅣ 불샹이 녁이시고 쥬롤 향ᄒ매 쥬ㅣ 도아 <u>주시고</u> 션을 힝ᄒ매
<성교, 7 : 35a>

ㅁ. 우리가 우리게 득죄ᄒ 쟈롤 샤ᄒ여 <u>주ᄂ</u> 것 ᄀᆾ치 우리 죄롤 샤ᄒ여
주옵시다 <훈아, 22b>

(38), (39)는 후기 근대국어 시기에 해당하는 용례들로 각각 18세기
후기, 19세기에 해당하는 용례들이다.[23] 이전 시기와 마찬가지로 '봉사'
내지 '유익'의 의미를 갖고 있으며, (38ㄴ, ㄷ, ㄹ)에서처럼 '청원'의 의
미도 나타난다.[24] 선행용언으로 타동사와만 결합하는 모습을 보이는데
구체적으로 '갑ᄒ다, 받다, 알다, 催促ᄒ다, 묻다, 덥ᄒ다, 돕다, 잡다, 賜
ᄒ다' 등을 확인할 수 있다. 현대국어에서는 형용사를 제외하고 자동사
와도 결합하는데, 이 시기에 자동사와 결합한 용례는 찾지 못했다.

본용언 '주다'의 대우 형태인 '드리다' 역시 보조용언으로 나타난다.
이는 보조용언 '주다'의 출현과 같은 시기부터 나타나는 것으로 생각되
었지만, 실제 용례는 '주다'에 비해 현저하게 적으며, 의미적으로도 선행

---

23) 전기 근대국어 시기에는 문헌의 제약으로 인해 용례가 적다. 그렇다고 주다'가
보조용언으로 기능하지 않았다고는 할 수 없다. 아래의 예에서 '주시다'는 '동
생을 방면하기'를 바라는 청원문으로 해석된다.
· 여러 번 졍녕ᄒ 말을 빅 번 밋고 대군을 내여 보내시니 두 져믄 동싱을
노하 <u>주시면</u> 어마님을 뫼셔 이셔 <셔궁, 25a>

24) 김의수(1998 : 341)에서는 'ᄒ웁쇼셔'체를 'ᄒ쇼셔'와 '합쇼'체의 과도기적 형태로
보고 「첩해신어」와 19세기 언간자료에서 각각 일례만이 발견된다고 한 바 있
는데 용례에서 보듯 「인어대방」은 'ᄒ쇼셔'체와 함께 많은 예가 나타난다.

용언의 대상을 높이는 외에 별다른 차이가 없다. 필자의 검색 결과 중세국어 시기에는 보조용언이라고 판단할만한 것들이 발견되지 않았고, 후기 근대국어 시기에서 처음 발견되지만 그나마 소수에 불과하다.

(40) ㄱ. 홀연이 내게 글을 올녀 익예를 년비호야 <u>드리니</u> 그 것봉의 셰손궁긔 탁신근봉이라 <명의, 상 : 25a>
ㄴ. 노친니가 혼 가지로 일죽 니러나샤 조반을 부디 보살펴 <u>드리니</u> <한듕, 84>

(41) ㄱ. 오직 나무롤 두어 물을 혀 <u>드린즉</u> 지엽도 무셩호고 음음혼 긔운이 젹시고 <이언, 1 : 53b>
ㄴ. 삼왕이 오쥬ㅣ 춤 텬쥬ㅣ심을 밋어 <u>드림이오</u> <성직, 2 : 4b>

흔히 '드리다'를 보조용언으로 다룰 때 '주다'와 발달 시기나 기능 등에서 같은 것으로 다루는 경향이 있는데 이는 다시 생각할 필요가 있을 것 같다. 다른 보조용언들의 경우 형태음운론적인 조건에 의한 이형태들은 본용언으로부터의 기능분화 시기나 분포 등에서 별반 차이를 보이지 않는 것이 일반적이다. 그런데 '주다/드리다'는 형태음운론적 조건에 의한 형태 차이를 보이는 것이 아니며, 중세국어 시기부터 본용언으로서 '드리다'는 '주다'보다 출현 빈도가 훨씬 적다. '주다'와 '드리다'는 [높임] 자질을 제외하고 모두 '대상의 이동'이라는 어휘적 의미를 공유하지만 보조용언으로의 발달은 출현 빈도가 높은 '주다'에서 먼저 시작되었을 것으로 생각할 수 있다. 그리고 '드리다'는 후기 근대국어 시기에 이르러 '주다'의 보조용언 기능에 이끌려 같은 기능을 갖게 되지만 [높임]이라는 변별성에 의해 별다른 경쟁 없이 현대로 이어진 것으로 생각할 수 있다.25) 그렇다면 '드려 주다'의 결합이 어느 정도 가능할

---

25) '주다'의 대우형태인 '주시다'는 '대상의 이동'이 상급자에서 하급자로 향하는 데 비해, '드리다'는 하급자인 화자에서 상급자로 향한다. 즉, '주다'의 '이동방

것인데 이러한 결합을 살펴보면 아래와 같다.

(42) ㄱ. 내 것 못고 나마시디 그리 가시니 몯ᄒ니 아니 지엇거든 아뫼나 오
　　　리 힘여 보내면 더 드려 주고겨 <김씨편지>
　　ㄴ. 큰 대 열과 공셕 五六 枚만 몬져 드려 주ᄋ소 <첩해, 1 : 24b>
　　ㄷ. 우리는 출혀 주시는대로 ᄒ여 가오려니와 아직 公木을 드려 주ᄋ식
　　　면 <개첩, 3 : 33b>
　　ㄹ. 魚價米는 대스롭지 아니ᄒ니 됴흔 쌀을 수明間 드려 주ᄋ소 <인어,
　　　1 : 4a>
　　ㅁ. 그럼, 그 편지를 두었다가 드려 주십시요 <어머니, 2 : 393>

　　이들은 '드리다'가 본용언으로, '주다'가 보조용언으로 쓰인 것들이
다. 필자가 검색한 결과 이러한 용례가 전 시기에 걸쳐 10개밖에 되지
않았는데, 그중 일곱 예가 일본어학습 자료이며 두 예가 20세기 소설자
료이다. 그리고「순천김씨간찰」에서 한 예가 발견되었다. 현대어의 직관
으로 볼 때 이러한 결합은 같은 의미의 잉여적 표현으로 어색한 면이
있다. 일본어 자료의 경우는 원문의 'いれ(入)-'를 번역한 것으로 일본어
의 직역에 의해 조어된 것으로 이해할 수 있다. 그러나「순천김씨간찰」
과 20세기 소설자료인「어머니」의 문맥은 그것과는 다르다. 즉 이때의
'드리다'는 '獻'의 뜻으로 '주다'보다 어휘적 의미가 강하다. 즉 '놓아
두다'와 '*두어 놓다'의 관계가 양자의 발달시기 차에 기인하는 것과 평
행하게 된다. 현대국어에서도 이러한 결합이 많지는 않아도 구어체에서
제한적으로 나타나는 것으로 보인다.

향'을 각각 나누어 갖고 있다. 이는 '주다'의 의미가 좀더 포괄적이며, '드리다'
는 상대적으로 좁음을 뜻한다. 이러한 관계에서 문법요소로의 발달은 포괄적
인 '주다'에서 먼저 이루어질 것임을 짐작할 수 있다. 따라서 적어도 보조용언
의 발달에 있어서는 '드리다'가 '주다'보다 후대에 발달한 것으로 생각할 수
있다.

4.11 -고 시브다

보조용언으로서 '시브다'는 본용언으로부터 형성되는 다른 보조용언
들과는 성립방식이 다르다. 이것은 중세국어의 '식브다'에서 비롯한 것
으로 본용언으로 독립되어 사용되지는 못했다. 혹여 중세 이전 어느 시
기에 '식브다'가 본용언으로 의미를 갖고 있던 실사였는지 모르지만 현
재로서는 분명하지 않다.

'-고 시브다'의 연결어미 '-고'는 중세국어 의도형 '-고져'에서 비롯
한 것으로 알려져 있다.26) 따라서 중세국어에 나타나는 '-고져 식브다'
는 엄밀한 의미에서 보조용언 구성이라고 할 수는 없다. 중세국어의 '-고
져 식브다'의 예는 아래와 같다.

> (43) ㄱ. 그리 되여시니 내 ᄌᆞ식도 의지ᄒᆞ리 업ᄉᆞ니 그저 죽<u>고져 식브고</u> 사라
> 도 내러니 <김씨편지>
> ㄴ. 디혜ᄂᆞᆫ 두려워 거틸 더 업<u>고져코</u> 힁덕은 모나 프러디디 말<u>오져 싫븐</u>
> 거시라 <번소, 8 : 1b>
> ㄷ. 나ᄅᆞᆯ 주기거든 주기고 죽<u>고져 식브거든</u> 나아오라 ᄒᆞ야ᄂᆞᆯ <삼강열,
> 13a>
> ㄹ. 슬퍼 아니 먹는 주리 아니라 먹<u>고져 시브디</u> 아니ᄒᆞ니 당당이 병이로
> 소이다 <삼강열, 35a>

한 가지 특징적인 것은 중세국어 시기에 '-고져 시브다'의 형태가
(ㄷ), (ㄹ)처럼 「삼강행실도」에 국한되어 나타난다는 사실이다. 그리고
이러한 구성형태는 17세기까지 나타난다.

---

26) '-고져 식브다'에서 '-고져'의 형성과 '-고 시브다'로 발달하는 과정에 대한 논
의는 이동혁(1998 : 463~465) 참조.

(44) ㄱ. 츄즈 두 낫 곳 머그면 즉제 밥 먹고져 시브니라 춥뿔 훈 말을 <구
보, 6b>
ㄴ. 어마님 긔후옷 각별호 증셔옷 업습거든 가라 ᄒ시면 가옵고져 시브
오니 <하씨간찰>

'-고져'는 '식브다'가 '싶다'로 변화된 이후에도 의고적으로 쓰였는데,
아래의 예는 그러한 예들이다.

(45) ㄱ. 司馬溫公이 굴오디 棺이 두텁고쟈 시프나 그러나 너모 두터오면 므
거워 뻐곰 멀리 가져가기 어려올 거시오 <가례, 5 : 6a>
ㄴ. 그 죄 속히 중치ᄒ야 후일을 증조 보고즈 십프나 연유홈을 앗겨
<현씨, 상 : 205>

한편 보조용언 형태 '-고 시브다'는 16세기에 비롯해서 20세기까지
나타난다. 손세모돌(1996 : 391)에서는 이에 대해 아래의 (46ㄴ)과 같이
17세기 「첩해신어」 초간본부터 나타나는 것으로 보았으나 (46ㄱ)과 같
이 16세기 「순천김씨간찰」에 이미 '희망'의 의미를 갖고 쓰인 예가 발
견된다. 또한 같은 문장 내에 '-고져 ᄒᄂ니'가 나타나 이 시기에 '-고져
ᄒ다'와 '-고 시브다'의 의미가 분화되고 있음을 보여준다.[27]

(46) ㄱ. 셔울 몯 가 ᄒ니 니년ᄂ로 가고져 ᄒᄂ니 보고 시본코 이 뎌그니 네
오바비과 둘히 보라 <김씨편지>
ㄴ. 볼긔예도 이시려니와 아직 수이 알고 시브오니 <첩해, 5 : 11a>

'-고 시브다'는 후기 근대국어 시기 이후로 차츰 늘어가다가 20세기

---

27) 중세국어 시기에는 '-고져 ᄒ다'와 '-고져 식브다'가 '청원', '희망'의 기능을 함
께 갖고 있었다. 그것은 '-고져' 때문인데, 이제 '-고져 식브다'가 '-고 싶다'로
발달하여 '-고져'와는 다른 형태가 되자 각각 '의도'와 '희망'으로 의미가 분화
되었다(손세모돌, 1996 : 393~397 참조).

이후 소설류에서는 거의 빠지지 않을 정도로 빈번하게 나타난다. 아래 (47), (48)은 18세기 후기와 19세기의 예들이다.

> (47) ㄱ. 본 즉 닌한이 내 나간 틈을 타 알외고 시븐 일을 알외고져 ᄒᆞ되
> <명의, 상 : 34b>
> ㄴ. 接慰官을 差出ᄒᆞ면 卽時 茶禮를 設行ᄒᆞ고 시보오니 아모커나 今明
> 間의 差定ᄒᆞ시게 <인어, 1 : 22a>
> ㄷ. 왼 몸이 힘이 업서 다만 시즈려 눕고 시븐지라 <첩몽 2 : 6a>
> (48) ㄱ. 불도 두고 물도 두샤 네 손을 펴 가지고 시븐대로 ᄒᆞ게 ᄒᆞ신다 ᄒᆞ니
> <성직, 2 : 45b>
> ㄴ. 그리 ᄒᆞ실 제 동궁은 점점 ᄌᆞ라시니 노름ᄒᆞ시고 시븐 ᄆᆞ음이 나시니
> <한듕, 104>

현대국어에서 '-고 싶다'에 선행하는 용언으로 올 수 없는 것은 형용사와 '형용사 + 지다'형의 동사들이다(손세모돌, 1996 : 279). 이러한 결합제약은 이전 시기에서도 마찬가지였음을 확인할 수 있다. '알외다, 設行ᄒᆞ다, 눕다, 갖다, 노름ᄒᆞ다' 등이 모두 타동사의 예들이다. 보조용언 구성으로 취급하지는 않았지만, '-고져 식브다'에 선행하는 경우도 거의 동사들로 제약조건에 있어서 별다른 변화가 없다.

> (49) ㄱ. ᄯᅩ 몸에 잇는 피롤 예수롤 위ᄒᆞ야 다 흘니고 십푼 것 ᄀᆞ더라 ᄒᆞ더라
> <천로, 하 : 178b>
> ㄴ. 리년에 주마 ᄒᆞ되 저 ᄋᆞ희는 시방 다 가지고 십허 근심ᄒᆞ고저 <천
> 로, 상 : 29b>
> ㄷ. 그는 다시 어린 자식들의 잔인한 죽엄이 보고 십흐냐 하얏다 <신숙,
> 12>
> ㄹ. 정비장을 물 오른 송깃대 벗기듯 하려는데 가지고 싶은 대로 달래라
> 하니 <배비, 25>

표기상 '-고 시브-'가 '-고 싶-'으로 교체되어 나타나는 것은 19세기 경부터인데, (49)와 같이 양적으로는 오히려 중철표기인 '-고 십흐-'가 훨씬 많이 나타난다. 그리고 20세기에 들어 '-고 십흐-'와 '-고 싶-'이 비슷하게 출현하다가 차츰 '-고 싶-'으로 정착된다.[28)]

4. 결언

이 글에서는 보조용언이 대부분 본용언에서 문법요소로 발달하여 독자적인 문법범주를 이룬 것으로 전제하고 통시적 흐름에서 후기 근대국어 시기를 중심으로 전후 발달에 대해 미시적으로 살펴보려 하였다. 이에 따라 자연스럽게 중세국어나 개화기 일부의 시기를 아울러 검토하였다.

보조용언들은 대체로 중세국어 시기부터 이미 존재했던 것이 다수였다. 그 중에는 현대국어에 이르기까지 그다지 큰 차이를 보이지 않는 것들도 있었고, 미세한 차이를 보이는 것들도 있었다. 그렇지만 전체적으로 조망할 때 보조용언의 종류에 있어서는 후기 근대국어 시기까지 큰 변화가 없었고, 이후 개화기를 거치면서 늘어나는 추세를 보인다. 이

---

28) 한편, 각 시기에 '-고 시브다'의 형태를 취하면서 '희망'의 의미가 아니라 추측의 의미를 갖는 예를 볼 수 있는데, 이때의 '-고'는 연결어미가 아니라 종결어미로 이해되는 것들이다.
 · 자내 거술 맛다고 ᄉ랑ᄒ니 이룰 어너롤 두어사 ᄒᆞ릴고 식베라 <김씨편지>
 · 목강릉이 병이 듕ᄒ셔 언어롤 통티 몯ᄒ신다 ᄒ니 엇더ᄒ실고 시브다 <병일, 164>
 · 신하들 쳐로 국튝부복ᄒᆞ야 뵈옵던 거시니 엇디 그리 과ᄒ시던고 식브며 <한듕, 112>

러한 증가추세의 가장 큰 이유는 불교나 유교 문헌이 대종을 이루던 중세국어 시기와 달리 각종 기술문헌과 실용서들이 늘어나던 근대국어 시기와 개화기를 거치면서 이전에 보여주었던 일방적인 문헌의 한계를 극복하게 되었기 때문인 것으로 생각된다.

특히, 근대국어 이전의 자료들에서 구어적 성격을 감지하기가 어렵다는 점을 감안한다면 개화기의 소설이나 신문 등에서는 구어의 실제적 사용을 확인할 수 있다는 점에서 중요한 가치를 갖는다고 볼 수 있다. 이러한 경향은 뚜렷하지는 않지만 중세국어나 근대국어 시기의 언간자료나 고전소설 자료들에서도 확인할 수 있다. 이 글에서는 몇 편의 언간 자료들만을 검토대상으로 삼았고, 소설류는 제외하였다. 상대적으로 구어적 특징을 많이 보이는 이들 자료들에서는 보조용언이 좀 더 빨리, 그리고 다양하게 나타나고 있는 것이다. 현대국어에서 주어나 화자의 미세한 감정을 표현하는 '빠지다, 쌓다, 대다' 등도 구어에서 흔히 볼 수 있는 것들이기에 개화기 이후의 자료에서 나타나기 시작하는 것으로 알려져 있는데, 혹시 언간자료와 문학서류 문헌자료에서 그에 대한 출현을 기대할 수도 있을 것이다. 따라서 앞으로는 이들 자료의 검토가 강조되어야 할 것으로 생각된다.

보조용언과 관련한 앞으로의 연구는 개화기 이후 새롭게 나타나는 형태들의 출현과정, 개개 특징에 대한 고찰과 함께 '-어 잇다', '놓다', '두다'와 같이 동일한 상적 특징을 갖는 보조용언들을 범주로 묶어서 개개의 상관관계에 대한 검토 작업이 함께 이루어져야 할 것으로 생각된다.

참고문헌

강현화. 1999. 「동사 연결 구성 연구」 한국문화사.

고영진. 1997. 「한국어의 문법화 과정」 국학자료원.

김미영. 1995. "조동사의 변천과 접어 설정 가능성." 「어문학교육」(어문학교육 연구회) 17.

김영태. 1997. 「현대국어 보조용언 연구」 문창사.

김영희. 1995. "도움풀이씨 설정론." 「한힌샘주시경연구」(주시경연구소) 7·8.

김의수. 1998. "근대국어의 대우법." 「근대국어문법의 이해」 박이정.

김흥수. 1983. "'싶다'의 통사·의미 특성." 「관악어문연구」(서울대 국어국문학 과) 8.

박덕유. 1997. "현대국어의 동사상 연구." 인하대 박사학위논문.

박진호. 1998. "보조용언." 「문법연구와 자료」 태학사.

서정수. 1978. "국어의 보조 동사." 「언어」(한국언어학회) 3-2.

손세모돌. 1996. 「국어 보조용언 연구」 한국문화사.

손세모돌. 1994. "중세국어의 보조용언에 대한 연구." 「한국학논집」(한양대 한 국학연구소) 24.

손세모돌. 1995. "'-고 싶다'의 의미 정립 과정." 「국어학」(국어학회) 26.

안명철. 1991. "보조 동사." 「국어연구 어디까지 왔나」 동아출판사.

이동혁. 1998. "근대국어의 보조용언." 「근대국어문법의 이해」 박이정.

이 숙. 2003. "시상구문 '-고/어 있다'의 의미적 분석." 「한국어학」(한국어학회) 21.

이필영. 1990. "상 형태와 동사의 상적 특성을 통한 상의 고찰." 「주시경학보」 (주시경연구소) 3.

이호승. 2001. "국어의 상 체계와 보조용언의 상적 의미." 「국어학」(국어학회) 38.

정은정. 2000. "현대국어 보조용언의 변천." 「현대국어의 형성과 변천 2」 박이 정.

최현배. 1937. 「우리말본」 정음사.

한동완. 1996. 「국어의 시제 연구」 탑출판사.

한동완. 1999. "'-고 잇-' 구성의 중의성에 대하여." 「한국어 의미학」(한국어 의미학회) 5.

허 웅. 1975. 「우리 옛말본」 샘문화사.

허 웅. 1989. 「16세기 우리 옛말본」 샘문화사.

호광수. 1997. "보조용언 '보다' 구성의 선어말 어미 분포 양상." 「한국언어문학」(한국언어문학회) 38.

호광수, 2003. 「국어 보조용언 연구」 월인.

홍윤표 외. 1995. 「17세기국어사전」 태학사.

유승섭. 1996. "국어 보조 동사 구문의 통사구조 재론." 「언어」(한국언어학회) 21-4.

차현실. 1984. "'싶다'의 의미와 통사구조" 「언어」(한국언어학회) 9-2.

최재희. 1995. "국어 의존동사 구문의 통제 현상." 「한국언어문학」(한국언어문학회) 34.

후기 근대국어의 문체

― 역학서와 훈계서 자료를 중심으로 ―

|박미영|

1. 서론

본고는 후기 근대국어의 문헌 자료, 주로 18~19세기의 것을 중심으로 문체의 특징 및 그 변화 양상을 살피는 것을 목적으로 한다. 기존의 국어사 연구에서 문체는 통사적인 측면에서 일부 다루어졌을 뿐, 개별적인 연구의 대상에서는 소외되었었다. 그러나 최근 들어 개화기 시대 자료에 대한 문체 연구가 활발해지면서 문체라는 연구 대상이 국어사에서도 그 자리매김을 가능하게 되었다. 그러나 국어사의 측면에서 문헌 자료를 제시한 문체에 대한 연구가 많이 부족하므로 본 연구는 개별 문헌 자료를 연구 대상으로 하여 지금의 모습과 가까운 후기 근대국어 시기의 문체를 보고자 한다. 더불어 본고는 후기 근대국어의 문체적 특징을 먼저 살피고 그 전 시기인 전기 근대국어와 중세국어와의 비교를 통하여 그 변화 과정을 자세히 정리하도록 한다.

각 장의 연구 내용을 제시하면, 2장에서는 문체 연구라는 것이 무엇인지에 대한 선행 논의와 국어사적인 측면에서 언급되어 온 중세국어, 근대국어의 시기별 문체 특징을 살펴본다. 더불어 본고가 연구하고자 하는 문체 연구의 목표와 자료 범위를 소개하였다. 3장의 3.1과 3.2에서는 국어사 연구를 위한 문헌 자료 중, 각각의 연구 목적에 맞게 선정된 역학서류와 훈계서류를 중심으로 후기 근대국어의 전 시기인 중세국어와 전기 근대국어의 비교를 통하여 문체가 어떻게 변화해왔는지를 알아본다. 4장에서는 3장에서 제시된 문헌 자료 각각의 문체 분석 결과를 토대로 후기 근대국어 문체의 전반적인 특징을 고찰하고자 한다.

2. 문체 연구의 대상

일반적으로 문체에 대한 연구는 연구 분야도 차이가 있지만, 한 분야 내에서도 그 개념에 대한 견해가 매우 다양하다. 이것은 대상 자체의 광범위성과 다양성에 근거하는 것이겠지만, 문체 연구라는 것은 언어학적이든 문학적이든 총체적으로 접근해야 하는 연구 대상이기 때문이다. 일반적으로 문학적인 면에서는 간결체, 만연체 등으로 분류하면서 문장의 문체에 대하여 언급하는 것이 일반적인데, 이것은 문장에서 느껴지는 주관적인 이미지와 관련하여 하나의 작품을 해석하는 경우에 이용되는 것이다. 이와 달리 언어학적인 분야에서 문체 연구라는 것은 학문의 특성상 객관적으로 접근해야만 하는 것이다.

따라서 국어학 분야에서 진행되어 온 객관적인 문체에 대한 논의는 민현식(1994ㄱ, ㄴ)을 대표적으로 언급할 수 있을 것이다. 민현식(1994ㄱ, ㄴ)의 연구는 구어의 특질이 있는가에 따라 대화 지향적인 문체, 문어의 특질이 있는가에 따라 문장 지향적인 문체로 나누는 연구로 국어학적인 해석으로 문체 연구가 어떤 방향으로 이루어져야 하는가를 제시하였다[1].

국어학자들이 바라보는 문체에 대한 일반적인 정의는 몇 가지가 있는데, 우선, 김완진(1983)에서는 '문장의 표현 양식'이라는 공통적인 바탕을 가지고 있다고 하였으며, 민현식(1994ㄱ, ㄴ)에서는 '문어 또는 구어로 된 일정한 분량의 언어 표현이 내용 및 형식상으로 가지는 표현 양식상의 특질', 즉 글투와 말투를 포괄하는 개념이라고 정의하였다. 이렇게 하나의 문장과 글, 말을 표현하기 위한 양식을 문체라고 하는데, 이런 문체를 구성하고 있는 요소인 문체소에 대하여 형식적인 면과 내용적인 면을 구분하여 김형철(1987 : 10-12)을 인용하여 민현식(1994ㄱ, ㄴ)에서 다음과 같이 정리하고 있다.

> 문체 형식소－표기 요소 : 한문체, 국한혼용체, 한글체 등의 문체
> 문체 내용소－운율 요소 : 문장, 단어, 어절의 리듬, 호흡 등의 문체
> 　　　　　　　어휘 요소 : 고유어, 한자어, 외래어 등과 품사, 어종상의 문체
> 　　　　　　　통사 요소(구문소) : 문장의 길이, 종류(내포, 접속) 등의 문체

---

1) 민현식(1994ㄱ : 38)
　＜구어와 문어＞
　구어(입말) : 말이나 글이 음성화한 것, 즉 음성화된 말이나 글이다.
　문어(글말) : 말이 문자화한 것, 즉 문자화한 말로 결국 글을 말한다.
　＜구어체와 문어체＞
　구어체 : 구어의 특질이 현저한 것으로 대화 지향적 문체이다.
　문어체 : 문어의 특질이 현저한 것으로 문장 지향적 문체이다.
　이상의 것을 모두 고려하면 다음과 같이 문체를 네 가지로 나눌 수 있다.
　구어체 구어 : 일상대화
　문어체 구어 : 강단어, 연설어, 방송보도어처럼 글이 전제되는 구어이다.
　구어체 문어 : 소설, 시나리오, 희곡, 광고문처럼 입말 중심의 문어이다.
　문어체 문어 : 논설문, 기사문처럼 읽거나 씀을 전제로 한 문어이다.

이러한 분류를 토대로 보았을 때, 기존의 문체 연구는 문체의 형식소 측면에서 접근한 선행 연구들이 주로 이루어졌는데, 이 또한 시기적으로는 개화기 국어에 편중되어 있는 경우가 많다. 이는 개화기라는 시기적 특성이 문체 연구의 많은 논쟁거리를 준 것으로 보인다. 개화기 문체 연구에 대해서는 심재기(1992ㄱ, ㄴ), 민현식(1994ㄱ, ㄴ), 홍종선(1996)을 참고하도록 한다.

이런 문체 형식소는 표기의 문제에 한정되므로, 본 연구자의 문체 연구는 문체 내용소를 중심으로 하여 후기 근대국어 문체 실현 양상을 살펴보고자 한다. 문체 내용소 중 운율 요소로서의 문체는 구어나 구어체의 자료를 대상으로 하는 것이 타당하며, 후기 근대국어의 문헌 자료는 어절, 단어 등의 언어 단위의 호흡을 확인할 수 있는 띄어쓰기 표기를 확인할 수 없으므로 운율 요소는 본 연구에서 제외하였다. 그러나 본 연구는 문헌 자료의 통사적인 요소를 연구함으로써 운율 요소까지도 함께 추측해 볼 수 있으며, 자료를 객관적으로 바라볼 수 있는 근거가 될 수 있으므로 통사 요소를 문체 연구의 주요 대상으로 삼고자 한다. 또한 본 연구자는 문장 구성 양상에서의 특징들과 어휘적인 표현 요소들을 연구 대상으로 함께 논의하는 것이 국어사 문헌에 대한 구체적인 언어학적 분석 방법으로 보고 동시적으로 살펴보았다.

국어사 연구들을 전반적으로 살펴보았을 때, 후기 근대국어의 문체 연구에 대한 개별적인 논의는 없지만 일반 국어사 개론서에서 중세국어와 근대국어를 논의하면서 통사 요소의 측면에서 문체에 대하여 같이 언급을 하고 있다. 이에 대해 간략히 살펴보면 다음과 같다.

박병채(1989)는 문체에 대해 중세국어[2] 시기만을 언급하고 있다. 이는 본고의 연구 시기와는 부합하지 않지만 국어사 연구에 있어서 문체

---

[2] 박병채(1989)에서는 중세국어를 중기국어라고 칭하였으나 본고에서는 논의의 일관성을 위해 중세국어로 아울러 말한다.

의 연구방향을 제시하고 있으므로 간략히 소개하면 다음과 같다. 박병채(1989)에서 말하는 중세국어의 문체는 문장의 길이면에서 복합문의 성격을 갖고 하나의 사건이 하나의 문장으로 나타날 정도로 길다고 하였다. 특히「노걸대」언해류(諺解類)를 언급하면서 번역문이라고 하여도 회화문이므로 구어를 잘 반영한다고 하였다. 그러나 이밖에 실제 문헌들은 보수적인 표현과 표기를 자주 보이며, 명사문의 성격을 많이 가지고 있다고 언급하였다.

이기문(1998)에서는 근대국어에서 문장들은 중세국어와는 달리 동사문의 형식을 띠는 경향이 뚜렷해졌다고 하였다. 또한 중세국어와 비교를 했을 때, 여전히 문장은 복잡한 구조로 나타나고 있어서 이것이 단순화된 것은 현대에 가까워서의 일일 것이라고 하였다. 그러나 앞으로 본고에서 살펴볼 문헌 자료는 역학서인데, 이 역학서의 특성상 회화체의 단문이 주를 이루고 있는 경우는 근대국어에 들어서도 그 형태를 유지하는지, 변화를 하였다면 어떻게 변화하였는지를 이기문(1998)에서 논의된 것을 전제로 살펴보아야 하겠다.

김완진(1983)은 훈민정음 창제 이전의 향찰, 한문을 사용한 문체와 훈민정음 창제 이후 한글로 표기하기 시작한 문헌 자료들을 바탕으로 그 문체사적 의의를 정립하였다. 그러나 이 연구도 문체 특징의 시기가 세분화되어 사례를 제시한 것이 아니라 문자의 측면에서 문체에 대하여 개괄한 것으로 그치고 있다. 그러나 언어학적인 측면에서 문체 연구의 방향성을 제시한 데에 그 의의가 있다 하겠다.

이런 국어사적인 측면에서 다루어진 문체에 관한 기존의 연구들을 바탕으로, 본 연구는 통사적인 측면에서의 문체 분석뿐만 아니라, 그 이전 시기와의 비교를 통해서 한자어 및 고유어의 표현 양상을 보여주는 어휘적인 측면을 전반적으로 자세하게 살펴보고자 한다.

본고에서 후기 근대국어 문체 연구의 대상으로 선정한 것은 18-19세기에 나타난 문헌 자료 중, 역학서 두 종류와 훈계서 일부를 택하였다. 이러한 문헌 자료를 선정한 이유는, 우선 역학서는 회화 학습서로서 회화체로 구성되었기 때문에 해당 시기의 구어체적 특징을 대체적으로 담고 있을 것으로 보이기 때문이다.

또한 일반 백성을 대상으로 교화하는 것을 목적으로 하는 문헌인 훈계서를 선정한 이유는 역학서에서 보이는 회화체 문장과 달리 문어체적인 특징을 보일 것이고, 더불어 일상어의 특징과 한문 사용에 의한 특징이 배제되어 고유어의 사용이 전반적으로 출현할 것으로 생각되기 때문이다. 또한 시간적인 차이를 가지고 간행된 역학서 자료들을 통해 문체의 특징이 시기별로 고찰 가능하고, 훈계서 자료들과 비교하여 문장 구성 및 어휘적인 특징을 근대국어의 자료들을 모두 아울러 다양한 측면에서 살펴볼 수 있을 것이다.

3. 후기 근대국어 문체 변화 양상

3.1 역학서를 중심으로

본 장에서는 역학서 중에서 시기별로 수정 과정을 거쳐 편찬되어 현전하는 「노걸대」언해류(諺解類)3)와 「첩해신어」류(類)4)를 대상으로 한다.

---

3) 「노걸대」의 언해본으로는 먼저 중종조 최세진의 {번역} 「노걸대」를 시작으로 하여 「노박」의 난해어·난해구를 풀이한 「노박집람」이 있고 이어서 현종 11년 (1670)에 정태화의 계청에 의하여 간행된 「노걸대언해」 있으면 이를 다시 수정하여 영조 21년(1745)에 신성연과 변익 등이 평양 감영에서 간행한 「노걸대언해」가 있다. 그리고 영조 39년(1763)에 김창조, 변헌 등이 신석하여 언해한 「신석노걸대언해」가 있으며, 마지막으로 정조 19년(1795)에 이수 등이 중간하여 언해한 「중간노걸대언해」가 현전하고 있다.(정광 2002 : 185-186) 「청어노걸대」와 「몽어

본고에서 분석한 문헌 자료를 정리하면 다음과 같다.

「번역노걸대(상, 하)」(1517년)
「노걸대언해」(1670년)
「중간노걸대언해」(1795년)

「첩해신어」(1676년)
「개수첩해신어」(1748년)
「중간첩해신어」(1781년)[5]

노걸대」에 관해서도 정광(2002)를 참고하기 바란다.

4) 첩해신어의 手稿本은 필사되어 왜학 생도들에게 전해오다가 肅宗 丙辰(1676)에 교서관에서 활자로 인간한 초간본이 있다. 다시 이를 整版한 것으로 대마도 종가문고에 소장본이 있으며 이들은 모두 원간활자본으로 불린다. 이 활자본을 수정한 것이 목판으로 간행되었는데 이것이 바로 제주에서 왜학 박세영이 숙종 己卯(1699)에 복각한 목판본이며 이 원간 목판본은 대인소장인 산기문고와 고려대학교 중앙도서관의 만송문고에 각각 분리되어 소장되었다. 이 원간본은 丁卯통신사행을 수행한 왜학역관들에 의하여 현지에서 수정된다. 이것이 영조 戊辰(1748)에 개수된 「개수첩해신어」로서 최근 프랑스 파리의 동양어학교에 소장된 것이 세상에 알려졌다. 제1차 개수본은 정묘사행에서 「첩해신어」의 개수를 주관한 최학령에 의하여 다시 수정된다. 그는 정묘사행으로부터 돌아와 동래의 倭學教誨로 있을 때에도 제1차 개수본의 수정을 계속하였고 이어서 영조 39년 癸未통신사행에서 大阪과 江戶의 假名文字를 참고하여 구본의 왜언대자를 모두 바꾸는 대대적인 수정을 완성하였다. 이 제2차 개수본은 최학령이 단독으로 수행한 것으로 보이며 私力으로 鑄字 인간되었으나 오늘날 그 판본은 아직 발견되지 않고 있다.(정광 2002 : 474)

5) 「중간첩해신어」(1781)는 아직 발견되지 않고 있는 제2차 개수본 「첩해신어」를 대상으로 하여 간판한 것으로 보이는데, 누락된 부분이 많아서 본고에서는 「첩해신어」류(類) 전반에 걸친 비교는 할 수 없었다. 즉, 「중간첩해신어」가 제1차 개수본과는 많이 다르지 않지만, 전반적으로 내용이 생략된 부분이 많다. 그러나 정광(2002)에 따르면 제2차 개수본이 아직 발견되지 않아서 이 중간본과의 차이가 얼마나 나는지를 알 수 없으나 개수본을 대상으로 중간하였음은 重刊序에서 확인할 수 있다고 하였다.

「노걸대」류(類)는 한어 학습서인 「번역노걸대」와 「노걸대언해」, 「중간노걸대언해」를 살펴보았다. 이밖에 「노걸대」류(類) 자료인 「청어노걸대」(1765년)와 「몽어노걸대」(1766년)는 한어(漢語)「노걸대」류(類)를 만주어와 몽고어의 학습에 맞게 만주어와 몽고어로 번역한 것이지만 언해부분은 해당 시기의 문체적 특징을 그대로 갖고 있을 것으로 여겨지므로 언해문 분석에 있어서 미진한 부분은 한어류(漢語類) 자료와 함께참고 자료로 활용하였다.

「개수첩해신어」는 제1차 개수본인데 이른 후기 근대국어 시기의 문헌이다. 전기 근대시기에 간행된 원간본 「첩해신어」와는 약 80년의 시기만 차이가 있는 것으로 보아 문체상의 두드러지는 변화 과정을 살필수 있을지 의문이 든다. 그러나 정광(2002)에 의하면, 원간본 「첩해신어」는 간행 연도인 1676년 이전의 1618년부터 1636년까지 일본을 왕래한통신사 수행 역관이 손으로 직접 작성하여 오다가 1676년에 정식으로간행한 것이므로 그 본래적인 것은 약 100년의 시기의 차이가 있다. 이것은 전기 근대국어와 후기 근대국어의 초기 부분의 특징들을 보여줄수 있을 것으로 생각된다. 또한 아직 발견되지 않은 제2차 개수본 「첩해신어」를 복각한 것으로 보이는 「중간첩해신어」를 살펴봄으로써 추가적으로 후기 근대국어의 문체 특징을 알 수 있을 것이다. 따라서 본 연구는 문헌 자료 「노걸대」류(類)와 「첩해신어」류(類)를 통하여 국어사 시기의 전반에 걸친 문체 양상과 그 변화를 알아볼 수 있을 것이다.

3.1.1 「노걸대」류(類)의 문체 양상 및 변화

「노걸대」류(類)는 회화 학습서의 특성상 단문으로 주로 구성되어 있다. 대부분이 대화만으로 주제별로 각 장면을 구성하게 되고, 2명 이상의 등장 인물이 있고 서로 대화를 주고받는 구성이다. 따라서 전반적으로 외국어를 학습하는 데에 이용되는 문헌의 목적에 맞게 문장의 길이 및 구성은 단문이 계속해서 나열됨을 알 수 있다. 아래는 「번역노걸대」 (1517)의 시작 부분이다.

(1) 漢⁶⁾ 큰 형님 네 어드러로셔브터 온다
    高 내 高麗 王京으로셔브터 오라
    漢 이제 어드러 가는다
    高 내 北京 향ᄒ야 가노라
    漢 네 언제 王京의셔 ᄠᅥ난다
    高 내 이ᄃᆞᆲ 초ᄒᆞ롯 날 王京의셔 ᄠᅥ나라 <번노, 상: 1a>

위의 (1)에서 나타나는 장면은 한인(漢人)과 고려인(高麗人)의 대화로 한 문장씩을 주고받는 회화임을 알 수 있다. 그러나 각각 단일 등장인물의 회화가 단문으로만 나열된 것을 확인할 수 있다.

아래의 예문 (2)는 「번역노걸대」의 자료이다. 한인의 질문에 대해 고려인의 답변은 단문(短文) 두 개와 복합문(複合文) 한 개가 나열되어 있다.

(2) 漢 네 이 ᄃᆞᆲ 그믐 ᄢᅴ 北京의 갈가 가디 몯홀가
    高 모로리로다// 그 마ᄅᆞᆯ 엇디 니르리오// 하ᄂᆞᆯ히 어엿비 너기샤 모미 편
       안ᄒ면 가리라 <번노, 상: 2a>

「노걸대언해」문헌에서 제시된 예문 (3)의 동일한 장면에서도 문장은 모두 단문과 복합문이 예문 (2)의 「번역노걸대」와 같은 문장 세 개로 나열되었음을 확인할 수 있다.

(3) 漢 네 이ᄃᆞᆯ 그몸ᄢᅴ 北京의 갈가 가디 못홀가
    高 모로리로다// 그 말을 엇디 니르리오// 하ᄂᆞᆯ이 어엿비 너기샤 몸이 편

───────────────

6) 일부 예문에서 제시된 등장인물 표시는 정광(2004)의 방식을 따랐다.

안ᄒ면 가리라 <노걸, 상: 1b-2a>

그러나 후기 근대국어 자료인 「중간노걸대언해」에서는 다음의 예문 (4)와 같이 세 개의 문장을 연결어미 '-니', '-면'을 사용하여 하나의 문장으로 구성하고 있음을 알 수 있다.

(4) 漢 네 이 둘 금음ᄭᅴ 能히 北京 갈짜 가지 못ᄒᆞᆯ짜
  高 이 말을 내 능히 혜아리지 못ᄒᆞᄂᆞ니/ 萬一 하늘이 어엿비 너기샤 몸이 平安ᄒᆞ면/ 싱각건대 ᄯᅩ 可히 가리로다 <노걸(중), 상: 1b-2a>

이것으로 시기별 「노걸대」류(類)가 단순한 오자 수정 및 동일한 양식을 유지하여 간행된 것이 아니라, 내용의 수정 및 보완이 후기 근대국어시기의 문체적 특징을 반영하여 대대적으로 이루어졌음을 알 수 있다.

위의 「중간노걸대언해」 예문에서 우리는 연결어미의 사용뿐만 아니라 문장 부사 'ᄯᅩ' 등이 마지막 연결 문장에 추가적으로 삽입되어 전후 문장의 연결 관계가 밀접함을 확인할 수 있다.

문장 부사 'ᄯᅩ'뿐만 아니라, 문장 접속에 있어서 의미 관계를 분명하게 보여주기 위해 오늘날의 모습과 같은 접속사(접속부사, 문장부사) 및 연결어미를 사용한 것이 후기 근대국어의 특징임을 아래의 예들을 통해서 추가적으로 확인할 수 있었다. 이것은 문장 표현 자체에 대한 전문적인 기술이 필요함을 인식하였고 그것을 반영한 것으로 생각된다.

(5) ㄱ. 내 ᄒᆞᆫ 버디 ᄢᅥ디여 올 ᄉᆡ/ 내 길조차 날회여 녀기 들워 오노라 ᄒᆞ니/ 이런 젼ᄎᆞ로 오미 더듸요라// <번노, 상: 1b>
  ㄴ. 내 ᄒᆞᆫ 벗이 이셔 ᄢᅥ뎌 오매/ 내 길흘조차 날ᄒᆞ여 녜여 기ᄃᆞ려 오노라 ᄒᆞ니/ 이런 젼ᄎᆞ로 오미 더듸여라// <노걸, 상: 1b>

ㄷ. 내 ᄒ 벗이 이셔 쩌져시매/ 이러므로 길히 날호여 녜여 져롤 기ᄃ려
오노라 ᄒ니/ 그러므로 오미 더듸여라// <노걸(중), 상 : 1b>

(6) ㄱ. 내 漢兒人의손ᄃ 글 ᄇᆡ호니 이런 젼ᄎ로 져그나 漢語 아노라// <번
노, 상 : 2a-b>

ㄴ. 내 漢ㅅ 사ᄅᆞᆷ의손ᄃ 글 ᄇᆡ호니 이런 젼ᄎ로 져기 漢ㅅ 말을 아노라//
<노걸, 상 : 2a>

ㄷ. 내 中國ㅅ 사ᄅᆞᆷ의게 글을 ᄇᆡ화시매 이러므로 져기 한 말을 아노라//
<노걸(중), 상 : 2a>

(7) ㄱ. 내 블 디디 몯ᄒ고 ᄇᆞ롬 마시려// 네 ᄲᆞᆯ리 다ᄉᆞᆺ 사ᄅᆞ미 밥 지으라//
<번노, 상 : 20b>

ㄴ. 내 블 ᄶᅵᆺ기 못ᄒ고 ᄇᆞ롬 마시랴// 네 ᄲᆞᆯ리 다ᄉᆞᆺ 사ᄅᆞᆷ의 밥을 지으라//
<노걸, 상 : 18b>

ㄷ. 내 中火 아니ᄒ고 ᄇᆞ롬을 마시랴//이러면 네 ᄲᆞᆯ리 다ᄉᆞᆺ 사ᄅᆞᆷ의 밥을
지어오라// <노걸(중), 상 : 18a>

위의 (5)~(7)의 예문들에서는 접속사 '이러면'을 사용하여 선행 문장
의 내용에 대한 후행 문장의 전환점을 마련하는 과정의 논리적인 연결
의미를 부여하고 있어 후행 문장과 의미적으로 연결 관계를 돈독히 하
고 있다.

다음의 예문 (8)에서도 보다시피 문장의 연결 관계에서 나타나는 접
속사 '이러므로, 그러므로' 등이 후기 근대국어 자료에서 많이 나타나고
있다.

(8) ㄱ. ᄇᆡㅅ 갑슨 往年과 ᄒ 가지로ᄃ 人蔘이 正히 업스니/ 이러므로 갑시
ᄀᆞ장 죠흐니라 <노걸(중), 하 : 2b>

ㄴ. 그러면 그르지 이니ᄒ니 능히 쇼화치 못ᄒ여/ 이러므로 골치 앏프
고 마리 어즐홈을 닐위여 飮食을 싱각 아니ᄒᄂ니 내 이 약은 이
飮食停滯롤 젼혀 다ᄉ리ᄂᆫ 것시니 네 먹으면 可히 즉시 효험볼 ᄭᅥ
시라 <노걸(중), 하 : 39a>

ㄷ. 제 도로혀 니ᄅᆞ되 ᄢᅥ도 내 돈을 ᄡᅳ고 해야ᄇ려도 내 일홈을 해야ᄇ

리니 네게 무슴 일이 간섭ᄒ리오 ᄒ니/ <u>이러므로</u> 모든 사롬이 다시
즐겨 져롤 말리지 아니ᄒ여   제대로 간대로 돈을 쓰니   每日에 여
러 노리 돕ᄂᄂ와 다믓 져 근나희 집의 먹는 것 닙는 거시 다 이 어
린 놈의 돈이라 <노걸(중) 하: 47a>

ㄹ. 네 이 蔘이 싱각건대 가져올 ᄈ 져기 저즈미 잇더니 이제 몰라시니/
<u>이러므로</u> 져기 쌌다 <노걸(중), 하: 55a>

ㅁ. 主人아 우리는 이 길 ᄃ니는 사롬이라 이 째도록 일즉 早飯을 먹지
못ᄒ엿고   앏희 ᄯ 店이 업스매/ <u>그러므로</u> 와 네게 뭇ᄂ니 너희 만
일 ᄲᆯ잇거든 져기 밧괴여 우리를 주어든 밥 지어 먹어지라 <노걸
(중), 상: 36a-b>

ㅂ. 만일 모ᄌ라면 반ᄃ시 져기 ᄲᆫ 뵈롤 봇탤 거시니 ᄯ호 돈 은을 허
비ᄒ리라/ <u>그러므로</u> 살 사롬이 져그니라 <노걸(중), 하: 59a>

그 다음으로 「노걸대」류(類) 문체의 통사적인 요소 변화에서 내용
단락의 의미 표현 강화를 위하여 문장 구성 성분을 조정하였거나 문장
을 확대한 것을 확인할 수 있다.

(9) ㄱ. 네 므슴 그를 비호다//
論語 孟子 小學을 닐고라// <번노, 상: 2b>

ㄴ. 네 므슴 글을 비호다//
論語 孟子 小學을 닐그롸// <노걸, 상: 2b>

ㄷ. 네 비혼 거시 이 므슴 글고//
<u>내 일쯕 닑은 거시</u> 이 論語 孟子 小學이라//<노걸(중), 상: 2b>

위의 예문 (9)는 후기 근대국어 이전 시기 「노걸대」류(類)에서는 선
행하는 의문문에 대하여 후행 문장에서 성분이 생략되어 간략하게 표현
되던 것이 후기 근대국어 문헌인 「중간노걸대언해」에서는 호응 성분인
주어를 밝혀 표현되고 있다. 아래의 예문 (10)도 문장 구성 성분의 호응
관계를 밝혀 기술한 문장이다.

(10) ㄱ. 네 모든 션비 듕에 언메나 漢兒人이며 언메나 高麗ㅅ 사룸고
　　　漢兒와 高麗 반이라 <번노, 상 : 6b>
　　ㄴ. 네 뎌 모든 션비 듕에 언머는 漢ㅅ 사룸이며 언머는 高麗ㅅ 사룸고
　　　漢과 高麗ㅣ 바로 반이라 <노걸, 상 : 6a-b>
　　ㄷ. 네 져 모든 學生듕에 언머 中國ㅅ 사룸이 이시며 언머는 朝鮮ㅅ 사
　　　룸고 大槪 一半은 이 中國ㅅ 사룸이오/ 一半은 이 朝鮮ㅅ 사룸이라
　　　<노걸(중), 상 : 6a-6b>

　아래의 예문 (11)은 2개의 단문이었던 「번역노걸대」의 자료가 「중간
노걸대언해」에서는 문장 성분 간의 호응 관계를 살려 한 개의 단문으로
표현한 경우이다. 문장이 하나로 줄었음에도 전반적인 내용을 이해하는
데에는 무리가 없다.

(11) ㄱ. 우리 이 과실와 칙소를 덤고ᄒᆞ야 보져// 정졔흔가 정졔티 아니 흔가
　　　//<번노, 하 : 38a>
　　ㄴ. 우리 뿔 蔡蔬ㅣ 정졔ᄒᆞ냐 정졔치 못ᄒᆞ냐// <노걸(중), 하 : 36b>

　다음의 예문 (12)는 문장의 호응 관계를 더욱 명확하게 하기 위해
어순의 배치를 새롭게 한 경우이다.

(12) ㄱ. 읍ᄒᆞ노이다/ 큰형님// <번노, 하 : 1a>
　　ㄴ. 읍ᄒᆞ노이다/ 큰형아// <노걸, 하 : 1a>
　　ㄷ. 큰 형아/ 揖ᄒᆞ노라// <노걸(중), 하 : 1a>

　또한 「노걸대」류(類)의 문체 양상 파악을 통해, '-(으)ㅁ' 명사화가
'-것' 보문화나 서술문화로 변화하는 근대국어의 특징이 후기 근대국어
자료인 「중간노걸대언해」에서만 변화하고 있는 것을 확인할 수 있었다.
　아래의 예문 (13)~(17)까지 중세국어 시기와 전기 근대국어 시기의

「노걸대」류(類)에서는 밑줄 친 부분의 '-(으)ㅁ' 명사화 대상 어휘가 연철, 분철의 표기만 다를 뿐 똑같은 모습으로 나타나고 있는데, 후기 근대국어 시기에는 보문화나 서술문으로 나타나고 있음을 알 수 있다.

(13) ㄱ. 너는 高麗ㅅ 사ᄅᆞ미어시니 ᄯᅩ 엇디 漢語 닐오ᄆᆞ 잘 ᄒᆞᄂᆞ뇨 <번노 상: 2a>

ㄴ. 高麗ㅅ 사ᄅᆞᆷ이어니 ᄯᅩ 엇디 漢語 니ᄅᆞᆷ을 잘 ᄒᆞᄂᆞ뇨 내 漢ㅅ 사ᄅᆞᆷ의 손디 <노걸 상: 2a>

ㄷ. 너는 ᄯᅩ 이 朝鮮ㅅ 사ᄅᆞᆷ이라 엇지 能히 우리 ᄒᆞᆫ 말을 니ᄅᆞᄂᆞᆫ다 <노걸(중) 하: 2a>

(14) ㄱ. 漢人의 글 ᄇᆡ화 므슴ᄒᆞᆯ다 네 닐옴도 올타커니와 <번노, 상: 5a>

ㄴ. 漢ㅅ 글 ᄇᆡ화 므슴ᄒᆞᆯ다 네 니ᄅᆞᆷ도 올커니와 <노걸, 상: 4b>

ㄷ. 져 한말을 ᄇᆡ화 므슴ᄒᆞᆯ짜 네 니ᄅᆞᄂᆞᆫ 말도 올커니와 <노걸(중), 상: 4b>

(15) ㄱ. 머구ᄆᆡ 브르녀 아니 브르녀 <번노, 상: 42b>

ㄴ. 머금이 브르냐 아니 브르냐 우리 ᄀᆞ장 <노걸, 상: 38b>

ㄷ. 먹어 브르냐 브르지 아니ᄒᆞ냐 <노걸(중), 상: 39a>

(16) ㄱ. 우리를 ᄒᆞᆫ ᄢᅴㅅ 씻 밥 ᄲᅩᆯ와 ᄆᆞᆯ 머글 딥과 콩을 밧괴여 주ᄆᆡ 엇더ᄒᆞ고 <번노, 상: 53a>

ㄴ. 우리를 ᄒᆞᆫ ᄭᅵ 밥 ᄲᅩᆯ과 ᄆᆞᆯ 딥과 콩을 밧괴여 줌이 엇더ᄒᆞ뇨 <노걸, 상: 47b>

ㄷ. 져기 ᄲᅩᆯ을 밧괴여 나ᄅᆞᆯ 주어 ᄒᆞᆫ ᄭᅵ 밥 지어 먹게 ᄒᆞ고 아오로 져기 집과 콩을 ᄑᆞ라 나ᄅᆞᆯ 주어 ᄆᆞᆯ을 먹이게 ᄒᆞ라 <노걸(중), 상: 48b>

(17) ㄱ. 이 다ᄉᆞᆺ 됴ᄒᆞᆫ ᄆᆞᆯ게ᄂᆞᆫ 내 혜요ᄆᆞᆫ 예순 량이오 이 열 사오나온 ᄆᆞᆯ게ᄂᆞᆫ 내 혜요ᄆᆞᆫ 여든 량이라 <번노, 상: 12a>

ㄴ. 이 다ᄉᆞᆺ 됴ᄒᆞᆫ ᄆᆞᆯ게ᄂᆞᆫ 내 혜음은 예순 냥이오 이 열 사오나온 ᄆᆞᆯ게ᄂᆞᆫ 내 혜옴은 여든 냥이라 <노걸, 하: 10b>

ㄷ. 이 열 죠흔 ᄆᆞᆯㅅ게ᄂᆞᆫ 내 혜여 회오니 일빅 스므 냥이오 이 열여ᄉᆞᆺ 사오나온 말ㅅ게ᄂᆞᆫ 내혜여 회오니 일빅 스믈 여ᄃᆞᆲ냥이라 <노걸(중), 하: 11a>

아래의 예 (18)은 「번역노걸대」에서 주로 단순히 어휘가 나열된 부분이 후기 자료로 갈수록 문장으로 표현된 부분이다. '잔치'를 하는 장면인데 베푸는 음식에 대한 소개를 하고 있다. 「번역노걸대」에서 주로 조사나 서술어 등의 문장 성분이 표현되지 않은 채 나열되었던 것에 반해, 「중간노걸대언해」에서는 주어와 서술어를 갖춘 구성으로 나열하고 있다. 표현하고자 하는 바를 자세하고 길게 하였음을 알 수 있다. 또한 (18ㄴ)의 중간부분에서는 '쏘 져기 과실 술 ᄂᆞ리오기 됴흔 거슬 ᄀᆞ초쟈'란 문장이 삽입되어 있는데, 이 문장은 '잔치'가 열리는 장면의 흐름을 자연스럽고 계기적으로 표현하고 있으며, 다음의 문장에서 계속해서 나열될 채소류 어휘 소개와 문장으로 연결하는 데에 무리가 없다.

(18) ㄱ. 漢兒·의 차반 ᄒᆞ져// 첫 흔 도ᄂᆞᆫ 團攛湯 둘재ᄂᆞᆫ 싱션탕 셋재ᄂᆞᆫ 닭탕 製法未詳 다ᄉᆞᆺ재ᄂᆞᆫ ᄆᆞ론 안쥬 여슷재ᄂᆞᆫ 납폐 권ᄒᆞ니 즁편 투투멋 닐굽재ᄂᆞᆫ 스면 샹화 각산홀 거시라// 우리 이 과실와 최소를 덤고ᄒᆞ야 보져// 졍졔흔가 졍졔티 아니 흔가// 이 녓근 외 가지 파 부쳐 마ᄂᆞᆯ 댓무수 동화 박 계ᄌᆞ 쉿무수 시근치 다ᄉᆞ마 이 안쥬ᄂᆞᆫ 믓고기 젼ᄒᆞ니 양의 챵ᄌᆞ 머리 발 양 눈망울 삭삭흔 뺏글 귀 이 과시론 대초 ᄆᆞ론 감 당츄ᄌᆞ ᄆᆞ론 보도 룡안 례지 술고 슈박 춤외 감ᄌᆞ 셕류 비 외엿 잣 사탕 ᄶᆞ레 조린 밤 이 고기 다 술마 닉거다// 목뼈 븨피 녑 발치 얇엇게 뒷다리 홍ᄌᆞ 쏘 엇디 흔 뒷다리 업스뇨// 샹홧 소해 쓰다// 탕쇠와 차반이 다 ᄀᆞᆺ거다// <번노, 하: 37b-39b)

ㄴ. 우리 漢ㅅ 사롬의 이바지ᄅᆞᆯ ᄒᆞ면 頭一椀은 燕窩ㅣ오 第二椀은 믈고기 지네오 第三椀은 변시오 第四椀은 전복이오 第五椀은 海蔘과 술믄 고기오 第六椀은 닭이오 第七椀 싱션과 샹화와 인졀미와 닭의 알 썩과 몽고썩 다 먹어 못거다// 몬져 空湯을 먹고 후에 차를 먹고 곳 흐터지쟈// 우리 쁠 蔡蔬ㅣ 졍졔ᄒᆞ냐 졍졔치 못ᄒᆞ냐// <u>쏘 져기 과실 술 ᄂᆞ리오기 됴흔 거슬 ᄀᆞ초쟈</u>// 이넌근처 외 가지 파 싱강 댓무우 동화 박 계ᄌᆞ 쉿무우 시근치 다ᄉᆞ마 곰돌리 이 치 즁에 데쳐 닉지 못흔 것도 잇고 쏘 쉰 것도 잇다// 이 안쥬ᄂᆞᆫ 믈고기 젼흔 것과 羊의 챵ᄌᆞ와 머리와 발과 양이오 이 과실은 이 대쵸와 곳감과 호도

와 꼬아리와 아가외와 돈비와 믄비와 葡萄와 龍眼과 荔茇와 술고와
슈박과 춤외와 柑子와 귤과 石榴와 외앗과 잣과 밤이 다 쓰기 죠타
// 이 고기 다 술마 닉어다// 목쟝이 머리 가리 압 엇게 뒷 다리 양
지머리 다 잇다// 엇지 호 뒷다리롤 보지 못홀소뇨// 상화소에 뻣다//
잔치에 국과 밥이 다 ᄀᆞ잣다// <노걸(중), 하 : 36a-38a>

위에서는 중세국어 시기의 「번역노걸대」와 「노걸대언해」의 구성은
크게 차이가 없어 후기 근대국어 시기의 「중간노걸대언해」만을 비교하
였는데, 제시한 (18ㄱ, ㄴ)은 동일한 내용 단락인데 각 단락을 구성하고
있는 문장의 수는 「번역노걸대」가 8문장, 「중간노걸대언해」가 11문장이
다. 연결어미의 실현 빈도는 「중간노걸대언해」의 자료가 더 많은데도
나열식 어휘를 문장으로 풀어쓰고 문장 자체를 확대함으로써 더 자연스
러운 내용 해석을 돕는 표현이 가능하게 되었다. 이처럼 후기 근대국어
시기에서 문장의 의미 관계를 자연스럽거나 분명하게 하기 위해 여러
가지 문체 표현 양식의 재구성을 하였음을 알 수 있다.

다음 (19)~(23)의 예문에서는 단문을 복문으로 표현하기 위해 연결
어미를 다양하게 실현시켜 의미 관계를 논리적으로 밀접하게 하였음을
알 수 있다.

(19) ㄱ. 콩 딥 다 잇다// 콩은 거믄 콩이오/ 딥픈 좃딥히라// <번노, 상 :
　　　　17b-18a>
　　ㄴ. 딥과 콩이 다 의식되/ 콩은 거믄 콩이오/ 딥픈 좃딥피라// <노걸, 상
　　　　: 16a>
　　ㄷ. 집과 콩이 다 의식되/ 콩은 이 거믄 콩이오/ 집흔 이 조ᄉ 집히라
　　　　// <노걸(중), 상 : 16a>
(20) ㄱ. 우리 고렷 사ᄅᆞ믄 즌 국슈 머기 닉디 몰호얘라// 우리 ᄆᆞᄅᆞ니 머구
　　　　더 엇더ᄒᆞ뇨// <번노, 상 : 60a>
　　ㄴ. 우리 高麗ㅅ 사름은 즌 국슈 먹기 닉디 못호여라// 우리 그저 ᄆᆞᄅᆞ
　　　　니 먹음이 엇더ᄒᆞ뇨// <노걸, 상 : 54b>

ㄷ. 우리 趙鮮ㅅ 사롬은 즌 국슈 먹기 닉지 못호니/ 우리 그저 무론 것 먹으미 엇더호뇨// <노걸(중), 상 : 55b>

(21) ㄱ. 믹실 學長이 굴외는 學生을 다가 스승님쯰 숣고 그리 텨도/ 다함 져티 아닌ᄂᆞ니라// 漢兒 아희돌히 ᄀᆞ장 굴외거니와/ 高麗ㅅ 아희돌혼 져기 어디니라// <번노, 상 : 7b-8a>

ㄴ. 每日 學長이 뎌 ᄀᆞ래는 學生을다가 스승믜 숣고 그리 티되/ 그저 졋티 아니호ᄂᆞ니라// 漢ㅅ 아희들은 ᄀᆞ장 ᄀᆞ래거니와/ 高麗ㅅ 아히들은 져기 어디니라//<노걸, 상 : 6b>

ㄷ. 每日 學長이 져 ᄀᆞ래는 學生을다가 스승믜 숣고 곳 져롤 치되/ 제 그저 저퍼 아니호ᄂᆞ니/ 이 漢ㅅ 아히들은 ᄀᆞ장 ᄀᆞ래는 이어니와/ 朝鮮ㅅ 아희들은 져들에 比컨대 져기 나으니라// <노걸(중), 상 : 6b-7a>

(22) ㄱ. 나도 이 여러 물 풀라 가며/ 이 물 우희 시론 아니 한 모시뵈도 이믜셔 풀오져 ᄒᆞ야 가노라// 네 호마 몰 풀라 가거니/ 우리 벋지서 가미 마치 됴토다// <번노, 상 : 8b>

ㄴ. 나도 이 여러 물 풀라 가며/ 이 물쩨 실은 져근 모시뵈도 이믜셔 풀고져 ᄒᆞ야 가노라// 네 이믜 물 풀라 가거든/ 우리 벗지어 가미 마치 됴토다// <노걸, 상 : 7b>

ㄷ. 나도 가 이 여러 물을 풀려 ᄒᆞ고/ 이 물쩨 시른 약간 모시 뵈도 홈믜 다 풀려 ᄒᆞ는 거시니/ 네 이믜 가 몰을 풀려 ᄒᆞ면/ 우리 혼가지로 가미 정히 죠타// <노걸(중), 상 : 7b-8a>

(23) ㄱ. 나도 ᄆᆞᆷ매 이리 너기노라// 네 닐오미 내 ᄠᅳᆮ과 곧다// <번노 상 : 11a>

ㄴ. 나도 ᄆᆞᆷ애 이리 싱각ᄒᆞ엿더니/ 네 닐오미 맛치 내 ᄠᅳᆮ과 ᄀᆞᆺ다// <노걸, 상 : 10a>

ㄷ. 나도 ᄆᆞᆷ에 이리 싱각ᄒᆞ엿더니/ 네 니ᄅᆞ미 맛치 내 ᄯᅳᆮ과 ᄀᆞᆺ다// <노걸(중), 상 : 10a>

　위의 예에서 보다시피 후기 근대국어 자료에서는 연결어미 '-니'가 두드러지게 사용되고 있는데, 이 연결어미 '-니'가 연결되고 있는 선후 문장 간의 '이유'라는 의미 역할을 담당하면서 복문의 내용에 있어서 의미를 분명하게 표현하기 위해 실현되었다. 후기 근대국어 자료에서 사용된 연결어미 '-니'는 이전 시기의 문헌들에서 빈번하게 나타나는 '-니'

처럼 단순한 나열 및 설명의 의미 표현이 아니다. 문체 변화를 인정하는 본고의 입장에서 보면 후기 근대국어에서는 연결어미 '-니'의 실현으로 선후 문장의 종속적 결합이 매우 확실해진 것으로 보인다.

그밖에도 이러한 연결어미의 양상은 오히려 후기 근대국어 자료인 「중간노걸대언해」에서는 이전에 단순한 문장의 설명 및 나열을 위해 '-니'로 실현되던 문장이 의미 관계가 더 명확한 다른 연결어미로 나타나고 있음을 확인할 수 있다. 위의 예 (22ㄱ, ㄴ, ㄷ)에서 조건의 연결 관계로 분석되는 다음의 구절 '네 ᄒᆞ마 ᄆᆞᆯ 풀라 가거니<번노> → 네 이믜 ᄆᆞᆯ 풀라 가거든<노걸> → 네 이믜 가 ᄆᆞᆯ을 풀려 ᄒᆞ면<노걸(중)>'에서 연결어미가 각각 다르게 변화한 과정을 살필 수 있다.

따라서 이러한 관찰을 통하여 본고에서는 기술 과정에 있어서 중점적으로 다음과 같은 측면들을 기준으로 살펴보았다. 우선 「노걸대」류(類)는 간행 시기별로 문장의 구성이 차이가 있는데, 일괄적으로 단문의 나열이 전후 문장의 결합에 의한 복문화로 어떻게 진행되었는지를 각 시기별 문헌과 비교하여 분석하였다. 이와 반대로 두 번째는, 앞선 시기에서는 복문이었는데 후대의 「노걸대」류(類)에서는 단문으로 실현된 경우도 살펴보아야 한다. 우선 다음의 예문 (24)를 살펴보자.

> (24) ㄱ. 내 ᄯᅩ 너ᄃᆞ려 말소믈 당부ᄒᆞ노니/ 그 드레 믈에 ᄌᆞᆷ디 아니ᄒᆞᄂᆞ니/ 네 두의티기옷 모ᄅᆞ거든/ 드레 우희 ᄒᆞᆫ 무쇠 벽을 ᄆᆡ라// <번노, 상 : 32a>
>
> ㄴ. 내 ᄯᅩ 너ᄃᆞ려 져기 말을 당부ᄒᆞ노니/ 그 드레 믈에 ᄌᆞᆷ디 아니ᄒᆞᄂᆞ니/ 네 뒷티기 아디 못ᄒᆞ거든/ 드레 우희 ᄒᆞᆫ 덩이 벽을 ᄆᆡ라// <노걸, 상 : 29a>
>
> ㄷ. 내 ᄯᅩ 네게 져기 말을 당부ᄒᆞ쟈// 져 드레 믈에 ᄌᆞᆷ기지 아니ᄒᆞ니/ 네 뒤처기 아지 못ᄒᆞ거든/ 드레에 ᄒᆞᆫ 덩이 벽을 ᄆᆡ면/ 맛치 죠ᄒᆞ니라// <노걸(중), 상 : 29a>

　중세국어 자료인 「번역노걸대」와 전기 근대국어 자료인 「노걸대언해」에서는 네 개의 문장이 연결어미 '-니'와 '-거든'에 의해 하나의 복문으로 구성되어 있음을 알 수 있다. 그러나 「중간노걸대언해」에서는 청유형 종결 어미 '-쟈'를 사용하여 첫 문장을 복문에서 분리하였다. 후행하는 문장 내에 이어진 문장들과 청유형 문장이 연결어미 '-니'로 계속해서 이어져 있다. 그러나 분리하여도 내용 해석에는 문제가 없으며, 오히려 단문으로 구성함으로써 복문에서 오는 문장의 어색함을 탈피한 것으로 보인다. 따라서 본고는 각 시기별로 복문에서 단문화(또는 중문화[7])로의 과정도 살펴볼 수 있는 것이다.

(25) ㄱ. 이제 됴뎡이 텬하를 一統ᄒ야 겨시니/ <u>셰간애 ᄡᄂ노니/ 漢人의 마리</u>
　　　　니/ 우리 이 高麗ㅅ 말소믄 다믄 高麗ㅅ ᄯᅡ해만 ᄡᄂ는 거시오/ 義州
　　　　디나/ 中朝 ᄯᅡ해 오면/ <u>다 漢語 ᄒᄂ니/</u> 아뫼나 ᄒᆫ 마를 무러든/ ᄯ
　　　　 대답디 몯ᄒ면/ 다ᄅᆫ 사ᄅᆞ미 우리를 다가/ 므슴 사ᄅᆞᄆᆞᆯ 사마 보리오//
　　　　<번노, 상 : 5a-5b>

　　ㄴ. 이제 朝廷이 天下를 一統ᄒ여시니/ <u>셰간에 ᄡᄂ는 거슨 한말이니/</u> 우
　　　　리 이 高麗ㅅ 말은 다만 高麗ㅅ ᄯᅡ히만 ᄡᄂ고/ 義州 디나/ 漢ㅅ ᄯᅡ
　　　　히 오면/ <u>다 한말이라//</u> 아믜나 ᄒᆫ 말을 무러든/ ᄯ 대답디 못ᄒ면/
　　　　다ᄅᆫ 사ᄅᆞᆷ이 우리를 다가/ 므슴 사ᄅᆞᆷ을 사마 보리오// <노걸, 상 :
　　　　4b-5a>

　　ㄷ. 이제 朝廷이 天下를 一統ᄒ여시니/ <u>간 곳마다 ᄡᄂ는 거시 다 이 한말</u>
　　　　<u>의오/</u> 우리 이 朝鮮ㅅ 말은 다만 朝鮮ㅅ ᄯᅡ히만 ᄡᄂ고/ 義州 지나/
　　　　中國ㅅ ᄯᅡ히 가면/ <u>다 이 한말이라//</u> 만일 사ᄅᆞᆷ이 ᄒᆫ 구 말을 무르리
　　　　이셔든/ ᄯ 니ᄅᆞ지 못ᄒ면/ 다ᄅᆫ 사ᄅᆞᆷ이 우리를 다가/ 엇더ᄒᆫ 사ᄅᆞᆷ
　　　　으로 보리오// <노걸(중), 상 : 4b-5a>

---

7) 본고에서는 복문화보다는 문장 구조가 간략하고, 둘 이상의 단문으로 구성된 문장 구조를 표현하기 위한 개념으로 중문화라는 용어를 사용하였지만, 기술 용어의 통일성을 꾀하기 위해, 복문화와 단문화라는 용어만을 사용하였다.

위의 예문 (25)의 「번역노걸대」자료에서는 11개의 문장이 연결어미에 의하여 하나의 복문으로 구성되어 있다. 그러나 「노걸대언해」와 「중간노걸대언해」에서는 「번역노걸대」의 '셰간애 쓰노니/ 漢人의 마리니/' 구문이 '셰간에 쓰는 거슨 한말이니/'로 구성되면서 전체 10개의 문장이 내용을 구성하고 있는데, 「번역노걸대」의 '다 漢語 ㅎㄴ니/' 구문은 「노걸대언해」와 「중간노걸대언해」에서 오히려 연결어미 '-니'가 종결 어미 '-라'로 실현되어 '다 한말이라//<노걸>, 다 이 한말이라//<노걸(중)>' 으로 각각 분리되어 제시되어 2개의 복문으로 변화한 것을 확인할 수 있다.

(26) ㄱ. 너는 高麗ㅅ 사ᄅᆞ미어시니/ 쏘 엇디 漢語 닐오미 잘 ᄒᆞᄂᆞ뇨// <번노, 상: 2a>

ㄴ. 너는 高麗ㅅ 사롬이어니/ 쏘 엇디 漢語 니롬을 잘 ᄒᆞᄂᆞ뇨// <노걸, 상: 2a>

ㄷ. 너는 쏘 이 朝鮮ㅅ 사롬이라// 엇지 能히 우리 한 말을 니ᄅᆞᄂᆞᆫ다// <노걸(중), 상: 2a>

(27) ㄱ. 너는 高麗ㅅ 사롬미어시니/ 漢人의 글 비화 므슴ᄒᆞᆯ다// <번노, 상: 5a>

ㄴ. 너는 高麗ㅅ 사롬이어니/ 뎌 漢ㅅ 글 비화 므슴ᄒᆞᆯ다// <노걸, 상: 4b>

ㄷ. 너는 이 朝鮮ㅅ 사롬이라// 져 한말을 비화 므슴ᄒᆞᆯ짜// <노걸(중), 상: 4b>

위의 (26), (27)의 두 예는 선행 문장의 의미가 조건이나 가정을 하는데, 여전히 '-니'가 반복적으로 사용되어 어색하다. 이에 후기 근대국어 자료에서는 문장을 분리하였다. 후기 근대국어에서는 '-나'가 어미 '-라'로 변화하였는데, 연구자에 따라 이것을 역시 후행 문장에 대한 이유를 제시하는 연결어미 '-라'로 볼 수 있을 것이다. 그러나 본 연구자가 전체 문맥에서 파악한 바에 의하면, 이유를 제시하는 문장이 아니라 후행 문장의 설명을 위해 조건이나 가정을 전제하고 문장을 분리하기 위해 제시한 종결 어미 '-라'로 파악하는 것이 옳다. 위의 예에서는 선행 문장이 후행 문장에 대한 가정으로 해석되어야 논리적이기 때문이고, 이것이 「중간노걸대언해」에서는 각각의 문장이 단문으로 구성되어 의미 관계가 모호하지 않고 명확하게 분리되었다.

이상에서 살펴본 것처럼 중세국어 시기, 전기 근대국어 시기와는 달리 후기 근대국어 시기의 자료에서 문장의 표현 관계가 복문화, 단문화에 의해 달라졌음을 알 수 있다. 따라서 본고에서는 복문화와 단문화로의 문체 변화 양상에 대해 좀 더 체계적으로 살펴보고자 문장의 길이와 관련하여 연결 관계에 따른 문체의 변화를 다음의 두 가지 측면에서 표로 정리해 보았다.

첫째로 〔표 1, 2, 3〕은 단문에서 복문화의 과정에서, 둘째로 〔표 4, 5〕는 복문의 단문화 과정에서 연결어미와 종결 어미의 실현을[8] 대상으로 제시한 분석 결과의 표이다. 본 연구자의 분석을 통해 「노걸대」류 (類)에서 실현된 종결 어미 및 연결어미의 양상은 다음의 표들에서 모두 확인할 수 있다.

우선 아래의 〔표 1〕에서는 전기와 후기 근대국어의 「노걸대」류(類)에서 분석된, 복문화가 일어나는 종결 어미의 종류와 그 빈도를 제시하였다. 표의 마지막에 제시된 '총 종결형 문장 빈도'라는 것은 「번역노걸대」의 완벽한 종결형을 갖는 문장 개수를 말하는 것이다. 1,101개의 문장이 조사되었는데, 이 중에 복문화가 됨으로써 문체 변화를 겪는 문장은 135개이다. 이것은 총 문장 빈도에 비하면 12%에 해당하는 수준이지만, 다른 문체 요소들에 비하여 큰 비율로 문체의 변화를 보여주는

---

8) 연결어미와 종결 어미의 의미 기능 분류는 안병희·이광호(1990)를 따랐다.

대상이라 할 수 있겠다.

[표 1] 「노걸대」류(類)의 복문화 변화 대상의 종결 어미 출현 빈도

복문화 대상 종결 어미	번역노걸대(16세기)
-다/라(서술형)	121
-리오, -려, -녀, -뇨(의문형)	4
-쟈/져(청유형)	5
-고나(감탄형)	2
-마(약속형)	3
총 변화 대상 빈도	135
총 종결형 문장 빈도	1,101

위의 〔표 1〕에서 제시된 종결 어미들은 다음의 「노걸대언해」와 「중
간노걸대언해」에서는 각각 아래의 〔표 2〕에서 제시된 빈도로 복문화 하
였다. 전기 근대국어 자료인 「노걸대언해」에서는 「번역노걸대」의 종결
어미 중 전체적으로 약 30% 정도가 변화의 대상이 되었고, 「중간노걸대
언해」에서는 「노걸대언해」에서 변화한 대상의 2배가 되는 단문들이 복
문으로 변화한 것을 알 수 있다.

[표 2] 「노걸대」류(類)의 종결 어미별 복문화의 출현 빈도

복문화 대상 종결 어미	노걸대언해(17세기)	중간노걸대언해(18세기)
-다/라(서술형)	41/121	(41)+80/121
-리오, -려, -녀, -뇨(의문형)	1	(1)+3
-리오, -려, -녀, -뇨(의문형)	1	(1)+3

복문화 대상 종결 어미	노걸대언해(17세기)	중간노걸대언해(18세기)
-쟈/져(청유형)	3	(3)+2
-고나(감탄형)		2
-마(약속형)	2	(2)+1
총 변화 빈도	47	(47)+88

앞서도 언급하였지만, 본 연구에서 단문의 복문화 과정을 살펴보기 위해 「번역노걸대」에서 종결형 문장 1,101개를 대상으로 하였고, 이것은 후기 근대국어 시기의 자료인 「중간노걸대언해」에서 복문화 된 것이 「번역노걸대」의 전체 문장 중 약 12%인 135문장이었다. 그러나 여기에서 복문화가 진행된 135문장 중 89%가 서술형 단문이라는 것이 특징적임을 주목해야 한다. 이처럼 중세국어 자료인 「번역노걸대」에서는 서술형 문장의 단문이 나열되어 있는 형식이 두드러진다. 이에 대한 것은 앞선 많은 예에서 살펴볼 수 있었다.

또한 「번역노걸대」에서는 전후 문장이 의미적으로 관련이 있음에도 종결형의 문장으로 주로 구성되어 있다. 이러한 특징이 「중간노걸대언해」에서 전후 문장이 의미적으로 관련이 있음을 더 상세하게 알 수 있는 복문으로 구성되었다. 그런데 이때에 복문의 구성 양상도 다음의 〔표 3〕과 같이 다양한데, 주로 이유나 설명의 연결어미 '-니'와 나열의 연결어미 '-고'로 표에서 제시된 것과 같이 변화하였다. 〔표 1, 2〕에서 제시된 종결 어미들을 〔표 3〕의 연결어미로 간략하게 제시하였는데, 이 표를 통하여 「번역노걸대」의 복문화 대상 종결 어미가 문장 유형별로 「노걸대언해」와 「중간노걸대언해」에서는 각각 어느 정도의 변화가 일어났는지를 확인할 수 있다.

[표 3] 「노걸대」류(類)의 복문화 과정의 연결어미 실현 양상

복문화 실현 연결어미	서술형		의문형		청유형		감탄형		약속형	
	노언	중노	노언	중노	노언	중노	노언	중노	노언	중노
-니(이유, 설명)	32	82	1	3	1	2		1	1	2
-되/더(조건)	4	4								
-면(조건)		2				1				
-고(나열)	3	24			1	1	1			
-아/어(양태)	1	5			1	1			1	1
-거늘(양보)		1								
-든(조건)		1	1							
-며(나열)	1									
-거니와(나열)		1								
총 실현 빈도	41	121	1	4	3	5	0	2	2	3

이상에서 역학서 「노걸대」류(類)에 나타난 복문화 과정을 대상 종결어미와 실현 연결어미의 기준에서 빈도별로 제시하였다. 이 「노걸대」류(類)의 복문화는 외국어를 쉽게 학습하기 위해 초기에 제시되었던 회화체의 짧은 문장들이 역학서로서의 기능과 전문 역관들의 활용 능력을 반영하기 위하여 단순한 문장들의 나열이 아닌 좀 더 논리적이고 세련된 표현을 가능하게 하는 복문으로 변화한 것으로 생각된다.

아래의 〔표 4〕는 「번역노걸대」의 복문이 단문화 된 과정을 분석하여 제시한 것이다. 「번역노걸대」의 복문 중 41개의 문장이 단문화 하였는데, 이 중 28개의 '-니'가 변화 대상이었다. 이때에 연결어미 '-니'는 주로 전후 문장의 의미 관계가 있기보다는 각각의 문장을 설명하여 나열하는 부분인데, 이것들이 대체로 문체 변화의 대상이 되었다. 전기 근대국어의 「노걸대언해」는 다양한 연결어미에서 변화 양상은 관찰되지 않았지만, '-니'에 대한 표현을 고려한 과정은 다음의 11개의 변화 대상

으로 짐작할 수 있다.

[표 4] 「노걸대」류(類)의 시기별 단문화 변화 빈도 및 연결어미 양상

단문화 대상 연결어미	번역노걸대 (16세기)	노걸대언해 (17세기)	중간노걸대언해 (18세기)
-니(설명)	28	11	28
-든(조건)	3		3
-고(나열)	3		3
-아/어(양태)	3	1	3
-면(조건)	2		2
-거늘(설명)	1		1
-디(조건)	1		1
총 변화 빈도	41	12	41

다음의 〔표 5〕에서는 복문이 단문으로 되었을 때, 어떤 종결형으로 나타났는가에 대한 빈도를 제시하였다. 서술형뿐만 아니라 의문형, 청유형, 명령형이 다양하게 나타났음을 알 수 있다. 위의 〔표 4〕에서 제시한 연결어미 '-니' 28개는 전부 서술형 단문으로 나타났으며, 연결어미 '-고'는 2개, '-아/어'와 '-디'는 전부 서술형 단문으로 분리되었다. 서술형 단문으로 실현된 34개의 문장을 제외하고 나머지 연결어미들은 의문형, 청유형 각 3개, 명령형 1개의 종결형 단문으로 실현되었다.

[표 5] 「노걸대」류(類)의 시기별 단문화의 종결 어미 실현 양상

단문화 실현 종결 어미	노걸대언해(17세기)	중간노걸대언해(18세기)
-다/라(서술형)	12/41	34(12+22)/41
-뇨/료/냐(의문형)		3
-쟈(청유형)		3

단문화 실현 종결 어미	노걸대언해(17세기)	중간노걸대언해(18세기)
-라(명령형)		1
총 실현 양상	12회/41회	(12) + 29회=41회/41회

또한 「번역노걸대」의 총 53개의 연결어미가 「중간노걸대언해」에서 다른 연결어미로 실현되었는데 그 중 단순한 나열의 연결어미로 쓰였던 '-니(20회), -며(4회)'와 선행 문장의 양태를 밝히는 '-아/어(8회)'가 약 32회 나타나는데 모두 다른 연결어미로 변화하였다. 연결어미 '-니'는 같은 나열의 연결어미 '-고'나 조건의 연결어미 '면'으로 변화하였다. 그밖에 이유의 연결어미 '-라', 조건의 연결어미 '-되', 양태 연결어미 '-아/어' 등으로도 매우 다양하게 나타나고 있다. 변화된 연결어미들은 각각 다양하게 '-거늘', '-아/어', '-면', '-고', '-니', '-며' 등의 양상을 보였다. (28)의 예문들을 살펴보면 중세국어 자료부터 후기 근대국어 자료의 시기별로 논의된 것처럼 연결어미 자체의 변화를 알 수 있을 것이다.

> (28) ㄱ. 네 一百 四十 兩 銀을 바도려 호거시니/ 이 다숫 됴혼 물와 열 사
>   오나온 물게 네 언메나곰 혜눈다 <번노, 하: 11b>
>   ㄴ. 네 一百四十 兩 은을 바드려 호면/ 이 다숫 됴혼 물과 열 사오나온
>   물 네 언머식 혜눈다 <노걸, 하: 10a>
>   ㄷ. 네대로 이빅 마흔 여듧 냥 은을 바드려 호면/ 이열 죠흔 물여 열여
>   숫 사오나온 물ㅅ게 네 언머롤 혜눈다 <노걸(중), 하: 11a>

다시 말하면, 전체적으로 「노걸대」류(類)의 문장 연결 관계가 변화한 것은 문장의 복문과 단문 구성과 관련하여서는 총 176문장, 연결어미들의 변화는 총 53개의 문장을 확인하여 모두 229회에 걸친 문체의 변화가 있었음을 알 수 있다. 전기와 후기를 구분하여 봤을 때, 전기 근대국어 자료인 「노걸대언해」에서는 그 변화 양상이 미약했다. 전기 근대국

어의 문체 변화는 전반적으로 후기 근대국어로 변화하는 과정에 있는 것 같다. 전반적인 문체의 양상은 중세국어의 「번역노걸대」와 크게 다르지 않다. 따라서 후기 근대국어에서 이러한 문체 변화가 전반적으로 일어났음을 알 수 있다.

이것은 중세국어와 전기 근대국어 시기에 연결어미 '-니'가 문장의 연결 관계에서 책임지고 있는 의미 역할이 단순한 표현 영역을 가지고 있었기 때문임을 알 수 있다. 위의 예에서 우리가 알고 있는 어미 '-니'가 이유의 연결어미 '-니'로서 문장 연결 관계를 담당하는 연결어미로만 쓰였다면 후기 근대국어 자료에서는 다른 연결어미로 실현되어 문장의 의미 관계가 더 명확해지고 의미 해석에 수월하다는 것을 설명해 줄 수가 없는 것이다.

즉 중세국어에 많이 실현되었던 어미 '-니'가 그 역할이 연결어미와 종결 어미로서의 다른 두 가지 역할을 모두 분명하게 하고 있었는가? 나아가 종속적이거나 대등적인 연결을 구분하여 사용되고 있었는가? 만약 그랬다면 후기 근대국어 시기의 '-니'를 후행 문장의 종속적인 '이유'나 대등적인 '설명의 나열'을 표현하기 위해 문장의 논리적인 연결 관계에 사용한 것과 동시적으로, '-니'가 포함된 문장을 단문화 한 과정 등을 설명할 수 없다.

따라서 중세국어 시기와 전기 근대국어 시기에 '-니'는 주로 단순히 내용의 문장 설명을 나열하는 데에서 실현되었음을 알 수 있고, 이런 의미 기능이 후대로 올수록 원인, 이유나 계기성 등의 의미 기능으로 축소되면서 명확하게 되어 복문의 단문화에 기여를 하게 된 것이다. 후기 근대국어 시기의 문헌들은 이렇게 다양한 문장 연결 관계를 실현시킴으로써 문장의 논리적인 관계를 적절하게 표현하려고 노력하였음을 알 수 있다.

이처럼 후기 근대국어 시기에 간행된 「중간노걸대언해」의 중간본에서는 적절한 연결어미를 사용하여 단문을 복문 및 중문으로 구성하였으며, 문장의 논리적 구조를 고려하지 않은 단문의 나열은 전후 문장의 연결 관계를 고려하여 복문으로 변화하였고, 의미 관계가 분명하지 않은 연결어미는 다른 연결어미로 변화한 것이다.

위의 세 경우 모두가 대부분 중세국어 시기엔 단순한 나열을 위해 사용되었던 연결어미 '-니'가 후기 근대국어 시기에서는 명확한 의미 관계 표현에 사용된 것으로 정리할 수 있다. 즉 '-니'가 사용되었던 부분은 다른 연결어미로 표현되거나 단문화 하여 문장 내용 흐름이 논리성, 이해의 명확성, 전문성을 갖게 되는 것으로 「노걸대」언해류(諺解類)의 문체 변화 양상의 가장 큰 특징을 정리할 수 있는 것이다.

3.1.2 「첩해신어」류(類)의 문체 양상 및 변화

본 장에서는 「노걸대」언해류(諺解類)에서 어미의 실현 양상 등을 통한 단문화, 복문화의 문체 분석과 달리, 「첩해신어」류(類)의 문체 표현에서 가장 두드러지는 변화 대상은 어휘 요소에서 찾아보았음을 언급할 수 있다. 기존 국어사 자료 연구에서 후기로 갈수록 고유어가 보편적으로 나타난다는 견해와 달리 「개수첩해신어」는 「첩해신어」보다 이후 시기의 것이지만 일부 어휘에서 고유어가 아닌 한자어로 표현한 예가 다수 발견되었다. 「개수첩해신어」의 한자어로의 변화 결과는 「중간첩해신어」에도 그대로 반영되어 유사한 모습을 보여주고 있는데, 이것은 개수본을 바탕으로 중간본이 나왔기 때문이다.

아래 (29), (30)의 예문은 복수 접미사 '-들'에 대하여 전기 근대 시기에서는 고유어를 사용하였지만, 후기 근대 시기에서는 오히려 '-들'에 해당하는 표현을 한자어 '中'으로 나타내고 있는 것을 알 수 있다.

(29) ㄱ. 代官들도 흔 고대 잇습니 아룸답스외 <첩해, 1 : 2b>

ㄴ. 代官中도 흔 곧에 읻습니 아룸답스외 <개첩, 1 : 3b>

ㄷ. 代官中도 흔 곧에 읻습니 아룸답스외 <첩해(중), 1 : 3a>

(30) ㄱ. 代官들히 모시디 아냐는 못홀 일이어니와 <첩해, 1 : 7a>

ㄴ. 代官中이 흔가지로 가기는 호오려니와 <개첩, 1 : 9b>

ㄷ. 代官中이 흔가지로 가기는 흐올여니와 <첩해(중), 1 : 9a>

일상어에서도 「개수첩해신어」에서는 오히려 의고적으로 한자어를 사용하여 표현한 것을 일부 발견할 수 있다. '오늘'에 대하여 '今日'로, '닉일'에 대하여 '明日', '어제'에 대하여 '昨日'이라는 한자어를 사용하여 표현하고 있다. '모레'에 대해서는 '明後日'이라는 한자어로 표현하였다. (31)~(33)의 아래의 예들에서도 이러한 변화를 확인할 수 있는데 이 어휘들의 변화는 문헌 전체에서 전반적으로 일어났음을 알 수 있었다.

(31) ㄱ. 오늘은 밤이 드러시니 닉일 듯보와 보옵소 <첩해, 1 : 13a>

ㄴ. 今日은 밤이 드러시니 明日 듣보와 보옵소 <개첩, 1 : 18b>

ㄷ. 今日은 밤이 드러시니 明日 듣보와 보옵소 <첩해(중), 1 : 16b>

(32) ㄱ. 어제논 無事히 연향을 흐시니 깃브외 <첩해, 3 : 27a>

ㄴ. 昨日은 無事히 宴享을 흐시니 긷부외 <개첩, 3 : 36a>

ㄷ. 昨日은 無事히 宴享을 흐시니 긷부외 <첩해(중), 3 : 32a>

(33) ㄱ. 그러면 모뢰 무天브터 시작홀 쩌시니 아므려나 看品坐의셔 드토디 아니케 지간흐옵소 <첩해, 3 : 29a>

ㄴ. 그러면 明後日 무天부터 시작홀 쩌시니 아모려나 看品坐의셔 드토지 아니케 지간흐옵소 <개첩, 3 : 39a-39b>

ㄷ. 그러면 明後日 무天부터 시작홀 쩌시니 아모려나 看品坐의셔 드토지 아니케 지간흐옵소 <첩해(중), 4 : 1a-1b>

아래의 (34)의 예에서는 '인스'라는 일상어에 대하여도 '正體'라는 한자어를 사용하여 표현하였다.

(34) ㄱ. 正官은 비 멀믜ᄒ여 <u>외소</u> 몰라 아러 누어슙니 <첩해, 1 : 16a>

ㄴ. 正官은 비 멀믜ᄒ여 <u>正體업시</u> 좀 드렷슙니 <개첩, 1 : 22b-23a>

ㄷ. 正官은 비 멀믜ᄒ여 <u>因ᄒ여</u> 좀 드렷슙니 <첩해(중), 1 : 20b>

위의 (34ㄷ)에서 「중간첩해신어」에서는 다른 구문으로 변화하였는데도, 고유어가 아닌 다른 한자어 '因'을 사용하고 있는 것을 마찬가지로 확인할 수 있을 것이다.

다음의 예문 (35)에서는 '얻다'에 대해서는 '求ᄒ-'라는 표현을 사용하였으며, (36)의 예에서는 '병이 좋아지다'라는 의미를 위해서 '둏다'에서 '平愈ᄒ다'의 한자어로 사용된 것을 확인할 수 있었다.

(35) ㄱ. 그러ᄒ면 스스로이 <u>어들</u> 일은 아니오니 <첩해, 1 : 25b>

ㄴ. 그러면 스스로 <u>求ᄒ올</u> 일은 아니오니 <개첩, 1 : 38a-38b>

ㄷ. 이는 내 스스로 <u>求ᄒ올</u> 일은 아니오니 자니도 單子를 ᄒ여 보내옵소

<첩해(중), 1 : 30a-30b>

(36) ㄱ. 그 ᄢㅣ는 병이 됴홀 일도 잇소올 쩌시니 아니 뵈오링잇가 <첩해, 2 :

5b-6a>

ㄴ. 그 ᄢㅣ은 <u>病氣ㅣ 平愈ᄒ옵거든</u> 뵈오리이다 <개첩, 2 : 8a>

ㄷ. 그 ᄢㅣ란 <u>病氣ㅣ 平愈ᄒ옵거든</u> 보옵새 <첩해(중), 2 : 8a>

이렇게 일상어에 대한 한자어로의 일괄적인 변화는 일부 어휘에서 나타나는데, 그 변화가 전면적으로 수정된 것이 이유가 있는 듯하다. 「첩해신어」가 처음 편찬된 선조대(宣祖代)에는 임진왜란 이후라서 일본말 사용이 국가적으로 금지되고 있었다. 따라서 이러한 시기의 영향으로 첫 편찬된 「첩해신어」는 왜학서(倭學書)의 성격상 일본어 표현 자체를 없앨 수 없었지만, 많은 어휘에서 고유어 표기를 하려고 노력했던 것으로 보인다. 그러나 이후의 개수본이나 중간본의 「첩해신어」류(類)는 왜학(倭學) 역관으로 활동하던 역관들이 많이 늘어나면서 역관 임무 관련

용어뿐만 아니라 일상어에서도 일본식 한자어의 영향을 많이 반영한 것으로 보인다. 이것은 「노걸대」류(類)는 중국을 오고 가는 일반 상인들을 소재로 장면을 구성하고 있기 때문에, 일상어나 접속사 등의 문장 요소가 한자어에서 국문식 한자나 고유어로 바뀌어 나타나지만, 「첩해신어」류(類)는 일본과 정치적으로 교류하던 사신과 역관들을 소재로 하므로 역관 업무 자체의 전문적인 표현 의식을 고취시키려 일상 어휘가 의고적으로 일본어식 한자어로 확대되어 나타난 것으로 해석된다.

아래의 예문 (37)은 반대로, 일본식 한자어 '書契'[9]대신 국문식 한자어 '書簡'으로 바뀐 것이다. 초간본의 어려운 일본식 한자어의 어휘는 우리식의 고유한 한자어 표현으로 변한 듯하지만, 중간본에서는 다시 원간본의 모습으로 돌아가고 있다. 앞서 살펴본 일상적인 어휘뿐만 아니라 전문적인 왜학(倭學) 용어도 가능한 한 의고적 한자어로 다시 변한 것으로 생각된다.

    (37) ㄱ. 書契를 내셔돈 보옵새 <첩해, 1 : 16a>
         ㄴ. 書簡을 내옵소 긷퇴 쓴 거슬 보옵새 <개첩, 1 : 23a>
         ㄷ. 書契롤 내옵소 긷퇴 쓴 거슬 보옵새 <첩해(중), 1 : 21a>

어휘 요소와 관련하여 문체 표현에 있어서 함께 살펴본 것은 「개수첩해신어」에 나타난 어휘 반복 사용의 예이다. 「첩해신어」류(類)의 후기 근대국어의 특징적인 것은 문장의 화용적인 의미면을 강조하기 위하여 일부 부사류 어휘의 반복 사용이 보이고 있다. 이 중 본고에서 제시해 보고자 하는 것은 '계요(겨우)'이다. '계요'가 '이제야, 이지야'와 같이 쓰이거나 반복하여 쓰이는 경우가 후기 근대국어에서는 (39)와 같이 발견

되었으나, 전기 근대국어에서는 (38)과 같이 '계요'나 '이제야'가 단독으로 쓰인 예만 보일 뿐이다.

(38) ㄱ. 이제야 守門ᄭᆞ지 왇ᄉᆞᆸᄂᆡ 안히 계시면 오려 ᄒᆞ더라 니ᄅᆞ고 오라 <첩해, 1 : 2a-2b>
ㄴ. 그러ᄒᆞ온ᄃᆡ ᄀᆞ장 취ᄒᆞ오되 正根을 계요 출혀 안잣ᄉᆞᆸᄂᆞ이다 <첩해, 3 : 18b>

(39) ㄱ. 계요 이제야 문ᄭᆞ지 왓ᄉᆞᆸᄂᆡ 안히 계시면 오려 ᄒᆞ여 案內 ᄉᆞᆯ오시 ᄃᆞ라 니ᄅᆞ고 오라 <개첩, 1 : 1b>
ㄴ. 그러ᄒᆞ외 날이 노파셔 붇틀 거ᄉᆞᆯ ᄇᆞ롬이 사오납기예 계요 이제야 완ᄉᆞᆸᄂᆡ <개첩, 1 : 17b-18a>
ㄷ. 니ᄅᆞ시ᄂᆞᆫ 道理 맏당은 ᄒᆞ거니와 져른 날의 東萊 釜山에도 가고 代官方에도 가 談合ᄒᆞᆯ 일들도 계요 계요 ᄆᆞᄎᆞ면 <개첩, 2 : 19a-20a>

문체 표현의 문장 요소에서는 「노걸대」류(類)의 문체 변화와 유사한 경향으로 「첩해신어」류(類)에서도 문장 표현을 분명하게 하기 위한 어순 재구성을 특징적으로 살펴볼 수 있다. (40)과 (41)의 예에서는 어순이 변화함으로써 현대어로 번역하였을 때, 좀 더 분명하고 자연스러운 의미 전달이 표현되고 있다.

(40) ㄱ. 어와 아름다이 오ᄋᆞᆸ시도쇠 <첩해, 1 : 2a> ; 아! 잘 오셨도다.
ㄴ. 어와 오ᄋᆞᆸ시니 아름답ᄉᆞ외 <개첩, 1 : 2b> ; 아! 오시니 잘하셨도다.
ㄷ. 어와 오ᄋᆞᆸ시니 아름답ᄉᆞ외 <첩해(중), 1 : 2b> ; 아! 오시니 잘하셨도다.

(41) ㄱ. 그리 니르시믈 고디 아니 듣ᄌᆞᆸᄂᆡ <첩해, 2 : 8b> ; 그렇게 이르심을 곧이 안 듣습니다.
ㄴ. 그리 니ᄅᆞ심을 고지 듣디ᄂᆞᆫ 아니ᄒᆞᄋᆞᆸᄂᆡ <개첩, 2 : 12a> ; 그렇게 이르심을 곧이 듣지는 않습니다.
ㄷ. 그리 니ᄅᆞ심을 고지 듣디ᄂᆞᆫ 아니ᄒᆞᄋᆞᆸᄂᆡ <첩해(중), 2 : 12a> ; 그렇게 이르심을 곧이 듣지는 않습니다.

또한 일부 특징적인 연결어미가 변화하여 사용되었거나 단문화 및 복문화의 과정이 두드러지진 않지만 전반적으로 문장의 일부 성분을 확대한[10] 것으로 해석할 수 있는 몇 가지 특징들을 살펴볼 수 있다. 우선 아래의 예는 앞서 살펴본 「노걸대」류(類)와 마찬가지로 복문을 단문화 하였다. 특정한 연결어미의 양상은 아니다. 새로운 문장 성분으로 목적 어를 추가적으로 삽입하여 또 하나의 단문을 구성한 (42)의 예가 이것을 뒷받침할 수 있다.

(42) ㄱ. 書契를 내셔둔/ 보옵새// <첩해, 1 : 16a>
  ㄴ. 書簡을 내옵소// 긷틔 쓴 거술 보옵새// <개첩, 1 : 23a>
  ㄷ. 書簡을 내옵소// 긷틔 쓴 거술 보옵새// <첩해(중), 1 : 23a>

본 연구자가 살펴본 「첩해신어」류(類)는 문체의 변화 중, 복문화나 단문화 실현 빈도를 「노걸대」류(類)에서 계량화한 것처럼 명쾌하게 언급 하기에는 무리가 있다. 왜냐하면 「첩해신어」류(類)의 문체가 어휘적인 면과 통사적인 면이 매우 복합적으로 변화하였기 때문이다. 이것은 주 로 일본식 한자어가 국문식으로 풀어지면서 문장의 단문화, 복문화의 과정에까지 영향을 미쳤기 때문인 것으로 보인다. 따라서 본 장에서는 「첩 해신어」류(類)에서 문체 변화의 다양한 양상들을 살펴보는 것에 의의를 두고자 한다.

아래의 예문 (43)은 단일 서술어 자체를 풀어서 표현한 예이다. 표현 이 더 자세하고 자연스럽게 되었음을 알 수 있다. 이렇게 문장을 다양 하게 확대하거나, 더 나아가 분리시킨 것을 보아 당시에 문체에 대한 다른 인식이 있었음을 알 수 있다.

---

10) 문장의 확대라는 것은 '문장의 접속, 문장의 내포, 관계화 및 보문화'의 원리로 설명할 수 있다. 자세한 내용은 안병희·이광호(1990)를 참조하도록 한다.

(43) ㄱ. 어제는 술을 フ장 먹고 正根 업서 도라오니 아므리 혼 줄도 <u>모로</u>
<u>올쇠</u> <첩해, 3 : 28a>

ㄴ. 作日은 술을 醉토록 먹고 正根 업서 도라오니 아무리 혼 줄도 <u>싱각</u>
<u>몯호올쇠</u> <개첩, 3 : 37b>

문장의 확대 및 분리를 이용하여 표현한 근대국어의 특징으로 '-(으)
ㅁ' 명사화가 축소되고, 「노걸대」류(類)에서도 확인되었던 '-것' 보문화
나 서술문화로의 변화가 「첩해신어」류(類)의 문체에서도 실현되었음을
확인할 수 있었다. 명사화의 보문화에 의한 문장 표현은 비교적 자연스
럽고 논리적인 통사적 구조의 변화 방향으로 나아가는 현상임을 알 수
있다.

우선 '-(으)ㅁ' 명사구가 서술어로 변화한 예가 다음의 (44)이다.

(44) ㄱ. 이러로셔 미들 일은 뫼 ᄀ즈올 거시니 <u>ᄆᆞᆷ 브티시믈 미더습ᄂᆡ</u> <첩
해, 1 : 4b-5a>

ㄴ. 이러로셔 미들 일은 뫼ᄀᆮ즈올 거시니 <u>ᄆᆞ음을 붇쳐주쇼셔</u> <개첩, 1 :
5b-6a>

ㄷ. 이러로셔 미들 일은 뫼ᄀᆮ즈올 거시니 <u>ᄆᆞ음을 브쳐주쇼셔</u> <첩해(중),
1 : 5a-5b>

위의 예문 (44ㄱ)에서 「첩해신어」의 'ᄆᆞ음 브티시믈 미더습ᄂᆡ' 구문은 '마
음을 의지하기를 바라옵니다'라는 뜻으로 해석할 수 있는데, (44ㄴ, ㄷ)
의 개수본과 중간본에서 'ᄆᆞ음을 붇쳐/브쳐주쇼셔'의 단순한 서술문으로
변화함으로써 '마음을 의지하게 하옵소서'라는 자연스러운 의미 전달을
가능하게 한다.

'-(으)ㅁ' 명사화가 '-것' 보문화로 바뀐, 다음의 (45) 예에서 더 자연
스러운 문체 변화를 확인할 수 있다.

(45) ㄱ. 자네 혼자 가셔도 인ᄉᆞ댱의 낫븐 듸 업스니 送使믜 對面ᄒᆞ면 奇特
　　　이 너기믄 아는 얇픠니 우리의 ᄠᅳᆺ으로 보낼 바는 이실 ᄃᆞᆺ 아니ᄒᆞ건
　　　마는 모시기란 ᄒᆞ오리 <첩해, 1 : 7b-8b>
　　ㄴ. 자ᄂᆡ 혼자 가셔도 인ᄉᆞ쟝의 난분 듸 업ᄉᆞ오니 送使믜 對面ᄒᆞ면 奇
　　　特이 너기올 거시니 우리의 ᄠᅳᆮ을 보낼 바는 잊지 아니ᄒᆞ오려니와 ᄒᆞ
　　　가지로 가기는 ᄒᆞ오리 <개첩, 1 : 10a-11a>
　　ㄷ. 자ᄂᆡ 혼자 가셔도 인ᄉᆞ쟝의 난분 듸 업ᄉᆞ오니 送使들의게 對面ᄒᆞ면
　　　奇特이 너기올 ᄭᅥ시니 우리의 ᄠᅳᆮ을 보낼 바는 잊지 아니ᄒᆞ오려니와
　　　ᄒᆞᆫ가지로 가기는 ᄒᆞ오리 <첩해(중), 1 : 8b-9b>

위의 (45ㄱ)에서 '너기믄'이 개수본과 중간본의 자료인 (45ㄴ)과 (45ㄷ)에
서 '너기올 거시니/ᄭᅥ시니'의 '-ㄹ관형사형 어미 + 명사' 구성의 보문으
로 변화한 것을 확인할 수 있다. 이것은 현대역으로는 '여김은'이 '여길
것이나'로 해석되어 문체의 더 자연스러운 해석을 가능하게 한다. 또한
원간본의 (45ㄱ)에서 '아는 얇픠니' 구문이 개수본과 중간본의 예에서는
삭제되어 나타나는데, 이것은 후대의 교정자들이 대화의 문맥상 의미의
과잉 등을 고려하여 간결하고 체계적인 의미 전달을 고려한 것으로 여
겨진다.

　「첩해신어」류(類) 10권(卷)부터는 편지글인데 여기에서도 문체 변화
의 양상을 확인할 수 있다. 편지글은 회화체가 아니므로 문자적 보수성
을 더 띠고 있으리라 생각되지만 문체의 실현 양상을 전반적으로 관찰
하였을 때, 앞서 살핀 회화 구문의 자료들과 편지글들의 자료는 차별하
여 분석할 이유가 없는 듯하다. 「첩해신어」 원간본에서는 편지글이 순
한문체로 되어 있으며, 개수본과 중간본에서 다음의 (46ㄴ, ㄷ)과 같이
국어식으로 표현되었다. 통사적인 문체 변화의 요소로서 이「개수첩해신
어」와 「중간첩해신어」의 문장 구조 자체의 변화는 두드러지지 않지만,
어휘적인 요소가 일부분에서 전문적인 한자어로 변화하고 있는 것을 확

인할 수 있었다. 아래의 예 (46)에서처럼 개수본에서 '절하고-'로 표현된 어휘가 중간본에서는 오히려 '拜見'라는 한자어로 다시 돌아간 것을 보면 「첩해신어」류(類)는 후대로 갈수록 어휘 요소들이 왜학(倭學) 분야에서 의도적으로 표현의 전문성을 띠려고 한 것으로 해석할 수 있겠다.

(46) ㄱ. 御悃札辱拜見 如來示 昨日之茶禮 貴樣之御取持 <첩해, 10 : 7a>

　　 ㄴ. 극진ᄒ신 편지 감격ᄒ오매 절ᄒ고 보와ᄉ오며 긔별ᄒ심ᄀᆺ치 어제 茶禮 게셔 쥬션ᄒ시기의 無事히 못ᄌᆞ오니 ᄀᆞ장 깁비 너기읍ᄂᆡ <개첩, 10상 : 13a>

　　 ㄷ. 곡진하오신 편지 감격ᄒ오매 拜見 ᄒ엳ᄉ오며 긔벼ᄅᆞ심ᄀᆺ치 어젤 茶禮계셔 쥬션ᄒ식예 無事히 못ᄌᆞ오니 깁비 너기ᄂᆞ이다 <첩해(중), 10상 : 1b>

「첩해신어」류(類)는 「노걸대」류(類)와 비교하여 연결어미의 다양한 사용이나 복문의 단문화, 단문의 복문화 등으로 문장 구성이 전반적으로 명확하게 변화한 것으로 보이지는 않았다. 그러나 원간본 「첩해신어」와는 「개수첩해신어」와 「중간첩해신어」가 명사형의 서술문화나 보문화 등에서 문장 구성의 차이가 있어 각 시기의 문헌 자료별로 특징적 양상이 나타남을 알 수 있다. 즉 「개수첩해신어」와 「중간첩해신어」가 문체 변화에 있어서 비슷한 양상이 나타나, 중세국어의 양상을 엿볼 수 있는 초기 전기 근대 자료인 원간본「첩해신어」와는 분명하게 다르다는 것을 알 수 있으며, 주로 문체의 어휘 요소에 의해 「첩해신어」류(類)의 문체 양상과 변화 과정이 시기별로 다르게 나타났음을 골고루 살펴볼 수 있었다.

3.2 훈계서를 중심으로

본고에서 문체 비교를 위하여 중세국어 시기서부터 후기 근대국어 시기까지 살펴볼 훈계서 문헌 자료의 목록은 다음과 같다.

> 「내훈」(1475년)
> 「어제내훈언해」(1737년)
> 「어제훈서언해」(1756)
> 「관성제군오륜경」(1884)

중세 시기의 「내훈」은 일반 백성을 깨우치고 올바른 길로 안내하기 위한 교민서, 훈계서로서 읽히는 것을 목적으로 하였으므로, 회화를 목적으로 하는 역학서와는 달리 정형적인 문어체의 특징으로 쓰였을 것이다. 따라서 본 장에서 살펴볼 「내훈」과 이를 후대에 다시 언해한 후기 근대 시기의 「어제내훈언해」는 앞서 살펴본 회화체의 역학서들과는 달리 문어체의 특징을 중심으로 그 문체적 특징 및 변화 과정을 살펴보고자 한다.

본 장에서는 전반적으로 「내훈」과 「어제내훈언해」[11]를 살펴보았다. 중세국어 자료인 「내훈」과 전기 근대국어 자료인 「어제내훈언해」의 복합문의 양상이 차이가 있는 것은 사실이나 전기 근대국어 자료인 「어제내훈언해」에서도 거의 한 의미 단락이 한 문장으로 표현된 것이 대부분이다. 따라서 문장 길이 변화에 의한 문체의 변화 파악은 의미가 없는 듯하다.

따라서 후기 근대국어 자료인 「어제훈서언해」(1756), 「관성제군오륜경」(1884)을 추가적으로 살펴보았다. 의미 단락 내에서 문장의 구성은 그 이전 시기의 것들보다 복문을 구성하기 위해 연결된 문장들의 수가 현저하게 줄고, 연결 문장 간의 연결 관계도 분명하고 간략화 되었다.

일반적으로 선행 연구들은 중세국어의 문장 구성은 복합문이 특징적

---

11) 예문 인용 시에는 내훈(중)으로 약호화한다.

이라고 하였다. 이것은 「내훈」에서도 전형적으로 나타나고 있다. (47)의 예를 보면 하나의 내용이 계속해서 한 문장의 흐름으로 이어지고 있다.

> (47) 理ㅣ 玉과 돌콰이 달오미 업수디/ 蘭草와 뿍의 달옴이 이쇼몬 엇데오/ 몸 닷골 道룰 다ᄒ며/ 다ᄒ디 몯호매 잇ᄂ니/ 周文王ㅅ 敎化ㅣ 太姒이 볼ᄀ샤매 더욱 넙고/ 楚莊王霸主 ᄃ외요미 霸ᄂᆫ 諸侯에 爲頭홀시라// <내훈, 序 : 2b-3a>

그러나 「내훈」의 중간본으로서 전기 근대국어 시기의 간행본인 아래의 「어제내훈언해」에서는 하나의 복문이 두 개의 복문으로 분리된 것을 (48)의 예에서와 같이 알 수 있다.

> (48) 理ㅣ 玉과 돌히 달옴이 업스되/ 난초와 뿍의 달옴이 이심은 엇디오/ 몸 닷글 道룰 다ᄒ며/ 다ᄒ디 못홈애 잇ᄂ니라// 周文의 敎ㅣ 더옥 太姒의 붉음애 넙으시고/ 楚莊의 覇홈이 覇ᄂᆫ 諸侯에 웃듬 되미라// <내훈(중), 序 : 2b-3a>

아래 (49), (50)의 예문도 마찬가지이다. 복문으로 분리된 부분에서 설명의 연결어미 '-니'가 서술형 어미 '-다/라'로 실현된 것을 알 수 있다.

> (49) ㄱ. 李氏女戒예 닐오디 ᄆᆞᅀᆞ매 ᄀᆞ초아슈미 情이오 이베 내요미 마리니 마론 榮華와 辱괏 지두릿 조가기며 親과 疎왓 큰 ᄆᆞ디니/ ᄯᅩ 能히 구든 거슬 여희에 ᄒ며 다른 거슬 몯게 ᄒ며 怨望ᄋᆞᆯ 지스며 寃讐룰 니ᄅ왇ᄂ니 크넌 나라홀 배며 지블 亡ᄒ고져 그도 오히려 六親을 여희에 ᄒᄂ니 六親은 아비와 어미와 兄과 아ᅀᆞ와 겨집과 子息괘라 <내훈, 1 : 1b-2a>
> ㄴ. 李氏女戒예 굴오디 ᄆᆞᆷ에 금촌 거시 情이오 입에 나는 거시 말이니 말은 榮화와 辱의 지두리와 조각이며 親ᄒ며 疎홈의 큰 ᄆᆞ디라// ᄯᅩ 能히 구든 거슬 여희게 ᄒ며 다른 거슬 못게 ᄒ며 원망을 미ᄌ며

원슈롤 니르혀느니 큰 이는 나라홀 업티며 집을 亡ᄒ고 젹으니도 오
히려 六親롤 離間케 ᄒ느니 六親은 아비와 어미와 兄과 아ᄋ와 겨
집과 子息괘라 <내훈(중), 1 : 1b>

(50) ㄱ. 眞實로 날 ᄉ랑ᄒ오미니/ 말ᄉ물 잢간이나 이베 내야리어/ 뎌 東녁 ᄆ
슐 며ᄂ리게 일즉 디이니 ᄒ고 <내훈, 1 : 43a-43b>

ㄴ. 진실로 날을 ᄉ랑ᄒ심이라// 말ᄉ을 敢히 입에 내랴// 뎌 東녁 ᄆ올
며ᄂ리게는 일즉 베프디 아니ᄒ고 <내훈(중), 1 : 39a>

그러나 위의 (49ㄴ)과 (50ㄴ)의 예에서 보듯이 「어제내훈언해」는 시
기적으로도 전기 근대국어의 시기이고 문헌의 성격상 아직은 보수적이
라 문장의 길이가 길지만, 중세국어의 「내훈」의 단락보다는 복합문의
양상이 조금은 미약하다. 이것은 「어제내훈언해」가 「내훈」에 주석만 덧
붙여서 그대로 중간한 것이기 때문으로 볼 수 있다. 따라서 「내훈」류
(類) 자체만의 비교를 통해서 변화 양상을 고려해서는 안 되고, 같은 종
류의 훈계서들을 대상으로 좀 더 포괄적으로 살펴볼 필요가 있다.

「어제내훈언해」에서는 중세국어에서 하나로 나타나던 문장이 둘 이
상의 문장으로 나눠지는 경우를 관찰할 수 있는데, 주로 「내훈」에서 전
후 문장이 연결되어 표현되었을 때, 선행 문장이 설명의 기능을 가지는
경우의 연결어미가 종결 어미를 사용하여 분리되어 나타난다. 이것은
황선엽(1995)에서 중세국어의 연결어미 '-니'가 독립적인 내용을 담는 하
나의 문장으로 작용하는 종결 어미의 역할을 하고 있었다고 보는 견해
를 뒷받침할 수 있을 것이다. 그렇다면, 후기 근대국어에서 이러한 설명
의 연결어미가 완전한 종결 어미로 변화하여 나타난 현상을 중세국어에
서는 설명의 연결어미 '-니'로 나타나는 문장을 하나의 독립된 문장으로
인식했다는 결론에 도달할 수 있을 것이다. 이에 대해서는 다른 연결어
미의 양상과 설명이 아닌 다른 의미적 기능을 하는 문장 구성 관계에서
도 문장의 분리가 이루어졌는지를 살펴봐야 하겠다.

이러한 논의 과정을 통하여 설명의 문장 연결 관계에서 실현된 연결어미 '-니'가 문장의 서술형 의미를 갖고 실현된 것을 알 수 있었다. 또한 유독 설명의 연결어미 '-니'가 서술형의 종결 어미로 변화가 가능하였으며, 다른 설명의 연결어미 경우에는 그대로 후기 근대국어에서도 같은 문장구조를 나타내기 위하여 유지되고 있다는 것을 알 수 있다. 나열의 연결어미 '-며'와 '-고'는 중세국어와 후기 근대국어에서 모두 쓰인 예문을 다음 (51), (52)에서와 같이 볼 수 있다.

(51) ㄱ. 몸 닷골 道롤 다ᄒᆞ며/ 다ᄒᆞ디 몯호매 잇ᄂᆞ니 周文王ㅅ 敎化ㅣ 太姒이 불그샤매 더욱 넙고/ 楚莊王霸主 ᄃᆞ외요미 霸ᄂᆞᆫ 諸侯에 爲頭ᄒᆞᆯ시라 <내훈, 序 : 2b-3a>

ㄴ. 몸 닷글 道롤 다ᄒᆞ며/ 다ᄒᆞ디 못홈애 잇ᄂᆞ니라/ 周文의 敎ㅣ 더욱 太姒의 ᄇᆞᆰ음애 넙으시고/ 楚莊의 覇홈이 覇ᄂᆞᆫ 諸侯에 웃듬 되미라 <내훈(중), 序 : 2b-3a>

(52) ㄱ. 마론 榮華와 辱괏 지두릿 조가기며/ 親과 疎왓 큰 ᄆᆞ디니 ᄯᅩ 能히 구든 거슬 여희에 ᄒᆞ며/ 다ᄅᆞᆫ 거슬 몯게 ᄒᆞ며/ 怨望을 지스며/ 寃讐롤 니ᄅᆞ완ᄂᆞ니 <내훈, 1 : 1b-2a>

ㄴ. 말은 榮화와 辱의 지두리와 조각이며/ 親ᄒᆞ며 疎홈의 큰 ᄆᆞ디라 ᄯᅩ 能히 구든 거슬 여희게 ᄒᆞ며/ 다른 거슬 못게 ᄒᆞ며/ 원망을 미즈며/ 원슈롤 니ᄅᆞ혀ᄂᆞ니 <내훈(중), 1 : 1b>

그러나 위의 예문에서 각각의 연결어미들이 전후 문장의 연결 관계에 있어서 나열의 의미 표현 외에는 다른 논리적인 관계로 연결되어 있지 않음을 알 수 있다. '-며'와 '-고'만이 '-니'와 함께 문장의 나열을 위해 실현되고 있는 것이다. 연결어미의 실현이 다양하지가 않은 것이다.

「내훈」류(類)의 비교에서 한 가지 더 짚고 넘어갈 점은 「내훈」에서 보이지 않던 문장이 「어제내훈언해」에서 나타나는데, 이 문장들은 모두 각 의미 단락의 대상이 되는 인물을 서술하는 주석 문장이다.

(53) ㄱ. 劉忠定公이 溫公을 보ᄉ와 ᄆᄉᄆᆯ 다ᄒᆞ야 모매 行홀 宗要ㅣ 어루
　　　모미 뭇ᄃ록 行홀 이롤 묻ᄌᆞ온대 公이 니ᄅᆞ샤ᄃᆡ 그 誠實ᄒᆞᄆᆞᄂ녀 劉
　　　公이 묻ᄌᆞ오ᄃᆡ 行ᄒᆞᄃᆡ 므슷 거슬 몬져 ᄒᆞ리잇고 公이 니ᄅᆞ샤ᄃᆡ 거
　　　즛말 아니ᄒᆞᄆᆞ로브터 비르솔디니라…(생략) <내훈, 1 : 14b>

　　ㄴ. 劉忠定公이 // 【忠定公은 시호ㅣ니 劉器之라】// 溫公을 보ᄋᆞ와 ᄆ
　　　옴을 다ᄒᆞ며 몸을 行홀 죵요ㅣ 피히 ᄡᅥ 몸이 뭇도록 行홀 거슬 뭇
　　　ᄌᆞ온대 公이 굴오ᄃᆡ 그 誠실홈인녀 劉公이 뭇ᄌᆞ오ᄃᆡ 行홈애 므서슬
　　　몬져 ᄒᆞ리잇고 公이굴오ᄃᆡ 거즛말 아니홈으로브터 비르솔찌니라…
　　　(생략) <내훈(중), 1 : 13a-13b>

　위의 (53ㄴ)에서 「어제내훈언해」의 첫 도입 부분에 '劉忠定公이 【忠
定公은 시호ㅣ니 劉器之라】 …'는 「내훈」에는 없는 부분인데, '劉忠定
公'에 대한 주석으로 「어제내훈언해」에서만 삽입된 문장이다.

　다음의 예문 (54)에서도 확인할 수 있다.

(54) ㄱ. 張思叔의 【일홈은 繹이니 程伊 川의 弟子ㅣ라】 안는 올ᄒᆞ 편銘
　　　에 굴오ᄃᆡ銘은 警계ᄒᆞᆫ 말이라…(생략) <내훈(중), 1 : 21b>

　　ㄴ. 呂正獻公이 【일홈은 公著ㅣ니 宋적 정승이라】 졈어셔브터 學을
　　　講ᄒᆞᄃᆡ 곳 ᄆ옴을 다스리며 性을 치기로 ᄡᅥ 本을 삼아 즐기는 거시
　　　며 욕심을 젹게ᄒᆞ며 滋味 엿거슬 엷게 ᄒᆞ며 ᄲᆞ른 말솜과 급거ᄒᆞᆫ ᄂ즛
　　　빗치 업스며 뵈앗븐 거름이 업스며…(생략) <내훈(중), 1 : 22b>

　「어제내훈언해」에서 다음 의미 단락의 시작 부분에서 【 】 표시로
기술되고 있는 문장은 주석으로, 전체 문장 구조와 문체 표현에 변화를
주기 위해 삽입된 것이 아니다. 이러한 점을 보면 「어제내훈언해」는 「내
훈」에 대하여 문체의 통사적인 요소 전반에 대한 특징적인 교정은 없었
던 것으로 보인다.

　「내훈」류(類) 자체의 비교를 넘어서, 후기 훈계서 자료인 「어제훈서
언해」(1756)의 문체도 함께 살펴보겠다. 같은 문헌은 아니지만 하나의

내용 단락에 있어서 문장 구성이 조금 더 복문을 지양하고, 논리적인 문장 표현을 위한 중문 및 단문의 수준으로 간결하게 표현되어 있음을 알 수 있다. 하나의 복문을 구성하기 위해 연결된 문장의 수가 이전 시기 훈계서 자료에서의 수보다 낮다.

> (55) 나라히 이졧ㄱ디 綿綿홈은 곳 列祖와 다뭇 聖考의 하늘을 공경ㅎ오샤 니뢰신 배니/ 噫라// 나의 여론 德으로써 이믜 몸소 아읍고/ 쏘 우러러 보오와시더/ 이제 이에 니르니/ 이는 진실노 列祖롤 져버리읍고/ 聖考롤 져버리옴이로다// 오늘날의 싱각ㅎ매 더옥 이 무읍이 근졀ㅎ도소니/ 吁 嗟홉다// 後읫 嗣王은 나롤 본밧디 말고/ 깁히 녜롤 톄념홀디어다// 噫라 // 하늘命이 가고/ 그 나라히 亡티 아닐 者롤 내 듯디 몯ㅎ얏노라//周雅 의 詩篇名이라// 굴ㅇ디/ 큰 命이 쉽디 아니타 ㅎ고/ 쏘 굴ㅇ디 命이 쉽디 아니타 ㅎ시니/ 하늘 命을 周公이 親히 듯즈옴ㅈ티 ㅎ더시니/ 聖人이 엇디 나롤 소기시리오// 이 理 甚히 붉그니/ 엇디 敢히 방홀ㅎ며 엇디 敢히 방홀ㅎ리오// <「훈서」, 7b-8a>

위의 (55)에서 제시된 「어제훈서언해」의 예문은 하나의 내용을 담고 있는 하나의 문단이다. 전부 338음절이며, 어절수는 89개인데, 이 문단의 전체 종결형 문장은 총 9문장이다. 이들은 대부분 복문으로 구성되어 있는데, 이 복문을 구성하고 있는 연결된 문장들은 모두 22개 문장이다. 이와 함께 아래의 예문 (56)에서 「내훈」류(類)의 분량을 검토해 보았다.

「내훈」과 「어제내훈언해」는 각각 338자, 329자로 구성되어 있고, 어절 수는 각 98개, 93개이다. 하나의 단락이 각기 하나의 문장으로 구성되어 있다. 이 복문을 구성하고 있는 연결된 문장들은 「내훈」과 「어제내훈언해」 모두 25개 문장이다. 그러나 이 25개 문장은 종결 어미를 사용한 단문의 실현이 아니라 전부 연결어미에 의해 복합문으로 구성되어 단일 문장으로 실현되고 있다. 역시 여기에서 나타난 연결어미는 나열의 '-며, -고, -니'가 대부분이다.

(56) ㄱ. 曲禮에 닐오디/ 모다 飮啖홀 제 비브르디 말며/ 모다 밥 머글 제 손
뿌씨 말며/ 밥 물의디 말며/ 바볼 겿ㅈ 쩌먹디 말며/ 그지 업시 마시
디 말며/ 飮啖을 소리 나게 말며/ 쪄를 너흐디 말며/ 고기 도로 그르
세 노티 말며/ 쪄를 가희게 더뎌주디 말며/ 구틔여 어더 머구려 말
며/ 밥 흘디 말며/ 기장 바볼 머구디/ 져로 말며/ 羹ㅅ 거리를 후려
먹디 말며/ 羹을 沙鉢애셔 고텨 마초디 말며/ 닛삿 삐르디 말며/ 젓
국 마시디 마롤디니/ 손이 羹올 沙鉢애셔 고텨 마초거든/ 主人이 잘
을히디 몯호몰 辭緣ㅎ고/ 손이 젓국을 마시거든/ 主人이 가난호ㅁ로
辭緣ㅎ며/ 저즌 고기란 니로 버히고/ ㅁ른 고기란 니로 버히디 말며/
炙을 호쁴 모도 먹디 마롤디니라// <내훈, 1 : 3a-3b>

ㄴ. 曲禮에 ㄱ로오디/ ㅎ가지로 음식 먹을 제 비브르게 말며/ ㅎ가지로 밥
먹을 제 손에 쏨 잇게 말며/ 밥 뭉키디 말며/ 밥을 크게 쓰디 말며/
흘리 마시디 말며/ 음식에 혀츠디 말며/ 쪄를 너흐디 말며/ 먹던 고
기롤 도로 말며/ 쪄를 개게 더뎌주디 말며/ 구틔여 어더먺으려 말며/
혜젓디 말며/ 기장밥을 먹으되/ 져로 말며/ 羹쩌리롤 입으로 후려 먹
디 말며/ 羹그르세셔 다시 고르디 말며/ 니를 뿌시디 말며/ 젓국 마
시디 말롤씨니/ 손이 羹올 다시 고르거든/ 主人이 잘 쓸히디 못홈을
겸ㅅㅎ고/ 손이 젓국을 마시거든/ 主人이 가난홈으로쎠 겸ㅅㅎ며/ 저
즌 고기란 니로 긋고/ ㅁ른 고기란 니로 긋티 말며/ 炙을 모도 쌔혀
먹디 말을씨니라// <내훈(중), 1 : 3a-3b>

다음 (57)의 예는 「관성제군오륜경」(1884)의 자료인데 하나의 의미
단락이지만, 앞서 살펴본 「내훈」류(類)와는 다르게 전후 문장의 의미 관
계가 논리적으로 해석되는 단계에서 적절한 연결어미가 실현된 복문으
로 구성되어 있음을 알 수 있다. 연결어미로 '-든', '-고', '-아/어', '-며'
등이 다양하게 실현되었다.

(57) 스롬이 만일 아지 못ㅎ거든/ 나의 이 훈계를 보고/ 모롬죽이 효경을 어
더/ 항샹 눈의 익게ㅎ라//〔A〕 효경이 둘히 잇느니/ 둘힌죽 그 무어슬 니
ㄹ민고//〔B〕 공ㅈ의 효경이요/ 문챵뎨군의 효경이니라//〔C〕 내 비록 효를
말ㅎ나/ 말이 이의 지나지 못홀 시 이의 이 일을 뵈노니/ 극히 싱각ㅎ고/

극히 닥그라//〔D〕 효도며/ 효도여/ 하놀도 효도 듕의 잇고/ 효도며/ 효도
여/ 쌍도 효도 듕의 잇도다//〔E〕 <관오, 4b>

하나의 문단을 구성하고 있는 5개 복문의 구성이 위와 같이 〔A〕-
〔E〕까지로 나뉠 수 있고 각각의 복문을 구성하는 연결된 문장도 그 수
가 적다. 이처럼 「내훈」류(類) 자체만의 비교보다는 다른 훈계서들을 두
루 살펴보았을 때, 문장의 단문화가 논리적 의미 표현을 위해 실현되었
음을 확인할 수 있다 .

문체의 표현 중 통사적인 요소에 이어 어휘적인 요소를 살펴보았다.
「내훈」의 한자어 표현은 두드러지게 「어제내훈언해」에서 고유어로 바뀌
어서 나타나고 있다. 일반 백성을 대상으로 하므로 앞서 살핀 역학서,
특히 「첩해신어」류(類)와는 달리 고유어로 변하여 나타나고 있는 것이
다. 이것이 전문성을 가져야 하는 역학서류와 일반 백성의 훈몽(訓蒙)을
목적으로 하는 훈계서류의 가장 특징적인 차이점이라고 할 수 있겠다.
또한 훈계서류 내에서 이러한 한자어에서 고유어로의 변화는 중세국어
와 근대국어를 나눌 수 있는 문체의 전형적인 어휘 특징인 것이다.

아래의 예문 (58)은 한자어로 표현된 '大凡호디'가 고유어 '므릇'으
로 바뀌었다.

(58) ㄱ. 大凡호디 사르미 나미 하늘 짯 靈호 긔운을 트며 <내훈, 序: 2b>
     ㄴ. 므릇 사룸의 나미 하놀과 짜의 靈호 거슬 트며 <내훈(중), 序: 2b>

다음의 (59) 예에서는 한자어 '爲頭'가 고유어 '웃듬'으로 바뀌어 표
현되었다.

(59) ㄱ. 楚莊王覇主 드외요미 覇논 諸侯에 爲頭홀식 <내훈, 序: 3a>
     ㄴ. 楚莊의 覇홈이 覇논 諸侯에 웃듬 되미라 <내훈(중), 序: 3a>

더 나아가 한문구로 쓰인 경우가 중세국어의 「내훈」에서 발견되는 데, 후기 근대국어의 「어제내훈언해」에서는 예문 (60)~(62)에서와 같이 한자어 수준으로 풀어서 표현되고 있다.

(60) ㄱ. <u>楚莊王霸主</u> 드외요미 <내훈, 序 : 3a>
　　 ㄴ. <u>楚莊의 覇홈</u>이 <내훈(중), 序 : 3a>
(61) ㄱ. 또 사ᄅᆞ미 비록 <u>本來淸通ᄒᆞ야</u>도 <내훈, 序 : 6b>
　　 ㄴ. 또 사롬이 비록 <u>본디 淸通ᄒᆞ야</u>도 <내훈(중), 序 : 6a>
(62) ㄱ. 비록 날로 <u>三牲奉養ᄋᆞᆯ ᄡᅥ</u>도 三牲ᄋᆞᆫ 쇼와 羊과 돋괘라 <내훈, 1 : 42a>
　　 ㄴ. 비록 날마다 <u>三牲으로 봉양홈을 ᄡᅳᆯ찌라</u>도 三牲ᄋᆞᆫ 쇼와 양과 돋디라 <내훈(중), 1 : 37b>

이밖에 다양한 한자어와 고유어 사용의 변화 양상이 관찰되었는데, 본고에서는 자세한 어휘 제시는 생략하기로 한다. 그러나 이러한 한문구나 한자어의 변화는 문장의 표현을 간결하고 자연스럽게 하려는 문체 인식에서 비롯된 것으로 고려할 수 있으며, 중세국어에서 전기 근대국어, 후기 근대국어로 진행되는 시기별 특징으로 그 의의를 찾을 수 있다.

4. 역학서와 훈계서에 나타나는 후기 근대국어의 문체 특징

이전 연구와 자료들에 의하면 중세국어 시기는 복문으로 나타나는 문장 구성이 문체 표현의 특징이라고 할 수 있다. 이때에 복문의 구성은 나열이나 설명의 연결어미 등을 사용하여 문장을 계속적으로 연결하는 것임을 알 수 있다. 그러나 외국어 회화 학습서라는 특징 때문에 역학서 자료에서는 오히려 단문이 두드러진다. 그런데 역학서 자료에서 이러한 단문의 나열은 전후 문장이 내용적으로는 관련이 있고 그 의미 관계가 매우 밀접함에도 불구하고 분리되어 있어서 내용을 이해하는 데에 방해가 되기도 한다.

따라서 중세국어에서 근대국어로 올수록 문장의 길이가 간소화되어 문장의 표현이 논리적이 되었다는 것으로 문체 변화를 기술하고 있는 기존의 연구들은 자료의 특성을 고려하지 않고 문체에 대하여 한쪽으로만 치우친 해석을 내린 것이라고 보아야 한다. 문체 변화의 양상은 전기 근대국어 시기에는 그 경향이 미비하지만 후기 근대국어 시기에서야 이러한 문체에 대한 인식이 복잡성에서 간결성으로 나아가고 있으며, 내용 구성에 있어서도 자연적인 흐름과 분명한 의미 관계를 고려한 것임을 확인할 수 있다.

이러한 특징은 역학서 자료에서 다양하게 확인할 수 있었다. 우선 「노걸대」, 「첩해신어」류(類)의 문체 변화에서 전반적으로 문장 간의 의미 관계를 명확히 보여주는 접속사의 사용이 후기 근대국어 시기로 갈수록 나타났다. 또한 문장 구성 성분의 호응 관계는 이전 시기에는 생략되었던 것이 후기로 갈수록 실현되어 더욱 완전한 문장을 이루고 있다. 또한 특징적으로 두 부류의 역학서 자료에서 '-(으)ㅁ' 명사화가 보문화나 서술문화로 변화하고 있음을 공통적으로 확인할 수 있었다. 「노걸대」류(類)에서는 회화체 문장들에서 동일 화자가 발화하고 있는 문장이 단문에 적절한 연결어미를 사용하여 논리적인 복문으로 변화하였을 뿐만 아니라, 반대로 적절하지 못한 연결어미의 사용에 의해 의미 관계가 불명확한 복문은 분리되어 단문으로 실현되는 단문화 현상도 문체 변화에서 확인되었다. 「첩해신어」류(類)에서는 의고적인 한자어 사용에 의해 문체가 전문성을 띠는 것이 두드러지는 문체 변화였다.

또한 훈계서 자료에서 문체는 주로 '-니' 등의 단순한 연결어미 사용에 의한 지나친 복문의 실현이 후기 근대국어 시기로 갈수록 다양한 연결어미를 사용하여 나타나거나 단문화 하여 나타나고 있는 것이 특징적인데, 이것 역시 문장의 논리적인 의미 표현을 위해 변화한 것으로 파악할 수 있다. 문장의 내용 표현을 분명하게 해주는 문장 호응 성분들이 중세국어 시기에는 문장 내에서 표현되지 않았었는데, 후기 근대국어 시기의 역학서 자료에서뿐만 아니라 훈계서 자료에서도 명확한 의미 표현을 위해 문장 구조 내에서 분명한 호응 성분들이 실현되고 있는 것을 확인할 수 있었다.

따라서 이전 연구에서 기술된 중세국어의 문체적 특징들은 후기 근대국어 시기로 올수록 무조건적으로 연결하려는 문장의 나열은 지양하고, 전후 문장의 논리적인 해석을 고려하여 다양한 연결어미와 접속사 등을 사용하여 문장의 구성을 전문적으로 표현하고 있다고 봐야 옳은 것이다. 즉 너무 지나친 단문의 나열만으로는 고급스러운 언어 표현을 하는 데에 있어서 한계를 느끼게 되어, 논리적인 사고와 표현의 연결 관계를 위하여 다양한 연결어미들의 기능이 활성화되고 특성화되어 복문화 등의 현상이 관찰되는 것으로 해석해야 한다.

또한 역학서와 훈계서의 문체의 어휘요소에서는 한자어나 한문구를 사용함으로써 발생하는 문장의 자연스럽지 못한 해석이 함께 고려되어 문체가 변화하였음을 알 수 있다. 특히 「첩해신어」류(類) 같은 역학서는 문헌을 접하는 역관이라는 독자들의 특수성과 역관의 모습을 담은 내용적 특성 때문에 어휘들이 대체로 역관 분야의 전문성을 띠거나 고급화한 반면에, 훈계서의 어휘들은 일반 백성을 계몽하기 위한 목적을 인식하여 문장 표현을 담당하는 어휘면에 있어서 간결성을 띠게 되었다.

이상의 논의들을 바탕으로 기존에 중세국어에서 근대국어 시기로 넘어오면서 다양한 문헌 자료의 성격에도 불구하고 단문화 현상이 보편적이고 전반적인 문체 변화의 양상이라고 하는 견해들은 성급한 결론이라고 생각된다. 단문화는 개화기를 지나고 더욱 뚜렷해진 것으로 보이고, 문헌 자료의 성격에 따라 이런 문체 변화의 양상은 다르게 나타나는 것으로 보는 것이 어느 정도 타당하다. 그러므로 본 연구자는 역학서와 훈계서의 자료를 통해서 전기 근대국어 시기를 거쳐 후기 근대국어 시기까지는 전반적으로 문장 구성에 있어서 문장 표현의 논리성과 고급화를 지향하는 방향으로 복문화와 단문화가 각각 동시적으로 실현되고, 한자어 및 고유어의 사용 양상, 호응 관계에 의한 구성 성분의 실현, 문장 의미 구조의 명확한 표현 등은 전문적인 문체 표현 양상으로 변화하는 방향성을 갖고 있었다고 보는 것이 옳다고 생각한다.

5. 결론

지금까지 후기 근대국어 시기의 문체 변화 양상을 역학서와 훈계서 자료들을 중심으로 살펴보았다. 주로 종결 어미와 연결어미의 실현 양상에 따른 복문화와 단문화, 한자어와 고유어의 실현 양상을 중세국어 시기, 전기 근대국어 시기와 비교하여 기술하였다.

본고의 논의에 의하면, 본 연구의 대상이 된 문헌 자료의 특성별로 살펴본, 후기 근대국어 문체의 단문화와 복문화 양상, 한자어 및 고유어의 변화 양상은 별개로 논의해야 하는 대상이 아니다. 이러한 변화 양상들은 모두 문장 표현, 즉 문체에 대한 그 시대의 인식과 문헌의 사용 목적에 따라 달라졌기 때문이다.

문체 표현에 대한 사람들의 인식은 단순한 표현에서 벗어나 좀더 논리적이고 고급스러운 사고와 표현이 문체에 반영되기를 바란 것이다. 이것이 후기 근대국어 시기의 문헌 자료에서 분명하게 확인될 수 있었고, 매우 특징적인 현상임을 본고는 빈도를 분석한 자료와 다양한 예들을 함께 제시하였다.

또한 본고는 후기 근대국어 시기의 문체 변화 과정을 살펴보고 문장 구성이나 어휘 등의 문체 요소들을 아우르는 다양한 측면에서 다가가려 했다. 그러나 앞으로도 좀 더 다양한 문헌 자료들을 대상으로 하여 국어사의 시기별 문체 변화를 기술한다면 본고의 논의는 의미 있는 검증을 받을 수 있을 것이다.

참고문헌

김완진. 1983. "한국어 문체의 발달." 「한국어의 제문제」 일지사.

김흥수. 1993. "국어 문체의 통사적 양상에 대한 연구." 「한국언어문학」, 31.

민현식. 1994ㄱ. "개화기 국어 문체 연구." 「국어국문학」, 111.

민현식. 1994ㄴ. "개화기 국어 문체에 대한 종합적 연구(1)(2)." 「국어교육」, 83
-85.

박갑수 편저. 1995. 「국어문체론」 대한교과서(주).

박병채. 1989. 「국어발달사」 세영사.

심재기. 1992ㄱ. "개화기 교과서 문체에 대하여." 「국어국문학」, 107.

심재기. 1992ㄴ. "개화기 문체 양상에 관한 연구." 「한국문화」, 13.

안병희·이광호. 1990. 「중세국어문법론」 학연사.

이기문. 1998. 「개정 국어사개설」 탑출판사.

이태영. 1997. 「역주첩해신어」 태학사.

정 광. 2002. 「역학서연구」 J&C.

정 광. 2004. 「원본 노걸대」 김영사.

정승혜. 2000. 「첩해신어 연구」 고려대학교 박사학위 논문

홍종선. 1996. "개화기시대 문장의 문체 연구." 「국어국문학」, 117.

홍종선. 1998. 「근대국어 문법의 이해」 박이정.

홍종선 외 지음. 2000. 「현대국어의 형성과 변천 1-3」 박이정.

황선엽. 1995. 「15세기 국어 '-으니'의 용법과 그 기원」 서울대학교 석사학위
논문.

황선엽. 2002. 「국어 연결어미의 통시적 연구: 한글 창제 이전 차자 표기 자료
를 중심으로」 서울대학교 박사학위 논문.

자료 인용 문헌 약호

약호	문헌명	간행 연도
가곡	歌曲源流	1876
가례	家禮諺解	1632
가석	家禮釋義	1792
가체	加髢申禁事目	1788
간벽	簡易辟瘟方	15xx
강태	姜太公傳(경판39장본)	미상
개법	改刊法華經(규장각본)	1500
개첩	改修捷解新語	1748
경문	御製經世問答諺解	1761
경민	御製警民音	1762
경민(규)	警民編(규장각본)	1658
경민(동)	警民編(동경교대본)	1579
경석	敬惜字紙文	1882
경세	御製經世編	1765
경속	御製經世問答續錄諺解	1763
경신	敬信錄諺釋(佛巖寺版)	1796
경언	敬信錄諺解	1880
계가	誡女歌(정문연편)	미상
계녀	戒女書	16xx
계주	御製戒酒綸音	1757
계초	誡初心學人文	1577
계축	癸丑日記	16xx
계해	癸亥反正錄	미상
고금	古今歌曲	1764
고답	雇工答主人歌	미상

고문	古文百選	미상
고초	고딕 초한전징실기(구활자본)	미상
과화	過化存神	1880
곽분	郭汾陽傳(경판69장본)	미상
곽씨언간	玄風郭氏諺簡	16xx
곽해	郭海龍傳(활자본)	미상
관동	關東別曲_松江歌辭(이선본)	15xx
관등	觀燈歌(校註歌曲集)	미상
관서	關西別曲_岐峰集	15xx
관오	關聖帝君五倫經諺解	1884
관음	觀音經諺解	1485
광재	廣才物譜(필사본)	18xx
교시조	校本 歷代時調全書	
구간	救急簡易方	1489
구방	救急方諺解	1466
구보	救荒補遺方	1660
구운(경)	九雲夢(경판32장본)	미상
구운(서)	九雲夢(서울대필사본)	19xx
구황	救荒撮要(만력본)	1554
국독	國民小學讀本	1895
국문	國文正理	1897
국조	國朝故事	미상
국한	國漢會語	1895
권공	眞言勸供	1496
권념	勸念要錄	1637
규합	閨閤叢書	1869
금강	金剛經諺解	1464
금령(경)	金鈴傳(경판20장본)	미상
금방	금방울젼(경판16장본)	미상
금별	金剛別曲_明村遺稿	17xx
금삼	金剛經三家解(내수사간)	1482
금수	禽獸會議錄	미상

기해	己亥日記(활판본)	1905
김씨	金氏烈行錄(활자본)	미상
김씨 편지	順天 金氏墓 편지글	1570년 경
낙도	樂道歌_朝鮮歌謠集成	13xx
낙은	樂隱別曲_弄丸齋歌帖	17xx
남궁	南宮桂籍	1876
남노	南氏奴婢文書	미상
남명	南明泉繼頌諺解	1482
남원(춘)	남원고사(춘향전사본전집1)	1869
남정	南征歌(단대율곡도서관본)	1640
남초	南草歌	17xx
납약	諺解臘藥症治方	16xx
내중	內訓(중간본)	1656
내훈	內訓	1475
내훈(중)	御製內訓諺解(중간본)	1736
노걸	老乞大諺解	1670
노걸(중)	重刊老乞大諺解	1795
노계	老溪歌_老溪先生文集	16xx
노박	老朴集覽	16세기 초
논어	論語諺解(七書諺解)	1588
논어(율)	論語栗谷諺解	1749
농가	農家月令歌	18xx
누가	누가복음	1882
누항	陋巷詞_老溪先生文集	16xx
능엄	楞嚴經諺解	1462
당태	唐太宗傳(경판26장본)	미상
대학	大學諺解(七書諺解)	1588
대학(율)	大學栗谷諺解	1749
독락	獨樂堂_盧溪先生文集	16xx
동문	同文類解	1748
동신	東國新續三綱行實圖	1617
동의	東醫寶鑑湯液篇	1613

두경	痘瘡經驗方(서울대고도서본)	16xx
두시(중)	杜詩諺解(중간본)	1632
두창	諺解痘瘡集要	1608
두시	杜詩諺解(초간본)	1481
마가(1884)	마가복음	1884
마가(1887)	마가복음	1887
마경	馬經抄集諺解	인조 때(1682?)
맹자	孟子諺解(七書諺解)	1590
맹자(율)	孟子栗谷諺解	1749
명성	關聖帝君明聖經諺解	1883
명의	明義錄諺解	1777
명주	明紬寶月聘(필사본)	미상
모하	慕夏堂述懷歌_慕夏堂實記	16xx
목우	牧牛子修心訣	1467
몽노	蒙語老乞大(중간본)	1790
몽보	蒙語類解補篇	1790
몽산	蒙山和尙法語略錄	세조 때
몽산(고)	蒙山和尙法語諺解(고운사판)	1517
몽산(빙)	蒙山和尙法語諺解(빙발암판)	1535
몽산(송)	蒙山和尙法語諺解(송광사판)	1577
몽산(심)	蒙山和尙法語諺解(심원사판)	1525
몽산(유)	蒙山和尙法語諺解(유점사판)	1521
몽유	蒙語類解(중간본)	1790
몽육	蒙山和尙六道普說諺解(취암사본)	1567
몽편	蒙喩篇	1810
무목	武穆王貞忠錄(낙선재필사본)	1760
무예	武藝圖譜通志諺解	1790
무오	戊午燕行錄	미상
무원	增修無冤錄諺解	1792
무제	武藝諸譜	1598
무천	李茂實千字文	1894
물명	物名攷	순조 때

물보	物譜	19세기 초
박통	朴通事諺解(중간본)	1677
반야	般若心經諺解	1464
발심	發心修行章	1577
방언	方言類釋	1778
백련	百聯抄解(동경대본)	1576
백련(중)	百聯抄解(중간본)	1723
백행	御製百行源	1765
번노	飜譯老乞大	1517
번박	朴通事諺解(초간본)	16세기 초
번소	飜譯小學	1517
법어	法語	1466
법집	法集別行錄	1522
법화(규)	法華經諺解(규장각본)	1463
법화	法華經諺解	14XX
벽신	辟瘟新方	1653
벽허	碧虛談關帝言錄	미상
병일	丙子日記(박경신역주)	1636
병학	兵學指南(壯營藏板本)	1787
보권	念佛普勸文	1776
보현	普賢行願品(雙溪寺版)	1760
부천	部別千字文	1913
북송	北宋演義(낙선재필사본)	17xx
분산	墳山恢復謝恩歌 淸溪歌詞	16xx
분온	分門瘟疫易解方	1542
사기	御製賜畿湖別賑資綸音	1784
사성	四聲通解	1517
사씨	謝氏南征記(경판66장본)	미상
산성	山城日記(김광순역주)	1636
삼강(동)	三綱行實圖(동경대본)	1471
삼강(런)	三綱行實圖(런던대본)	1481
삼국	三國志(경판)	미상

삼략	新刊增補 三略直解	1805
삼성	三聖訓經	1880
삼역(중)	重刊 三譯總解	1774
상원	五臺山上院寺重創勸善文	1464
상춘	賞春曲_不憂軒集	1786
상훈	御製常訓諺解	1745
생륙	生六臣傳(활자본)	미상
서경	書經諺解	1588
서궁	西宮日記(홍기원역주)	16xx
서왕	西往歌_普勸念佛文	13xx
서유	西遊記(경판59장본)	미상
서전	書傳諺解	16xx
석보	釋譜詳節	1447
석천	石峰千字文	1583
선가	禪家龜鑑諺解	1579
선보	禪譜集略諺解	미상
선상	船上歎_蘆溪先生文集	16xx
선조	宣祖國文教書(권이도소장본)	1593
선종	禪宗永嘉集諺解	1464
선행	宣祖行狀	17xx
성관	聖觀自在求修六字禪定(중앙도서관소장)	1560
성백	셩교빅문답(聖敎百問答)	1884
성절	聖教節要	1882~1890
성직	聖經直解	1892~1897
셩교	예수셩교젼서(문광서원)	1887
소독	小學讀本	1895
소아	小兒論	1777
소학	小學諺解	1586
속명	續明義錄諺解	1778
속삼	續三綱行實圖	1514
속삼(중)	續三綱行實圖(중간본)	1581
송강(성)	松江歌辭(星州本)	1687

수궁	水宮鼈主簿山中兎處士傳	미상
시경	詩經諺解	1613
시용	時用鄕樂譜	중종 이전
시편	詩篇撮要	1898
신구(가)	新刊救荒撮要(가람본)	1686
신구(윤)	新刊救荒撮要(윤석창본)	1660
신심	新訂尋常小學	1896
신약	新約全書	1887
신증	新增類合	1576
신증(영)	新增類合(영장사판)	1700
신증(칠)	新增類合(칠장사판)	1664
신천	新訂千字文(정문연본)	1908
신초	新傳煮硝方諺解	1698
신취	新傳煮取焰焇方諺解	1635
심경	心經諺解	1464
십구	十九史略諺解	1772
아미	阿彌陀經諺解	1464
아악	雅樂附歌集	미상
아언	雅言覺非	1819
악습	樂學拾零	1713
악장	樂章歌詞	중종 때
악학	樂學軌範	1493
야운	野雲自警	1577
어록	語錄解	1657
어록(중)	語錄解(중간본)	1669
어소	御製小學諺解	1744
언간	李朝御筆諺簡集(김일근 편)	1597~1802
언문	諺文志	1824
여사	女四書諺解	1736
여소	女小學	18xx
여수	女士須知(문화유씨가장)	1889
여씨(일)	呂氏鄕約諺解(일석본)	1574

여씨(존)	呂氏鄕約諺解(존경각본)	1518
여씨(화)	呂氏鄕約諺解(화산문고본)	156x
여훈	女訓諺解	1658
역보	譯語類解補	1715
역어	譯語類解	1690
연병	練兵指南	1612
열여	열여춘향슈절가	철종 때
염불	念佛普勸文(해인사판)	1776
영험	靈驗略抄	1550
예성	예수성교전서	1887
예의	訓民正音例義	1446
오륜	五倫行實圖	1797
오전	五倫全備諺解	1721
완월	玩月會盟宴	미상
왕랑	王郞返魂傳	1753
왜어	倭語類解	18세기 초
요로	要路院夜話記	숙종 때
요한	요한복음	1882
용비	龍飛御天歌	1447
우마	牛馬羊猪染疫病治療方	1541
원각	圓覺經諺解	1465
월석	月印釋譜	1459
월인	月印千江之曲	1447
월화	月印千江曲和請	미상
유옥	유옥역전	1885
육조	六祖法寶壇經諺解	1496
윤음(경기)	御製諭京畿民人綸音	1783
윤음(경대)	御製諭京畿大小民人等綸音	1782
윤음(경사)	御製諭慶尙道事兼督運御史金載人書	1783
윤음(경상)	御製諭慶尙道觀察使及賑邑守令綸音	1783
윤음(경전)	御製諭京畿洪忠全羅慶尙原春咸鏡六道綸音	1783
윤음(경홍)	御製諭京畿洪忠道監司守令等綸音	1783

윤음(대소)	御製諭大小臣僚及中外民人等斥邪綸音	1881
윤음(사기)	御製賜畿湖別賑資綸音	1784
윤음(신서)	諭中外大小臣庶綸音	1782
윤음(양로)	御製養老務農頒行小學五倫行實劉儀式鄕約條禮綸音	
		1795
윤음(왕세)	御製諭王世子冊禮後各道臣軍布折半蕩減綸音	1784
윤음(원춘)	御製諭原春道嶺東嶺西大小士民綸音	1783
윤음(유양)	御製諭楊州抱川父老民人等書	1792
윤음(제대)	御製濟州大靜旌義等邑父老民人書	1781
윤음(제도)	御製諭諸道道臣綸音	1794
윤음(제주)	御製諭濟州民人綸音	1785
윤음(중외)	諭中外大小民人等斥邪綸音	1839
윤음(팔도)	御製諭八道四都耆老人民等綸音	1882
윤음(함경)	御製諭咸鏡南北關大小士民綸音	1783
윤음(함경인)	御製諭咸鏡南北關大小民人等綸音	1788
윤음(호남)	御製諭湖南民人等綸音	1783
윤음(호서)	御製諭湖西大小民人等綸音	1783
윤음(호육)	御製諭諸道道臣綸音	1794
윤음(효유)	曉諭綸音	1784
윤하	尹河鄭三門聚錄	미상
은중	佛說大報父母恩重經諺解(송광사판)	1563
의종	醫宗損益	1868
이륜	二倫行實圖	1518
이씨언간	李應台墓出土諺簡	1586
이언	易言諺解	1875
인어	隣語大方	1790
일동	日東壯遊歌	1764
자성	御製自省篇諺解	1746
자휼	字恤典則	1783
재물	才物譜	정조 때
적성	赤聖儀傳(경판23장본)	미상
전운	全雲致傳(경판37장본)	미상

정몽	正夢類語	1884
정속	正俗諺解	1518
제중	濟衆新編	1799
조군	竈君靈蹟誌	1881
조훈	御製祖訓諺解	1764
존설	尊說因果曲(持經靈驗傳)	1796
종덕	種德新編諺解	1758
주교	주교요지	1897
주년	주년첨례광익	1865
주역	周易諺解	1588
주천	註解千字文(중간본)	1752
중용	中庸諺解	1590
중용(율)	中庸栗谷諺解	1749
증언	增補諺簡牘	18xx
지장	地藏經諺解	1752
진교	진교절요	1883
진리	眞理便讀三字經	1895
창진	瘡疹方諺解	1518
천로	天路歷程(파리동양어학교소장본)	1894
천의	闡義昭鑑諺解	1756
천자(광)	光州千字文	1575
천자(송)	千字文(송광사판)	1730
천자(영)	千字文(영장사판)	1700
천자(칠)	千字文(칠장사판)	1661
첩몽	捷解蒙語	1790
첩해	捷解新語	1676
첩해(중)	重刊捷解新語	1781
청구(경)	靑丘永言(경성대)	1728
청구(이)	靑丘永言(이한진 찬)	1815
청구(진)	靑丘永言(진서간행회)	1728
청노	淸語老乞大	18xx
춘향(경17)	춘향전(경판17장본)	미상

춘향(경35)	춘향전(경판35장본)	미상
춘향(남)	춘향전(남원고사)	미상
치명	치명일긔	1895
칠대	七大萬法	1569
태교	胎教新記諺解	1801
태산	諺解胎産集要	1608
태상	太上感應篇圖說諺解	1852
태평	太平廣記諺解	숙종 이전
토별	兎鼈山水錄	미상
통학	通學徑編	1916
팔세	八歲兒(개간본)	1777
하씨간찰	晉州河氏墓出土簡札(김주필역주)	16xx
한듕	閑中漫錄	18xx
한중	閑中錄	1795
한불	한불자전	1880
한영	한영자전	1897
한청	漢清文鑑	영조 말
해동	海東歌謠	1763
해례	訓民正音解例	1446
혈의	혈의루	미상
형세	型世言(낙선재필사본)	17xx
홍길(경24)	홍길동전(경판24장본)	미상
홍길(경30)	홍길동전(경판30장본)	미상
홍길(완)	홍길동전(완판36장본)	미상
화산	華山奇逢(낙선재본)	미상
화포	火砲式諺解	1635
효경	孝經諺解	1590
훈몽	訓蒙字會	1527
훈민	訓民正音諺解	1459
훈배	訓蒙排韻(필사본)	1901
훈서	御製訓書諺解	1756
훈아	訓兒眞言	1894

| 흥부(경) | 흥부젼(경판25장도남본) | 미상 |
| 희설 | 喜雪_觀水齋遺稿(규장각본) | 1721 |

찾아보기